GW01605524

LA ESPAÑA DE LAS PISCINAS

Primera edición: mayo de 2021
Quinta edición: enero de 2022

ISBN: 978-84-17623-95-1
Depósito legal: B 6910-2021

Diseño de colección: Enric Jardí
Diseño de cubierta: Anna Juvé
Maquetación: Àngel Daniel
Impresión y encuadernación: Romanyà Valls
Impreso en La Torre de Claramunt

Arpa
Manila, 65
08034 Barcelona
arpaeditores.com

Jorge Dioni López

LA ESPAÑA DE LAS PISCINAS

Cómo el urbanismo neoliberal
ha conquistado España y transformado
su mapa político

arpa

SUMARIO

Como este es un libro de casas, se lo dedico a la mía,
que tiene tres paredes, Aitana, Mario y Beatriz.

«Le parecía ver, con el ojo de un cartógrafo,
esa hilera de piscinas, esa corriente casi subterránea
que recorría el condado».

JOHN CHEEVER, *El nadador*

«Si podéis hacer frente a la perspectiva de renunciar
a los juegos públicos, comprad una casa de propiedad en
el campo. Lo que os cueste. Su renta anual no ascenderá
a más de lo que pagáis en Roma por una miserable
buhardilla mal iluminada».

JUVENAL, *Sátiras*

«A día de hoy, creo que sabemos mucho más sobre
cómo debe ser un buen hábitat para el gorila de montaña
o los tigres siberianos que para el *Homo sapiens*».

JAN GEHL, arquitecto

INTRODUCCIÓN

ENSAYO Y ERROR

Este libro nace de una intuición. Tras las elecciones generales de abril de 2019, busqué cómo había votado mi barrio y me encontré con el color naranja de Ciudadanos. Lo primero, las cartas sobre la mesa: soy un Pauer. Vivo en uno de esos barrios de calles rectas con nombres al por mayor. En mi caso, ciudades europeas: Liverpool, Milán, Atenas, etc. Gracias a la serie *La casa de papel*, Helsinki esquina Oslo tiene ahora cierta gracia. Sería un lugar espléndido para un *escape room*. Retrocedí con el ratón y comprobé que no era la única zona del sur de la Comunidad de Madrid donde ese partido se había convertido en la primera opción. Todas tenían en común las calles rectas con nombres impersonales —flores, monedas o constelaciones— y haber nacido al calor de la burbuja inmobiliaria. Eran un PAU.

Cabe precisar que esa afirmación no era del todo cierta y sigue sin serlo. El Programa de Actuación Urbanística (PAU) es un modelo concreto en el que no encajan todos los desarrollos inmobiliarios del pasado cambio de siglo. Sin embargo, este no es un libro académico y creo que la denominación puede servir para entendernos: barrios en forma de malla edificados a partir del boom con urbanizaciones cerradas o mares de chalets unifamiliares, situados normalmente en la parte exterior de las ciudades o, incluso, fuera. Son esas pequeñas islas verdes y azules, delimitadas por el gris de las carreteras, y donde vive gente que fue a EGB. Es la España de las piscinas.

Pasé a Valladolid y comprobé que la ciudad estaba rodeada por varias islas de color naranja. La mayor de ellas era Arroyo de la Encomienda, un antiguo pueblo ganadero que cuenta ahora con 20.000 habitantes y donde se ha instalado un megacentro comercial con aspecto de nave del imperio galáctico. Busqué Salamanca, Ávila, Cuenca o Badajoz —las aplicaciones de mapas son muy entretenidas— y comprobé que el cinturón naranja, más o menos definido, era algo común a la mayoría de ciudades. El patrón también se repetía: calles rectas, rotondas, piscinas y centros comerciales. En muchos casos, había una infraestructura de comunicaciones al lado. Hace dos mil quinientos años se construía junto a los ríos; ahora, junto a las autovías. Volví a Madrid. El norte de la ciudad, Montecarmelo, Las Tablas o Sanchinarro, era naranja. El corredor del Henares, también.

Era un voto del que no se había hablado en la campaña. Quizá, porque la vida en el extrarradio es sinónimo de aburrimiento. Se debate sobre las ciudades gentrificadas y turistificadas, los barrios abandonados o la España vacía o vaciada, pero la ciudad dispersa apenas ocupa espacio periodístico o narrativo más allá de los tópicos. Tengo que escribir algo sobre esto, me dije, y recordé que ya lo había hecho años antes en el diario *Metro*. Era un relato donde alguien que vive en un PAU visita a un amigo que vive en otro. Como todo es igual, las calles, el ladrillo visto o los setos de las zonas comunes, se confunde de urbanización y no sabe si está en su casa, en la de su amigo o en otra de un tercero. Un arranque kafkiano en el que había un poco de material autobiográfico. El desarrollo bebía de Juan José Millás, un autor que me gustaba mucho por entonces, y el protagonista acababa aceptando su nueva vida sin importarle mucho dónde y con quién estaba. El relato se tituló *Pauers*, un concepto que me parecía aprovechable.

Mientras daba vueltas al artículo, recordé que había dado clase en la Escuela de Escritores a una arquitecta con la que no había perdido el contacto. Sabrina Gaudino me dijo que le parecía una buena idea y me recomendó las primeras lecturas: Secchi, Sassen o Muñoz. Me quedaba encontrar la chispa, que llegó con el relato *El nadador*, de John Cheever. Un tipo regresa de una fiesta cruzando todas las piscinas de su urbanización. Ned Merrill, pensé, podría rodear Madrid de piscina en piscina: Pozuelo, Boadilla, Villaviciosa, Parque Coimbra, Arroyomolinos, Loranca, Moraleja de Enmedio... Incluso atravesar el país entero: de Isla Canela (Huelva) a Empuriabrava (Girona). Esto último es una exageración; pero solo, de momento. La mitad de la costa mediterránea está urbanizada y a las administraciones les parece poco.

El texto se publicó el 15 de mayo de 2019 en *La Marea*. De entrada, mostró que el PAU con chalets y/o urbanizaciones cerradas era el principal modelo con el que se habían expandido las ciudades desde el boom inmobiliario. Decenas de cuentas de Twitter explicaban que, en sus respectivas ciudades, había algo parecido. O, mejor dicho, existía eso mismo, porque una de las características clave del PAU es la réplica. Más que original y copia, hay un modelo que se repite porque es más barato. Puede haber la misma urbanización cerrada en Azuqueca de Henares, San Blas (Alicante) o Arcosur (Zaragoza), lo mismo que, en los años sesenta, se replicó el edificio brutalista con toldos verdes en los cinturones de las grandes ciudades. Como le sucedía al protagonista de mi cuento, es difícil saber si uno está en

Móstoles, Leganés o Alcorcón. Incluso si uno está en Bormujos o Catarroja.

El artículo provocó otro tipo de reacción basada en la gasolina de las redes sociales: la polémica. La interacción por internet es un piedra, papel o tijera en el que hay que sacar rápido el argumento que destroce al interlocutor, convertido enseguida en rival. Para hacerlo, nada mejor que un elemento emotivo o sacar de contexto algo que haya dicho la otra persona y que sirva para encuadrarlo en algún grupo despreciable. No hay debate, sino competición, concepto que aparecerá en varias ocasiones. La deriva de las redes sociales no debería provocar sorpresa porque, desde Homero, sabemos que el enfrentamiento es un contenido que funciona mejor que la colaboración.

Dentro de la polémica, había quien atacaba al colectivo que yo había tratado de definir. Son clase media aspiracional. Se sienten ricos por bañarse en la piscina o llevar a sus hijos a un colegio concertado y, cuando llega el fin de semana, agarran el coche y van a tomar algo al centro comercial después de haber visto una película franquicia. Era un mensaje que llegaba de personas más bien de izquierdas, que daban por perdido electoralmente a un grupo bastante más variado en su composición social de lo que cabría imaginar. Tener un chalet era un lujo hace cuarenta años. Hoy, no. De hecho, uno de los principales mares de casas unifamiliares de la Comunidad de Madrid es Rivas, feudo de la izquierda desde hace décadas. Los Pauers no son ricos, sino personas que viven de su trabajo; el poso despectivo tras el concepto «clase media» revela una vez más las dificultades de la izquierda a la hora de establecer quién es su votante.

Lo más curioso es que esa visión se centra en la decisión personal; es decir, exactamente la forma en que el neoliberalismo interpreta la sociedad: un mercado, una suma de decisiones individuales de personas libres, desvinculadas de las condiciones materiales o del proceso histórico. Es decir, una identidad. La insistencia en que lo personal es político suele ser inversamente proporcional a la influencia de las personas en la política. Cabe considerar que, más que una cuestión de demanda, la fuga al extrarradio fue una cuestión de oferta, y dejó poca capacidad de elegir. A principios de este siglo, cuando dos personas querían establecerse, la urbanización periférica era la principal opción, ya que el sistema financiero quería colocar todas esas casas que había financiado a través de créditos para no pillarse las manos. Salió mal. Al llegar a su casa, no había nada en el barrio, excepto los accesos a las carreteras para ir al centro comercial. El modelo les decía: tienes que buscarte la vida porque no te voy a ayudar. Y se la buscaron.

Es interesante dejar de centrar el foco en lo personal y reflexionar sobre los modelos económicos y sociales que se promueven con las decisiones políticas. Si el modelo empuja en una dirección a través, por ejemplo, de las deducciones fiscales (vivienda, coche, colegio no público, plan de pensiones privado, etc.), centrarse en las decisiones individuales de las personas que no se han resistido será poco efectivo, aunque tenga el delicioso sabor de la superioridad moral. Quizá, el desafío de la izquierda en el siglo XXI sea reintroducir la realidad en el debate público, aunque quizá primero tenga que hacerlo internamente. Es decir, abandonar la autoficción y la autonoficción para regresar al análisis general.

Desde la derecha, la crítica también tenía un componente moral: los progres quieren decirle a la gente cómo tiene que vivir. La confusión entre descripción y toma de postura suele ser bastante habitual, ya que una manera de eludir el debate es considerar que todo el mundo es un activista. Sí me sorprendió el comentario de un asesor de Ciudadanos que ironizó sobre el artículo con cierto desdén. No lo ha leído, deduje entonces. De hecho, supuse que no tenía ni idea de por qué su partido había obtenido tan buen resultado en esas zonas. Las elecciones de noviembre confirmaron mi intuición. Meses después, otro asesor publicó un artículo titulado «Una filosofía del PAU», en el que hablaba de la vida «dulce y amable» de las urbanizaciones, «donde se habla poco de política». Sus apreciaciones eran certeras: «Una vida para que los tuyos estén tranquilos y a salvo. [...] Tu nueva tribu te recogerá algún paquete; te vigilará a los niños, e incluso se tirará al agua si cree que tu hijo corre peligro. [...] Es normal pensar en conservar cuando tienes tantas cosas buenas que perder». Incluso daba la clave del futuro hundimiento de su partido: «[...] gente que no espera grandes cosas ni de los políticos ni del Estado. Personas que aspiran a votar, que se forme un gobierno y que la vida no se les joda demasiado». Formar un gobierno. Justo lo que no hizo Ciudadanos en 2019.

También había quien se sentía ofendido por mi aproximación. «¿Por qué te parece mal cómo vivimos?», me preguntaban algunos. Supongo que podría haber sido un buen argumento sostener que nada tengo en contra de los Pauers, ya que soy uno de ellos y, dentro de mi introversión, me llevo bien con mis vecinos. Sin embargo, no creo en los razonamientos que contienen vivencias. El texto tiene que defenderse solo y tanto el artículo como este libro tratan del contexto general. Es decir, de cómo el urbanismo crea ideología. El planeamiento urbano no es aséptico ni neutral y provoca efectos sociológicos y políticos, más allá de la dependencia económica del sector de la construcción. El urbanismo es un reflejo de cada sociedad y concreta sus relaciones internas de poder, además de jerarquizar qué es relevante socialmente. Por ejemplo, los desplazamientos son importantes; los cuidados, no. La desigualdad social se puede disimular de diferentes maneras, pero el espacio nos devuelve a la realidad.

Hay pocas cosas más sustanciales que la manera en que se construye una ciudad, porque eso quiere decir cómo vivirán esas personas, con quién compartirán espacio, dónde, cuándo, qué y cómo comprarán, cómo irán a trabajar, a qué colegio llevarán a sus hijos, cómo llegarán hasta allí, dónde vivirán sus amigos, cómo se relacionarán con ellos, a qué distancia estarán los centros de salud, las bibliotecas, los cines, los bares —y qué tipo de bares serán—, qué ocio habrá. El geógrafo David Harvey sostiene que el desarrollo urbano transforma nuestra forma de vivir y no solo crea el espacio en el que nos movemos, sino también, el tiempo. El lugar donde vivimos acaba definiendo cómo somos.

Parece una obviedad, pero el interés por la vivienda suele centrarse en otros aspectos, como el precio, los desahucios, los pelotazos o la gentrificación. De hecho, la afirmación se suele formular al revés: cada ideología crea un determinado tipo de urbanismo. Además, los aspectos materiales, como los descritos en el párrafo anterior, no disfrutan de su mejor momento frente a los emocionales. Es complicado aceptar que las cosas pequeñas y concretas —si hay tiendas a pie de calle o si hace falta ir en coche a los sitios— son decisivas en nuestro modo de ver el mundo. Eres lo que te gusta, decía el escritor Nick Hornby. En parte, cabe precisar. Tu lista de canciones importantes te define, pero también lo hace si la escuchas todas las mañanas dando un paseo o durante un atasco. El mapa físico condiciona el mapa mental, que, a su vez, también reconstruye el primero.

Ideología no quiere decir militancia. Ojo con el determinismo. Como sostiene el urbanista italiano Bernardo Secchi, «los modelos urbanísticos no solo son producto de una política, sino que crean política; no tanto en el sentido de afinidad con una opción concreta, sino en el desarrollo de una visión del mundo, de un modo de estar y ser. No solo en la relación, de integración o exclusión, entre las diversas clases sociales, sino en cómo los habitantes de esos espacios consideran conceptos como la libertad, la seguridad, la democracia o la cultura». El lenguaje siempre es fundamental. No es que vivir en un determinado barrio conlleve un voto concreto, sino que lo cotidiano ayuda a conformar una ideología vinculada a ciertas cuestiones, como la propiedad o la seguridad, que, a su vez, busca su representación.

El modelo PAU, la ciudad dispersa, crea un estilo de vida individualista y competitivo, ya que favorece las soluciones particulares, el aislamiento y el repliegue. Se trata de la plasmación física de un modelo económico basado en la desigualdad, que se consolida y perpetúa a través de la desconexión entre las diversas clases sociales. Se produce una insularización con flujos de desplazamiento privado entre burbujas. Es algo que podría resumirse en el lema «sálvese quien pueda». Aparentemente, se trata de una forma de pensar cercana al darwinismo social, pero en su versión saludable, cero por ciento de grasas saturadas: el emprendimiento, la cultura del esfuerzo, la meritocracia, la autoayuda, la ley de la atracción, etc. Es decir, el mercadismo. De ahí que Ciudadanos encajase tan bien y la izquierda sea tan mal recibida, a pesar de que después también defienda estas políticas en las instituciones.

La tradición del pensamiento antiurbano se remonta hasta la Grecia o la Roma clásicas y pasa por los utopistas, pero el modelo actual bebe de dos movimientos del XIX, el higienismo y el romanticismo. Ambos, además de mitificar la naturaleza y compartir la raíz protestante, defienden un modelo de vida individualista en el que nos percibimos únicos y nos creamos a nosotros mismos. Aunque el movimiento haya desaparecido, el higienismo está presente en nuestra vida desde los cereales del desayuno a los gimnasios, pasando por el punitivismo penal o el positivismo mental. Ambos comparten la misma base ideológica: la condición humana es individual. Si quieres, puedes. Todo depende de ti y el exterior solo es asumible e interpretable emocionalmente. No existe la obra, sino cómo me afecta la obra. El urbanismo disperso no se entiende sin la introspección, sin la necesidad de hacer de cada persona un monje, ya sea de Dios o del mercado. Podría decirse que Tomás Moro diseñó la primera urbanización en 1516 y Martín Lutero redactó las normas de la comunidad de propietarios un año después.

Además de ciudad dispersa, el objeto de la reflexión recibe mil nombres: ciudad fragmentada, ciudad insular, ciudad extensa (*sprawl*), ciudad difusa, ciudad multiplicada, ciudad desconcentrada, ciudad al borde (*edge city*), ciudad posfordista, periferia compleja, hiperciudad, megalópolis, posmetrópolis, contraurbanización, enclaves rururbanos, etc. Tiene tantos porque ha sido un fenómeno muy estudiado. Si ya no hablamos solo de la cuestión urbana, sino del fenómeno sociológico o del estudio antropológico, la cosa se complica aún más. Este no es un texto académico. Mi idea no es definir con precisión el fenómeno ni dibujar un mapa con miles de islitas y señalarlas con un cartel de «Aquí hay Pauers». Tampoco es un libro de actualidad política porque Ciudadanos, la formación que inspiró el artículo, sufrió una grave crisis en marzo de 2021 y es probable que no sobreviva al próximo ciclo electoral. Más bien se trata de aproximaciones, impresionismo. He escrito algo parecido a un ensayo para rumiar sobre el principal modelo urbanístico con el que crecen nuestras ciudades y, por tanto, nuestra sociedad.

Hay una primera parte más descriptiva, y una segunda donde hay más reflexión personal. He intentado que cada capítulo pueda leerse con independencia de los demás y seguir el consejo de Alberto Moreno, mi editor durante años: ser didáctico y divertido. Sé que hay un exceso de Madrid, pero es la semilla, el modelo y el laboratorio.

En la parte final, añado una breve bibliografía por si alguien se queda con ganas de más, pero este es un libro modesto cuyo objetivo es divulgar algunas de esas ideas y, sobre todo, reflexionar sobre cómo vivimos para darnos cuenta de la influencia que tiene en nosotros. El libro parte de esta tesis y vuelve a ella. Cómo vivimos acaba marcando cómo somos y cómo son nuestras ciudades definirá nuestro futuro: comunidad o dispersión. Un dilema ahora más fuerte que nunca, cuando casi no podemos reunirnos y la crisis sanitaria y económica muestra las costuras sociales. Hablamos mucho de las burbujas digitales, pero deberíamos pensar también en las analógicas y en cómo se retroalimentan.

Cierro esta introducción con el historiador Tony Judt: «Si los bienes públicos —los servicios públicos, los espacios públicos, los recursos públicos— se devalúan a ojos de los ciudadanos y son sustituidos por servicios privados pagados al contado, perdemos el sentido de que los intereses y las necesidades comunes deben predominar sobre las preferencias particulares y el beneficio individual. Y una vez que dejamos de valorar más lo público que lo privado, seguramente estamos abocados a no entender por qué hemos de valorar más la ley —el bien público por excelencia— que la fuerza». Si este libro tiene algún mensaje, no hay que esperar hasta el final. Es ese.

PRIMERA PARTE

QUÉ SON LOS PAUERS Y DÓNDE ENCONTRARLOS

I

UN PAÍS DE PROPIETARIOS

EN BUSCA DE LA MAYORÍA CAUTELOSA

«Los enladrilladores nos han enladrillao
y son esos ladrillos los que os enterrarán».
Gatillazo, «Hemos venido a divertirnos»

Nada ha hecho más daño a la política que las series sobre política. No es culpa de las narraciones, sino de la dificultad de ciertas personas para distinguir la ficción de la realidad, algo que les hace asumir que forman parte de un relato. Quizá porque la segunda, además de necesitar trabajo y tener un ritmo más lento, da para lo que da. Sucede lo mismo con la pornografía y el sexo, pero esa es una reflexión para otro momento.

Vamos a ver un ejemplo del conflicto entre realidad y relato. Durante el verano de 2019, los asesores del presidente Pedro Sánchez dedujeron que el PSOE podría salir ganando con una repetición electoral gracias a algo que concretaron en el concepto «mayoría cautelosa». Es decir, la acumulación de situaciones tensas ese otoño —Brexit duro, posible crisis económica, sentencia del *procés*— provocaría que un número suficiente de votantes recordasen el viejo refrán: en tiempo de tribulación, mejor no hacer mudanza. El «gobierno bonito» debía convertirse en un «gobierno fuerte». La política espectáculo necesita eslóganes que sirvan de título para cada episodio.

La idea era buena sobre el papel, ya que tenía en cuenta la teórica vecindad ideológica de los principales caladeros donde debía realizarse la pesca de votos: Unidas Podemos y Ciudadanos. En especial, este último, desorientado tras el giro intransigente de su dirección, que había hecho que el partido abandonase su función inicial: proporcionar moderación y estabilidad. En la competición de «las tres derechas», otro concepto que hizo fortuna, Ciudadanos tenía todas las de perder. El PSOE solo debía captar a los votantes moderados descontentos con los liderazgos fuertes: los socialdemócratas cansados de Iglesias y los centristas desconcertados por Rivera. No parecía algo complicado si uno se fijaba solo en las cuestiones que aparecen en las encuestas, como la ubicación dentro de la zona templada del eje ideológico, el nivel de renta o la opinión sobre cuestiones sociales, como el aborto o el matrimonio igualitario. El plan tenía más problemas sobre el terreno. Sobre todo, en el caso de Ciudadanos. No importaba mucho porque, desde hace años, la política bebe también del pensamiento mágico: basta con desear algo para que suceda.

La clave estaba en el cinturón naranja. La mayoría cautelosa eran los Pauers y se encontraban, por ejemplo, en los nuevos desarrollos urbanos al norte o al este de Madrid, de grandes avenidas y pocos servicios, o en ciudades que habían conocido fuertes expansiones de baja densidad. El ejemplo más claro es Arroyomolinos, un mar de chalets al sur de la capital con una de las tasas de natalidad más altas de España. La ciudad comenzó el siglo XXI con poco más de 3.000 habitantes, y en 2018 llegó a los 30.000. Captar esa población era algo bastante complicado fuera de las tablas Excel y los diálogos chispeantes de las series de Aaron Sorkin, ya que el plan debía enfrentarse a una visión del mundo nacida de la realidad cotidiana: casa unifamiliar en propiedad con hipoteca a 20/30 años, colegio concertado, seguro médico, alarma, coche, gimnasio, ocio en el centro comercial, consumo *online*, actividades extraescolares, etc. Es decir, los recursos de estilo de vida o distinción que, averiado el ascensor social, permiten mirar hacia arriba o, por lo menos, tener una cierta sensación de estabilidad. Una pareja de unos cuarenta años, dos hijos, profesionales y de renta alta o media pueden situarse en el centro o incluso considerarse progresistas, pero su cotidianeidad hace que estén más interesados en las rebajas fiscales o la extensión de los conciertos educativos que en el programa social que el gobierno de Sánchez desgranaba los viernes. Menos aún en cualquier reforma que devalúe el valor de su propiedad o cuestione radicalmente su modo de vida, similar al del suburbio de *Modern Family*. Se acepta cualquier diversidad, salvo la económica.

El Ciudadanos que quería incorporar los usos estadounidenses a la política española encajaba como un guante. Ganaba en las urbanizaciones de la Costa del Sol y en las mediterráneas, tanto en Murcia como en Valencia: Chiva, Godella, Paterna o San Antonio de Benagéber. Son zonas donde, a causa de la escasez de servicios públicos, los vecinos están acostumbrados a buscarse la vida, ya que el nivel asociativo es bajo. Se tiende al individualismo, a la dispersión.

El PSOE es un partido antiguo y rígido, enemigo de ese futuro que requiere flexibilidad y al que los Pauers se quieren adaptar. Suele estar vinculado a las noticias sobre el control de los desarrollos, la inserción de vivienda desegregada o la paralización de las obras. Es un partido más cercano al pasado, a lo sólido, a lo pesado, a la obsolescencia.

Es viejo. Su defensa de lo común o lo público puede ser interesante en sectores concretos como la sanidad; pero, en general, está en contra de conceptos clave como la segregación, la homogeneidad o la seguridad y, sobre todo, de la base ideológica: la confianza en las soluciones individuales cuya competición crea un mercado eficiente. Además, votar al PSOE es algo que acerca a los Pauers a los barrios antiguos de las ciudades a las que pertenecen estos desarrollos. Quizá, donde han crecido. Están conquistando un nuevo territorio y necesitan distinguirse de sus padres. En general, España es un país amante de la demolición y la recalificación; es decir, de la amnesia y el adanismo.

La fuga al extrarradio tuvo un componente generacional. Durante unos años, no era la mejor oferta, sino casi la única disponible. Como respuesta al envejecimiento de las ciudades, no se optó por la rehabilitación y la conservación, conceptos que siempre han tenido poca aceptación en España, sino por la construcción y la especulación, nuestro modo de vida. Asfalto y cemento al peso. Algunos planes, como Rabasa (Alicante) o Seseña (Toledo), se hicieron muy famosos; pero, durante unos años, fue rara la ciudad que no presentó un plan con cientos o miles de viviendas. Si alguien preguntaba algo o protestaba, se le tachaba de antiprogreso. Las instituciones autonómicas y municipales competían por atraer las inversiones, que el sector del ladrillo lograba a través del dinero de las cajas de ahorros, en manos de esas mismas instituciones. Esas nuevas áreas de desarrollo, además, les proporcionaban una enorme fuente de ingresos en forma de impuestos sobre las obras, las transacciones o los compradores. Se trata de otra cuestión que favorece que esos nuevos vecinos se vean atraídos por un pensamiento individualista y competitivo, casi neoliberal o libertario: su primer contacto con las instituciones son los impuestos. Muchas veces, a cambio de nada, ya que los servicios se encuentran en la parte consolidada de la ciudad. Es una cuestión delicada cuando esa parte antigua cuenta con una fuerte presencia de familias migrantes, ya que crea un caldo de cultivo en el que los agravios o los bulos se despliegan con cierta facilidad.

Quizás involuntariamente, Ciudadanos había logrado coagular un proyecto generacional que recorría el país. La formación naranja ganaba en la parte nueva de Parla o Móstoles, ciudades del cinturón rojo de Madrid, pero también en las zonas familiares de Boadilla del Monte, la segunda ciudad en renta media de España, tradicional granero conservador. En urbanizaciones como Siglo XXI o Villas Viejas, la pirámide de población tiene dos picos muy pronunciados: menos de 20 años y entre 35 y 50 años. Es decir, la generación de EGB y sus hijos. El sector III de Getafe, una zona de baja densidad que no votó a Ciudadanos, tiene una distribución de edad más variada, con zonas envejecidas, propia de la generación del cambio de 1982 que creció con Víctor y Ana.

Esa pirámide joven de población familiar se repetía en otras ciudades anejas a capitales de provincia. Doñinos, Carbajosa, Aldeatejada o Villares, en Salamanca; Zaratán, Renedo o Arroyo, en Valladolid. En estos tres últimos pueblos, Podemos se había impuesto al PSOE en 2015. Es decir, los que afirmaban que el eje nuevo-viejo se imponía a derecha-izquierda llevaban algo de razón. También, cuando alguno de esos pueblos acabó con un fuerte voto ultra en noviembre de 2019. En la provincia de Cádiz, Jerez, Chiclana, Conil o Rota tenían un cinturón naranja. En Sevilla, la zona de la comarca del Aljarafe más cercana a Sevilla, y, en Badajoz, el barrio conocido como Las Vaguadas, una isla urbana al sur de la ciudad. Allí, los Pauers son Vaguaders. En Zaragoza, Ciudadanos logró un cinturón claro en zonas como Miralbueno o el Distrito Sur de

Zaragoza, nuevos desarrollos, así como en algunos pueblos situados al lado del corredor mudéjar. Son zonas familiares muy homogéneas donde la pirámide de edad tiene picos muy pronunciados alrededor de los treinta y cinco años y por debajo de los diez.

Es importante entender que, aunque los Pauers no son un colectivo politizado, su socialización ha tenido ciertos hitos. Lo primero que conocieron de la política fue la corrupción del PSOE de Felipe González y los tiros en la nuca de ETA; en concreto, el asesinato con cuenta atrás de Miguel Ángel Blanco. Después, la guerra de Aznar, la crisis de 2008 y sus recortes o la corrupción del PP. Es lógico pensar que se trata de un sector reticente al bipartidismo y al nacionalismo. En general, reacio a los cambios bruscos que afecten a sus proyectos individuales, como la elección del colegio, y a su principal activo: el piso en propiedad. Y esa tenía que ser la mayoría cautelosa. A buen seguro, las agrupaciones locales del PSOE podrían haber avisado a los asesores de la Moncloa de que esos desarrollos urbanos eran zonas donde no solían hacer campaña electoral.

Eran lugares como mi barrio, Parque Oeste, en Alcorcón, donde el colegio público tardó en llegar casi una década, cuando ya la mayoría de vecinos se había buscado la vida. Normalmente, en los colegios concertados y privados que hay cruzando la vía del tren. Después de veinte años, han comenzado las obras del centro de salud, que recibirá el nombre de Ernest Lluch, cuya inauguración está prevista para la precampaña de las autonómicas de 2023. En este tiempo, Quirón ha construido un hospital privado, algo bien acogido ya que revaloriza el precio de las casas. También hay un hospital público cuya gestión no todo el mundo sabe que es privada. La asociación de vecinos nunca cuajó, pero sí existe una parroquia dedicada a Escrivá de Balaguer con un aparcamiento no pequeño. Nuestros comercios han sufrido, pero siguen abiertos e incluso hay alguno nuevo. En abril de 2019, Ciudadanos ganó en mi barrio y también en el norte de Pinto o en ciertas zonas del PAU-4 de Móstoles. Concretamente, en el área que tuvo más presencia privada en la promoción, la más fronteriza. Este es un concepto que parece excesivo, pero deja de serlo cuando lo que hay al otro lado de la avenida son descampados o tierras de labranza. Es decir, la ciudad no desaparece poco a poco, sino que, tras la última calle, hay una valla metálica y, después, nada, el desierto de los tártaros. Tanto Alcorcón como Móstoles pertenecen al que se conocía como cinturón rojo de Madrid, y en ambas ciudades los primeros pasos de esos nuevos desarrollos urbanísticos se dieron con ayuntamientos de izquierda. Nadie tuvo en cuenta que la forma de construir crea una visión del mundo.

El socialista Tomás Gómez fue el promotor de Parla Este, un desarrollo que habría enamorado a Le Corbusier: grandes edificios, grandes avenidas y grandes zonas verdes, como el parque del Universo. Las calles tienen nombres de constelaciones. El barrio posee la cuarta natalidad más alta de España, algo a lo que ayuda la gran presencia de familias migrantes en la ciudad consolidada. La clave de esas cifras de natalidad es probable que se encuentre en el precio del metro cuadrado, el más bajo de las grandes ciudades madrileñas y de las grandes promociones públicas que se hicieron: pisos de tres habitaciones con piscina y garaje por 100.000 euros. Ciudadanos ganó en las secciones más cercanas a la R-4, la zona fronteriza. Esos eran los votos de la nueva mayoría cautelosa, la gente que tenía que aceptar a Pedro Sánchez como el líder necesario para afrontar ese otoño caliente.

El plan no salió bien. Los cinturones naranjas dejaron de existir; pero, salvo excepciones, los Pauers no votaron al PSOE. Unos pasaron al azul del Partido Popular, y otros, al verde de la ultraderecha, que dibujó espacios claros en

Madrid, Zaragoza, Málaga o Murcia, aunque sobredimensionados por la poca participación. La mayoría de los votantes familiaristas de Ciudadanos optaron por la abstención al ver la inoperancia de su opción de abril. El nacionalcatolicismo tiene un exceso de grasas saturadas que dificulta su digestión, como los hidratos de carbono por la noche. Esa gente simpática que habla poco de política y que solo desea que se forme un gobierno optó por quedarse en casa viendo una serie. Quedó claro que se trata de un electorado infiel. Le interesan ciertos temas y va cambiado de voto en busca de soluciones. Es un voto Tinder. Prueba y descarta.

Mi barrio votó al PP en noviembre, salvo la zona con más vivienda protegida, donde ganó el PSOE, aunque con menos votos que en abril. En general, los conservadores ganaron en los nuevos desarrollos más pegados a las ciudades, y la ultraderecha se hizo con las islas de viviendas unifamiliares, algo que fue muy claro en Madrid, Valencia, Murcia, Almería o la Costa del Sol. Un chalet siempre tiene algo de castillo y el discurso de la seguridad y el repliegue hacia la comunidad cultural caló bien en las zonas fronterizas de las ciudades, física o psicológicamente.

Aragón está considerada la comunidad autónoma más representativa en cuanto al comportamiento electoral. Ciudadanos había logrado en abril de 2019 un cinturón claro en zonas como Miralbueno o el Distrito Sur de Zaragoza, nuevos desarrollos, así como en algunos pueblos situados al lado del corredor mudéjar, como Cuarte de Huerva o María de Huerva. Es territorio apiretal: guarderías, colegios, rutas extraescolares, parques; apenas hay jóvenes o ancianos en el barrio. En noviembre, el PSOE recuperó, con menos votos, una sección censal en Miralbueno, la zona con menor renta y donde, sin dejar de haber piscinas, se sitúan varios servicios públicos. Con pocas papeletas más, la ultraderecha ganó en la zona que toca con Oliver, un barrio tradicional con presencia migrante. El porcentaje no es elevado, pero contrasta con la casi nula diversidad del nuevo desarrollo. La ultraderecha también se impuso en los pueblos del corredor mudéjar, zonas también familiaristas. Es algo que invita a pensar en la evolución política del país a medio plazo.

En Parla Este, recordemos, una zona con alta natalidad, los ultras ganaron en seis secciones censales, las más cercanas a la carretera radial y fueron la opción dentro de las tres derechas en el resto de la ciudad. Es interesante pensar que quizá la integración y la comunicación entre comunidades no depende tanto de las opciones personales, de si uno es más o menos abierto, sino de la actuación de las instituciones; sobre todo, de la propia planificación urbanística. Si la ausencia de servicios promueve la competición, se crean agravios con más facilidad, y tanto los bulos como el discurso identitario encuentran un terreno fértil. Las burbujas digitales crecen mejor en las burbujas físicas.

El planeamiento urbanístico suele presentarse como aséptico y neutral, con maquetas o simulaciones de edificios perfectos en calles rectas y limpias por las que pasean familias felices, pero siempre tiene implicaciones ideológicas. Es decir, crea un estilo de vida que afecta a la propia manera de ver el mundo. El urbanismo disperso, importado del mundo anglosajón y latinoamericano, promueve un individualismo competitivo, ya que favorece las soluciones individuales, el aislamiento y el repliegue. Este último puede ser identitario, ya que no se necesita un gran compromiso para pertenecer a la comunidad cultural, que al mismo tiempo proporciona redes digitales y analógicas.

Si el urbanismo crea islas de renta segregadas, está plasmando físicamente un modelo basado en la desigualdad, que se consolidará a través de la desconexión física entre los diversos grupos que forman la ciudad. El ciclo urbanístico que comenzó en los años noventa se basó en un modelo de comodidad interior (piscina, jardín, pistas deportivas, columpios) y hostilidad exterior. Son edificios que dan la espalda a la calle. En general, los nuevos desarrollos urbanísticos no se hicieron a escala humana, sino para el coche: calles, rotondas, avenidas y buenos enlaces con las carreteras, radiales o corredores. Los servicios no importaban porque cada vecino podía encontrar su propia solución a través de esa facilidad para los flujos. Como veremos en el laboratorio madrileño, no solo se trata del vehículo, sino también de la educación o la sanidad a través del concepto «libertad de elección». Así, la vinculación con la comunidad es escasa y, en ocasiones, también competitiva, ya que las oportunidades son limitadas. Son islas urbanas desvinculadas en mayor o menor medida de la ciudad consolidada, islas en las que no suele existir espacio público y común. Había una España de las plazas y una España de las rotondas. O de las piscinas.

LA ESTRATEGIA DEL BOOMERANG

«No hay riqueza inocente».

RAFAEL CHIRBES

En los talleres de lectura, siempre suelo pedir un análisis ideológico de la obra. Aclaro que no me refiero al reduccionismo de si la historia es de derechas o de izquierdas, sino a qué visión del mundo se refleja en el texto. Por ejemplo, si hay una mirada individual o colectiva o en qué tiempo verbal se deposita la esperanza. Hay una narrativa de la huida que comparte el desapego con el presente de las canciones de Bruce Springsteen: la nostalgia de los buenos tiempos y el anhelo de un futuro esperanzador. Hay historias, en cambio, donde tanto el pasado como el futuro son amenazadores y el ahora es el único momento posible. Además de ver quiénes son los personajes y reflexionar sobre qué hacen, destaco siempre cuestiones como la visión de la familia, el trabajo, la pareja, el sexo o la presencia de objetos cotidianos. Siempre aconsejo fijarse en si se habla de los muebles de una casa, la ropa que llevan los personajes o cuánto cobran. No decirlo es una opción. Si los pisos de 120 metros cuadrados en el centro de las ciudades caen del aire, como en tantas películas españolas, eso también es una propuesta ideológica.

En las novelas de Rafael Chirbes, las casas tienen objetos y la gente cobra por trabajar o sin hacerlo, algo que define la identidad personal mejor que la ropa o la música. Es uno de los pocos escritores españoles adscritos a una tradición que, más que realista, podríamos definir como de contar el mundo exterior, lo que le costó alguna crítica despiadada en su momento. No es una escuela extensa. El asesor de Ciudadanos se quejaba de que apenas había libros o películas sobre la vida en los PAU. Tampoco los hay sobre la precariedad laboral o sobre los desahucios. Triunfó la conspiración introspectiva que explicaba Antonio Orejudo en *Fabulosas narraciones por historias*; las narraciones españolas suelen mirar hacia dentro. Tenemos más libros sobre la maternidad o la paternidad que sobre la crisis de 2008.

A Chirbes, más que cabrearle, le sorprendía. Al volver de su estancia en Marruecos, a mediados de los años ochenta del siglo pasado, no reconocía España. Todo había cambiado, pero nadie lo explicaba. Parecía que todo el mundo había tenido dinero desde siempre y que los años setenta no habían sucedido. Ya no digamos el franquismo. Nadie recordaba que ese presente era fruto de las generaciones anteriores: unas se habían sacrificado y otras habían especulado, explotado o expoliado. Daba igual. Recordarlo parecía de mal gusto en medio de la bonanza. Todo había quedado en el olvido para una nueva generación que había ocupado la escena en un ejercicio de adanismo que España repite con frecuencia, pese a ser un suicidio social.

Proponía la estrategia del boomerang. Es decir, ir hacia atrás para entender el presente, investigar el origen de las fortunas para entender el miedo de los descendientes a la memoria o a buscar el origen de las heridas. Al final de *La buena letra*, Ana, descendiente de republicanos, descubre que su hijo y el resto de la familia quieren liquidar la casa familiar, ayudados por el especulador franquista Mullor. Todo el legado, la memoria de sus padres y su propio sufrimiento, se desvanece frente a la posibilidad de una ganancia inmediata. El paisaje desaparece y, con él, la vinculación con el pasado, la capacidad social de recordar. Es algo habitual en nuestro país. Aquí no se rehabilita, sino que se derriba para construir. También, psicológicamente. La Transición no fue otra cosa. De los dos millones y medio de edificios anteriores a 1900 que había en España en los años cincuenta, quedaban menos de un millón en los noventa. Entre las víctimas, edificios históricos como los palacetes del centro de Madrid, que dejaron su sitio a brutalistas edificios de oficinas durante el desarrollismo. Ese período histórico se cuenta en una de las mejores novelas de Chirbes, *La larga marcha*. En ella aparecen el puchero diario, los cuartos para toda una familia, las horas extras, los realquilados, el sacrificio de la vida personal o la salud, la separación de las familias por las condiciones laborales o la realidad del sector agrario, cosas que tenemos que descubrir cada cierto tiempo porque las olvidamos, como las burbujas inmobiliarias.

Vamos a lanzar el boomerang. Sin ánimo de ser exhaustivo, es interesante hacer una pequeña historia del urbanismo español para comprobar que el boom del cambio de siglo, el momento PAU, no fue un error, sino la culminación de una propuesta concreta que, incluso, puede seguirse a través de algunos apellidos, como si fuera una novela de Zola o Galdós. No fue una *rave* improvisada que se fue de las manos. Para aproximarse al PAU y a su propuesta ideológica, hay que entender que el modelo urbanístico español no tiene como objetivo el acceso a la vivienda, sino la creación de un mercado inmobiliario. La función social que subyace en la propuesta de Ildefons Cerdà, creador del concepto de urbanismo, se pierde en la realización concreta de su proyecto y, posteriormente, decae frente a la idea del suelo como mercancía de César Cort Botí, primer catedrático de Urbanismo de la Escuela de Arquitectura de Madrid.

Desde las primeras leyes, el modelo español está basado en esa segunda idea: la especulación con el precio, el desvío de dinero público al sector privado y la compra como objetivo final. Es complicado leer sin una sonrisa al geógrafo David Harvey cuando habla del «nuevo empresarialismo urbano» y de la «alianza entre el sector público y el sector privado centrada en la inversión y en el desarrollo económico con la construcción especulativa del lugar como objetivo político y económico inmediato, y no en la mejora de las condiciones dentro de un territorio determinado». No es nuevo, Harvey. El empresarialismo urbano es nuestra historia.

El sector inmobiliario privado (propiedad, recalificación, financiación, promoción, construcción y comercialización) siempre ha trabajado con ayuda institucional para crear mercado y promover la vivienda en propiedad. Casi siete millones de viviendas construidas entre los años 1951 y 2015 con dinero público terminaron convertidas en patrimonio privado, algo que crea ideología, al igual que otros dos factores: la mayor parte del ahorro familiar es inmobiliario, y las propiedades inmobiliarias son también la principal vía de transferencia de riqueza entre generaciones. Alguien que tiene este producto no quiere que su precio baje y tampoco que se impulse un modelo alternativo que reduzca la demanda. Cualquier cambio requiere tener esto en cuenta.

El objetivo es la creación de mercado desde 1864, fecha en que se aprueba la Ley de Ensanches, que contribuyó a alejar el resultado final de las buenas intenciones iniciales de gente como Ildefons Cerdà, simpatizante del socialismo utópico. Al contrario que en otros países, donde el acceso a la vivienda se convirtió en el centro de la acción política, aunque solo fuera una cuestión de contención de los movimientos populares, la clave de la legislación española es la optimización del rendimiento del suelo para crear un mercado desregulado en el que la vivienda sea una mercancía privada que, además de movilizar capital, forme una clase de propietarios. Las sucesivas leyes, en dictadura o en democracia, siguen ese camino basado en el pelotazo, la concertación entre lo público y lo privado, la promoción de la compra o la depredación del territorio hasta llegar a la gran burbuja inmobiliaria, la época PAU. Como en otros casos, no se trata de un mal funcionamiento del modelo y es más fácil de entender si se observa como parte de un ecosistema en lugar de pensar en un accidente limitado.

César Cort Botí es una figura clave. Pese a su apego inicial por la ciudad jardín y la integración de urbe y naturaleza, se convirtió no solo en un defensor del crecimiento a través de los bloques de pisos, sino también de la capacidad del sector de la construcción para generar negocio y, desde su cátedra, fue un precursor del *quevieneellobismo*, práctica en la que un grupo de interés amenaza con una catástrofe si se toma una medida contraria a sus intereses. En su caso, vinculaba la congelación de alquileres con la paralización del mercado y la subida del desempleo, exactamente igual que la plataforma Idealista 110 años después. Anticipando el patrón, Cort no solo tenía una posición académica, sino que era un activo comprador de terrenos e incluso participó en política como concejal monárquico en el Ayuntamiento de Madrid durante la II República.

Cort nos sirve para enlazar con el franquismo, momento en el que la construcción se convierte en un sector clave gracias a la connivencia de empresas y personas con el régimen, incluso en actividades como el empleo de presidiarios como mano de obra gratuita, algo que no suele querer recordarse. Hay tantas fortunas familiares que deben su origen al tráfico de esclavos, legal en España hasta finales del siglo XIX, que es lógico que este sea un país reacio a la memoria. Cort aprovechó la crisis de la posguerra para hacerse con 13 millones de m^2 de suelo en la zona noreste de Madrid en previsión de que la capital se convirtiera en una gran urbe. No olvidemos su apellido.

Superada la autarquía, el gobierno franquista decide emprender una política de desarrollo habitual tras los conflictos bélicos: asfalto y cemento. Se trata de una solución muy socorrida, ya que no requiere innovación, emplea a bastante gente —aunque sea por tiempo limitado—, permite un movimiento discrecional de dinero y, por último, da al gobernante la posibilidad de inaugurar algo concreto. Es decir, traslada la idea de que se están haciendo cosas. El modelo también puede influir en la construcción social, pues promueve cierta mentalidad al facilitar con ayuda pública una oferta para la demanda de productos de propiedad y disfrute particular y que se relacionan con la distinción: casas y coches. Es decir, el Estado crea mercado e individualismo. Incluso segregación social.

Según el arquitecto Ramón Beltrán, el planteamiento franquista situó las ayudas públicas en una posición concreta y muy ideológica: «No se trataba tanto de facilitar la adquisición de una vivienda a las personas que la necesitaban para vivir, sino a quienes podían crear un mercado inmobiliario. Es decir, los destinatarios de las políticas públicas no eran los ciudadanos, sino algunos actores concretos: banca, constructoras y propietarios de suelo». La clave es pensar en la vivienda como una mercancía sin ninguna función social, algo que hoy parece claro, pero que no lo era tanto a mediados del siglo XX.

Tras la Primera Guerra Mundial y, sobre todo, tras la Segunda, diversos países europeos lanzaron ambiciosos planes de vivienda pública basados en el alquiler social. La clave era facilitar el acceso a la vivienda a todas las capas sociales, probablemente para evitar tentaciones revolucionarias entre las personas desmovilizadas. En España, en cambio, la Guerra Civil había definido el marco político y, aunque la vivienda era un problema que incluso se reflejaba en películas como *Surcos*, *El pisito* o *El inquilino*, no se facilitaba el acceso a ella. Era un producto que creaba mercado y su modo de acceso, deuda y propiedad; es decir, ideología.

Un buen ejemplo de políticas destinadas a la creación de mercado y segregación es el decreto de 1944. Tras unos primeros años destinados a la reconstrucción y la erradicación de la infravivienda, se crea una figura de más calidad, las llamadas viviendas bonificables, que incluso podían ser chalets u «hoteles familiares» con garaje y jardín. El promotor se convierte en una figura clave, ya que dispone de un marco legal beneficioso: exenciones tributarias, préstamos a bajo interés y amplia amortización, facilidades para la expropiación del suelo o preferencia en la asignación de suministros. El modelo favorece la compra privada, la iniciativa desvinculada de la concepción general de la ciudad y, de forma indirecta, se produce una transferencia de renta hacia arriba, otra tradición española. Las clases acomodadas eran las que podían adquirir el producto final directamente o a través de créditos, cuyo coste se beneficiaba de la legislación favorable. Esta transferencia es lo que se conoce como el efecto Mateo: al que tiene, se le dará aún más. En España, las rentas más altas son las que más reciben de las políticas redistributivas, algo que suele aparecer en los informes internacionales, como el de la OCDE de mayo de 2020. De nuevo, no es que el modelo funcione mal, sino que la desigualdad es el modelo.

Aunque la oferta se amplíe de forma geológica, estrato social a estrato social, las sucesivas leyes de vivienda profundizan en este modelo que garantiza la rentabilidad al sector privado gracias a la actuación pública. Habrá subvenciones a fondo perdido, materiales libres de impuestos o ventajas tributarias. Las empresas afines intervienen en los planes urbanísticos e incluso cuentan con el apoyo de las fuerzas de seguridad para las expropiaciones de suelo o, ya en los años setenta, resolver los conflictos con los trabajadores. El dinero público crea mercado. La vivienda pública dispone de diversos caminos, más largos o más cortos, para acabar siendo propiedad privada.

La idea de ciudad queda arrinconada frente al cemento al peso, algo que el primer ministro de Vivienda, José Luis Arrese, resumió en un lema que podría haber firmado Jesús Gil: «Primero, la vivienda, y después, el urbanismo». Arrese, uno de los grandes trepas de la política española, conspirador y depurador, también es el autor de la frase que da título a este apartado: «Queremos un país de propietarios y no de proletarios». El modelo neoliberal de Margaret Thatcher y Reagan, resumido por el secretario general de la Falange.

En realidad, ya había dejado de serlo cuando pronunció esa frase. Tras acabar con la mayoría de competidores, otra tradición española, Arrese se había sentido fuerte en el partido único y Franco le había devuelto a la tierra, aunque sin acritud y respetando otra costumbre: reservarle otro puesto para no perder del todo su fidelidad. Antes de la creación del Ministerio de la Vivienda en 1957, otras instituciones, como el Instituto Nacional de la Vivienda, la Obra Sindical del Hogar o el Ministerio de Trabajo ya habían promovido planes de vivienda. El de 1955 planteaba la construcción de medio millón de unidades y, desde el ministerio, Arrese las subió a un millón en 1957.

El problema surgió con la crisis del modelo autárquico. España tenía problemas de inflación, deuda pública y un déficit comercial muy elevado. Para solucionarlo, se planteó el primer plan de estabilización, que también crearía el modelo español de salida de las crisis: liberalización económica, desregulación del mercado de trabajo, merma de la redistribución hacia abajo, subida de impuestos no proporcional, recorte de gastos y devaluación de la moneda. En las sucesivas crisis, se ha echado mano de ese esquema y, cuando se perdió el control sobre la moneda, la devaluación fue social. Arrese, que no había entendido que había recibido un premio de consolación, se enfrentó con el sector del Opus Dei y volvió a perder. En 1960 dejó el ministerio y, fiel a la tradición de la puerta giratoria, comenzó una larga carrera en el sector privado.

Pero su espíritu permaneció. La exposición de motivos de la ley de 1960 es clara: crear propietarios, como Petrita y Rodolfo, los protagonistas de *El pisito*. El modelo traslada al entorno urbano el conservadurismo del propietario agrícola para evitar deslices revolucionarios. Cada piso, un minifundio. Hay que urbanizar todo lo que se pueda porque se establece como problema fundamental la ausencia de suelo a causa de la rigidez de las leyes. Hay que suavizarlas y aprovechar bien todas las oportunidades. El concepto de propiedad horizontal permite a más sectores convertirse en propietarios, desincentiva el inquilinato y favorece el crecimiento en altura de la edificación residencial. La vivienda se convierte en una mercancía que crea distinción social, y comienza un modelo de goteo entre clases sociales que se intensificará en oleadas posteriores y que ayudará a la escalada de precios. Durante quince años, se edificaron casi seis millones de pisos.

Es la época de las grandes promociones basadas en la estructura promotora-constructora-comercializadora, que suele ser efímera, para captar las ayudas públicas y evitar los conflictos posteriores, como la aluminosis, las humedades, las grietas, etc. Este modelo se explica bien en la serie de televisión *Cuéntame*. Don Pablo, falangista reconvertido al sector privado, como Arrese, funda Construcciones Nueva York y emplea a Antonio Alcántara como gerente. Durante unos años, hay champán para todos, hasta que el dinero de los futuros compradores desaparece sin que hayan levantado las casas. Este desamparo institucional ante la depredación del sector también es bastante frecuente y contribuye a crear lo que podríamos llamar el espíritu de la frontera, una característica del PAU. Lo veremos más adelante. También ayuda la práctica inexistencia de equipamientos públicos, como parques, centros de salud, colegios, centros culturales o deportivos. En ocasiones están en el planeamiento, pero no se llegan a construir y solo la presión de las asociaciones de vecinos hace que las soluciones lleguen años más tarde. Décadas, incluso.

Algunos de esos seis millones de pisos pueden verse por toda España. Son los edificios brutalistas de los barrios y las ciudades dormitorio. Entre ellos, los madrileños de la Concepción y el Pilar, ambos urbanizados por el tarraconense José Banús, que había comenzado en el sector de la construcción con los batallones de presos de Cuelgamuros y que presidía la junta de compensación que expropiaba los terrenos. Con la ganancia de las casas de los trabajadores —el barrio del Pilar registra una de las densidades urbanas más altas de Europa, algo clave en una pandemia—, se creó la Marbella de la *jet set*. Efecto Mateo. El sector inmobiliario y de las infraestructuras se complementa con el turístico: sol, playa y precariedad.

El movimiento pendular de esos sectores provoca la sensación de que hay que estar atento para aprovechar la oportunidad. Hay que moverse rápido para capitalizar enseguida la inversión, con lo que se alimenta un proceso de burbuja en toda la sociedad. Se está construyendo mucho y todo el mundo está comprando. Hay que aprovechar la ocasión y conseguir el crédito liberalizado porque los precios suben. Para bajarlos, hay que urbanizar rápido y sin control porque el gran problema es la falta de suelo. El mismo modelo una y otra vez, una y otra vez, una y otra vez.

La burbuja también se beneficia de un proceso de goteo social y generacional. Es decir, un movimiento hacia viviendas de más calidad que provoca una cadena especulativa. En la Barcelona de la década de los setenta, la familia de Santa Coloma deja su piso a un primo que viene a trabajar a la Pegaso y se traslada a Sant Martí; la de Sant Martí, al Eixample; la del Eixample, a un chalet en Sant Cugat. El precio de la vivienda no solo se referencia a la renta del comprador, su capacidad de endeudarse o las ayudas públicas, sino que añade el producto de la venta del piso anterior o, en el caso de los jóvenes, la ayuda familiar que, en ocasiones, incluso induce y condiciona la propia adquisición: la entrada o el piso completo como regalo.

Como la vivienda es un producto de distinción, todo el mundo se va al lugar que puede pagar, con lo que se consolida el urbanismo como recurso para la segregación social. Más alejada de la ciudad, con menos servicios, la vivienda unifamiliar tiene un valor simbólico. Como en el boom del cambio de siglo, proceso aún fresco, en la memoria, el movimiento del sector convierte a este en un imán que atrae y es atraído. Los promotores y constructores se convierten en personajes públicos que aspiran a puestos de relevancia social, como la presidencia de clubs deportivos: Lorenzo Sanz, Josep Lluís Núñez o Jesús Gil.

La gran burbuja iniciada en los años noventa, contada por Chirbes en *Crematorio* o *En la orilla* y donde volverá a salir el apellido Cort, fue la culminación de un modelo que no ha muerto y que está metido en el ADN de cada administración y territorio. Puede ser tranquilizador verlo como un residuo del centralismo franquista, pero esos años demostraron la vitalidad de los planteamientos de José Luis Arrese en la mayoría de consejerías, diputaciones y concejalías territoriales. Muchos clubs deportivos recibieron patrocinios de empresas locales del sector: Begar, Capitol, Dunas, Akasvayu, Iurbentia, Polaris World, Bruesa, Llanera, Etosa, Key Mare, Darien, etc. La mayoría ya no existen, como tampoco los medios de comunicación provinciales que promovieron o las cajas de ahorros, que habían resistido no solo el crack de 1929 o la crisis del petróleo, sino incluso la Guerra Civil. Todo fue barrido por la fiebre del oro.

LA FIEBRE DEL ORO

> «Todo empezó en Pitis, hace ya más de diez años, en 1999. Un día llegó el metro y no había nada. Nada. Y, de la nada, surgieron las plusvalías».
>
> ENRIC JULIANA, *Pitis*

La escena apareció en *Callejeros*, un programa que partía de una buena idea de reporterismo directo que, en ocasiones, derivaba en un divertido costumbrismo berlanguiano. El escritor inglés Owen Jones añadiría, con razón, que ayudaba a la estigmatización de las clases populares al ofrecer escenas descontextualizadas, pero somos mediterráneos y nos pueden las risas. En internet hay personajes inolvidables, como las vecinas valencianas, el tipo que tenía un arma para destruir el planeta o el pasadísimo «pim, pam, toma lacasitos». Uno de ellos es Ramón el Vanidoso. El tipo, delgado, gafas de alambre, ojos bailarines y una carpeta blanca bajo el brazo, capta la atención de la reportera con una frase: «Acabo de salir de permiso». «¿Ha estado usted en la cárcel?». La pregunta de la periodista, Alejandra Andrade, da inicio a un monólogo delirante en el que hay un atraco frustrado, un intento de secuestro y, a raíz del cabreo por los planes no cumplidos, una paliza a un familiar: «Fui a mi casa a cambiarme porque me gusta vestir bien. Cogí a mi cuñado y pam, pam, pam». La realidad y la verosimilitud no suelen cuadrar. «¿Y qué hace usted cuando está de permiso?», pregunta la reportera. «Drogarme todo lo que pueda y ahora voy a echar un polvo porque llevo cinco años sin meterla. [...] La droga es la auténtica salud, el bienestar, la alegría», responde Ramón. Es un buen resumen de la política urbanística española.

Vayamos a la estación de metro de Pitis, en Madrid, escenario de esa conversación fascinante. Se inauguró en marzo de 1999. Era el final de la ampliación de la línea siete de metro y conectaba esta red con la de cercanías, cuyo servicio de viajeros se había reactivado aquel año, con remodelación de la estación de ferrocarril incluida. En los años noventa, Pitis era uno de los sitios más complicados de la capital. Estaba junto a La Quinta, uno de los mercados de la droga, y la estación de tren tenía problemas de suciedad y delincuencia. También era bastante habitual ver a toxicómanos jugarse la vida cruzando las vías del tren. Solía haber varias muertes todos los años.

La estación tenía que ser un nudo de comunicaciones para Arroyofresno, uno de los seis programas de actuación urbanística aprobados por el Ayuntamiento de Madrid en

1993 y que comenzaba a concretarse. Los otros cinco eran Montecarmelo, Las Tablas, Sanchinarro, Ensanche de Carabanchel y Ensanche de Vallecas. En la ampliación de este último también había zonas dedicadas al menudeo, como El Cañaveral o Las Barranquillas, considerado en su momento el mayor mercado de droga de Europa. La primera conserva su nombre, mientras que la segunda quedaba dentro del actual desarrollo de Valdecarros.

En Pitis no había nada, pero iba a haber más de 3.240 viviendas, la mayoría urbanizaciones de cuatro alturas y un diez por ciento de chalets, además de espacios comerciales y el Centro Nacional de Golf. Esas viviendas formaban parte de las más de 70.000 previstas por el PGOU de 1993. En principio, eran nuevos barrios para una ciudad que, pese a estar de moda por la música o el cine, llevaba años perdiendo población. En concreto, cerca de 150.000 habitantes entre 1981 y 1991 en favor de los enclaves de su entorno. Es el efecto dónut, habitual en las ciudades maduras y que aún continúa, pese a la fiebre urbanizadora. En el nuevo Plan General de 1997, se añadieron ocho nuevos desarrollos: La Atalayuela, Ensanche de Barajas, Valdebebas, El Cañaveral, Los Cerros, Los Ahijones, Los Berrocales y Valdecarros. En conjunto, más de 7.000 hectáreas y más de 200.000 viviendas. Algunas ni siquiera han comenzado a construirse. En dos de estos desarrollos, Valdebebas y Ensanche de Barajas, la familia Cort tenía importantes parcelas, producto de las compras familiares en la primera mitad del siglo, y César Cort Lantero es presidente de ambas juntas de compensación, el instrumento clave en el desarrollo urbano. En Valdebebas, la gran zona verde prevista, la segunda Casa de Campo, se redujo para dejar paso a otros usos, como el residencial o la nueva Ciudad Deportiva del Real Madrid.

Tiremos el boomerang. En la capital, la derecha llega al poder en 1989 tras una década de gobierno municipal de la izquierda. La nueva administración busca impulsar el crecimiento y echa mano del modelo clásico: asfalto y cemento. El contexto ayuda, ya que las grandes empresas constructoras buscan nuevos proyectos tras 1992 y se llevan a cabo nuevas infraestructuras gracias a la inversión del gobierno de entonces (Plan Felipe). Además de asfalto, cemento y ladrillo, se comercializan nuevos productos y estilos de vida, como el centro comercial o la educación concertada, y se desarrollan instrumentos crediticios, ya que el gasto público y privado se financia a través del endeudamiento. El modelo Arrese está listo. La liberalización del suelo y la descentralización de las competencias urbanísticas, aún tímidas, facilitan los planes, y la sustitución del modelo de consorcio por el de compensación permite a los propietarios de los terrenos intervenir en la urbanización. Todo está preparado. Es el laboratorio madrileño.

El modelo urbanístico que se propone es casi idéntico en todos los casos: grandes extensiones de terreno con redes reticulares de calles salpicadas por alguna rotonda para unir el barrio con alguna vía de gestión de flujos. En el caso de los PAU madrileños de 1993, la clave era la M-40, una de las vías de circunvalación, a la que después se añadirán otras, M-45, M-50 y las radiales del gobierno Aznar. La carretera planifica y delimita la ampliación de la ciudad. El modelo predispone al uso del vehículo privado, aunque sea para llegar al transporte público. En todos los nuevos barrios, se repiten las mismas formas: chalets unifamiliares de dos plantas y urbanizaciones de un máximo de cinco alturas con zonas comunes, que suelen incluir jardín, columpios, piscina y pistas deportivas. Los planes también prevén equipamientos públicos, comercios e incluso algunas zonas industriales, pero la realidad fue por otro camino. Las administraciones tardaron en llegar o se desentendieron directamente al llegar la crisis de 2008, que también afectó al comercio y, sobre todo, a la edificación. A los locales sin ocupar, se unieron los edificios a medio terminar y los descampados. No siempre hay luz. Si hay dispersión, no hay barrio. Pero no corramos. Estamos en los años noventa.

Los motivos alegados por la Gerencia de Urbanismo de Madrid eran los clásicos: reactivar la economía a través del sector inmobiliario y crear una oferta de vivienda asequible, ya que la mayoría iba a contar con algún tipo de régimen de protección. La palabra *asequible* suele funcionar como anzuelo, pero la historia de la vivienda de protección en España, como la del alquiler, es una acumulación de callejuelas para dirigir a la sociedad hacia el propietarismo y la segregación.

Se repetían mantras, como la necesidad de desregular el sector. Es un recurso que ya hemos asumido. Se señala a las instituciones y la legislación como «trabas» u «obstáculos» frente a «las inversiones» o «la creación de riqueza», mientras que todos los que defienden algún tipo de control frente a la depredación, como las organizaciones ecologistas o políticas, son acusados de «no saber adaptarse» y estar «en contra del progreso». Como dice con ironía el arquitecto malagueño Fernando Ramos, son los anticiudad, antiprogreso, anticreación de riqueza y empleo, yihadistas de la conservación, déspotas ilustrados del urbanismo, los del no a todo. Es una dinámica tramposa que tiene que ver con la primacía del flujo como base ideológica: el que no se une al movimiento, el que sea, no es flexible y está condenado a quedarse obsoleto, nuestro peor pecado.

En esos años, también se echaba mano de lo que podríamos llamar la curva de Laffer-Arrese, en homenaje al ministro, que relaciona el precio de la vivienda con la cantidad de suelo urbanizable disponible. Es algo tan intuitivo como falso, ya que la vivienda es un producto muy concreto cuyo precio no está vinculado a la cantidad de oferta, como las nectarinas en un mercado local, sino que tiene un contexto propio, ya que puede no salir al mercado. El efecto provocado también acabaría ajustándose al modelo clásico del urbanismo español: creación pública de mercado privado, especulación, transferencias de renta hacia arriba, grandes movimientos de dinero líquido, desprotección y falta de equipamientos y servicios. En fin, «pim, pam, toma lacasitos», una de nuestras tradicionales fiestas en torno al ladrillo que vuelve yonquis a las administraciones, ya que la financiación local se hace adicta al sector inmobiliario.

La palabra *asequible*, recordemos, es el anzuelo. La previsión, según la revista *Urbanismo* de febrero de 1995, era que las viviendas de protección oficial y de precio tasado estuvieran destinadas a las personas que ganasen entre 900 y 3.000 euros. En 2019, un piso nuevo en Montecarmelo o Las Tablas de tres habitaciones suele valer alrededor del medio millón de euros. Es decir, necesita a dos personas cercanas a la horquilla superior y está muy lejos del mercado mileurista. Sin pareja, olvídese. Es un barrio de familias con hijos porque es lo que promueve el modelo.

La espiral especulativa hace aumentar el precio de la vivienda hasta que pasa a ser asumible solo por ciertos grupos sociales: los que son capaces de endeudarse en períodos de entre veinticinco y cuarenta años, algo que requiere una enorme estabilidad laboral y familiar. Como en las pruebas del Grial de Indiana Jones, solo el penitente pasará. El estrechamiento de la puerta de entrada se convierte en un claro recurso de exclusión que garantiza que el barrio tendrá una población homogénea cuya visión de la vida estará basada en ciertas cuestiones como el uso del coche, las soluciones individuales o la vinculación a la deuda y la propiedad. La austeridad y el sufrimiento personal de hoy son la tranquilidad de mañana, como explicaban Bernardo de Claraval en el siglo XII o Calvino en el siglo XVI.

Esa espiral también hace que los agentes urbanizadores tomen el control de la situación y se impongan a los criterios iniciales de la administración pública, que, en muchas ocasiones, tampoco muestra ningún interés en defenderlos. Nadie quiere ser el tipo desagradable que no quiere adaptarse, y la posibilidad del movimiento de dinero prevalece, algo que también crea ideología. La fiebre del oro es una versión extrema del modelo mercadista en el que no existe el consenso previo, la ley, sino un marco provisional creado por la concurrencia de todas las soluciones individuales. Y eso fue lo que sucedió.

El 29 de marzo de 1999, los trenes recorrieron por primera vez en Madrid las seis estaciones nuevas de la ampliación de la línea 7: Antonio Machado, Peñagrande, Avenida de la Ilustración, Lacoma, Arroyofresno y Pitis. Pitis, un lugar donde no había nada, pero iba a haber una mina de oro. España, como Ramón el Vanidoso, se preparaba para aprovechar bien el tiempo y, para ello, había que acabar con las trabas y los inmovilistas.

Ya en 1990 y en 1992 se había legislado sobre la cuestión con la idea de bajar el precio del suelo, elevado por el momento de bonanza que se produjo antes del mágico año olímpico. España era uno de los países del mundo donde era más fácil hacerse rico, decía el ministro de Economía. El problema legal se resolvió con las leyes liberalizadoras de 1997 y 1998. Por resumirlo, se pasaba de un modelo en el que había que determinar que un terreno era urbanizable a otro, descentralizado, donde todo era urbanizable salvo que se demostrara lo contrario. Boom.

La legislación de los años noventa liberalizó y descentralizó el urbanismo para dar comienzo al reino del Programa de Actuación Urbanística, el PAU, una figura de los años setenta reservada a unidades urbanísticas integrales, es decir, nuevos barrios o distritos. Ladrillo al peso, nada de ir poco a poco. La Comunidad de Madrid llegó a tener 31 y, en total, se construyeron medio millón de viviendas en una década, un dato similar al de la provincia de Barcelona. En la Comunidad Valenciana o Murcia, hubo numerosos proyectos de más de 10.000 viviendas. En Vitoria, el Plan General de Ordenación Urbana del año 2000 preveía dos nuevos distritos, Salburua y Zabalgana, con unas 12.000 viviendas cada uno de ellos. En Alicante, entre los dos PAU de San Blas y el Plan Rabasa superaban las 22.000 viviendas. Las cifras no encajaban con la previsión de crecimiento demográfico, pero no importaba. Entre 1990 y 2000, el suelo urbanizado en España casi se duplicó. Nada de rehabilitar o crecer progresivamente.

Jaén aprobó 6.400 viviendas en Cerro Almagro, una cantidad similar a la de Logroño, con dos proyectos, Montecorvo y Camino Fuenmayor, o Tarragona (Terres Cavades). Nada comparable al área metropolitana de Pamplona, un lugar del que se habla poco. Los planes Guenduláin, Donapea, Sarriguren II y Lezkairu preveían la construcción de más de 30.000 viviendas. En Cullera, la Generalitat y el Ayuntamiento proyectaron el PAI Bega-Port, un «Manhattan» de 33 torres de 25 plantas, dos hoteles de 40, un palacio de congresos y un puerto deportivo. El Gran Manises proponía construir 9.000 viviendas, lo que implicaba prácticamente duplicar la población del pueblo. El Ensanche Sur de Huelva añadía a sus más de 4.000 viviendas previstas un gran centro comercial y un centro de convenciones, dos anzuelos habituales. Veinte años después, parte de estos números son todavía números por la crisis de 2008; pero, antes de que llegara, se terminaron casi cinco millones de viviendas entre 1997 y 2006. Cinco millones de viviendas, un crecimiento casi imposible de asimilar por las instituciones. No importaba, porque no eran para vivir, sino un producto.

La fiebre del oro barrió nuestro país. No solo las ciudades y la costa. En aquellos años, no era raro ver en cualquier lugar proyectos de urbanizaciones con decenas o cientos de chalets con piscina, zona recreativa y, en ocasiones, campo de golf. Eran actuaciones que no estaban previstas en los planes urbanísticos vigentes, pero que necesitaban aprobarse a contrarreloj. Las administraciones competían entre ellas por captar los flujos de inversión. Si no se estaba atento o no se daban facilidades, el dinero iba al pueblo de al lado. Es algo que también modela una visión del mundo.

El efecto fiebre del oro hace que todo el mundo tenga la necesidad de participar en la fiesta y que las administraciones se plieguen a la iniciativa privada, que, en numerosas ocasiones, es quien realiza el planeamiento urbanístico que después los ayuntamientos incorporan. El dinero tiene prisa. En muchas ocasiones viene de las cajas de ahorros, donde las propias administraciones participan. En otras ocasiones, como en el caso de Madrid, el propio sector público alimenta el modelo. La concertación público-privada es casi total y se transmite el mensaje de que, si se tropieza con trabas y burocracia, el dinero se irá a otro sitio. El trabajo no existe; el capital crea riqueza y empleo. La legislación, que ya era muy flexible, se presenta siempre como un obstáculo que impide la ejecución de los proyectos, llamados siempre inversión. Poca gente cuestiona el efecto de los cambios. Hay que hacerlo. Lo que sea. Cuanto antes.

Se escribió mucho de Francisco Hernando, el Pocero, y sus 13.000 viviendas nuevas en Seseña, un pueblo toledano de unos 3.000 habitantes, pero el caso de Arroyomolinos es más espectacular. En 1990, cuando Seseña tenía ya 2.674 habitantes, esta ciudad del sur de Madrid estaba en 683; en 2019, supera los 30.000. La media de edad ronda los treinta años, familiarismo en estado puro. Aquí la dispersión ya está clara. En muchos casos son islas cuya relación con el municipio al que pertenecen es muy escasa y, de entrada, solo existe a través de los impuestos, ya que es más fácil asumir los crecimientos desmesurados en el papel que en la realidad. Tener preparado el equipo de limpieza que requiere una población dispersa de 15.000 personas para un ayuntamiento que partía de 3.000 habitantes no es algo sencillo.

La ley valenciana de 1994 crea el agente urbanizador, un actor externo que realiza el planeamiento y el Programa de Actuación Integrada (PAI), que después es aprobado por la administración. Es decir, los poderes públicos no tienen una actuación activa en la planificación del territorio, sino que se limitan a no molestar. Quizá la desconexión entre ciudadanía y política no se debe solo a la corrupción o a la crisis, sino que comienza aquí, cuando la política se desentiende de la población y deja en manos del sector privado algo tan importante como sus condiciones materiales de vida. Una despreocupación que, es cierto, contó con el permiso, incluso activo, de la propia población por el efecto fiebre del oro. Valencia cambió huerta por cemento y entró en una espiral que se llevó por delante su importante sistema financiero; pero, en cambio, hizo que esta sea una de las escasas zonas donde, a nivel global, las nuevas generaciones no han retrocedido en riqueza. Es un pacto diabólico, ya que implica la depredación del territorio. La siguiente generación no tendrá nada que sacrificar y es probable que los propietarios sean cada vez menos. En los últimos años, hemos entrado en un proceso de acumulación y es probable que, para mantener el nivel de vida, varias generaciones tengan que sacrificar su escaso patrimonio inmobiliario. Será el regreso al país de jornaleros de hace siglo y medio. Digitales, pero jornaleros.

Lo importante es que se mantenga el modelo, basado en la creación de mercado dentro de oleadas especulativas que eliminan todo rastro de función social. El mercado descarta como posibles compradores a los que más lo necesitan, ya que se establecen recursos de segregación: ingresos, estabilidad, capacidad de ahorro, etc. En ocasiones, existe una oferta para situaciones extremas que, cada vez más, se dirige a nichos sociales que previamente tienen que definirse como vulnerables y ser reconocidos como tales, como en las leyes de pobres inglesas. Es decir, en este caso, la vivienda tampoco es un derecho, sino una asistencia. Imprescindible, por supuesto, pero limitada. Será interesante ver cómo el modelo se ajusta a la imposibilidad de las nuevas generaciones para acceder al mercado. Quizá, como se ha propuesto con los pisos turísticos, haya un rescate a los propietarios a través de ayudas a los compradores.

En ocasiones, como veremos más adelante, hay ceremonias de expiación, pero duran muy poco porque las crisis forman parte del modelo: dejan fuera a los más débiles, empresas o compradores, en un proceso de acumulación que construye el nuevo mercado, además de crear el clima social para profundizar en la desregulación o las ayudas de abajo hacia arriba. En España, la vivienda en propiedad estaba en el 50 % en los años cincuenta y ahora supera el 80 %. Ganaste, José Luis Arrese.

Con la casa, el coche. En las áreas metropolitanas, se planificaron nuevas infraestructuras, autovías, autopistas, circunvalaciones o radiales, que reducían distancias. Estamos en el pódium de carreteras de gran ocupación. Toledo y Guadalajara se convirtieron en parte de algo que podríamos llamar Madrid DF y decenas de pueblos de las áreas urbanas planificaron urbanizaciones con piscina o chalets, pareados o individuales, que se conectaban mediante nuevas carreteras a las ciudades, los parques logísticos, los polígonos industriales o las zonas comerciales. Desconexión, segregación, homogeneidad, familia, coche.

En muchas ciudades, se produjo un éxodo al extrarradio, siguiendo el consejo de Juvenal. Era más barato tener un chalet con piscina a cincuenta kilómetros que un bajo sin luz en el centro. En Zaragoza, la Z-40 y los pueblos de los corredores crecieron mucho. Incluso en Muel, a 30 kilómetros de la ciudad, se puede encontrar un hilo de piscinas. En Valladolid, donde la expansión la marcan la VA-20, la VA-30, la A-62 o la A-60, Zaratán o Cistérniga registraron importantes aumentos de población. Arroyo de la Encomienda pasó de 4.085 habitantes en el año 2001 a más de 20.000 en 2019, a los que habría que añadir otros 5.000 no empadronados. En Pontevedra, la VG-20 conecta Navia, donde se planificó un PAU para 20.000 nuevos habitantes, con Vigo, donde se convierte en una vía urbana. Podríamos seguir con otras ciudades, como Sevilla, con la SE-30 y la SE-40, o Badajoz, con la BA-20, la BA-22 y la 310 de Las Vaguadas, pero no es cuestión de ser exhaustivos.

Además del efecto sociológico que produce la dispersión y el uso del coche, es importante tener en cuenta esta mareante lista de infraestructuras cuando hablemos de cambio climático y las medidas para evitarlo, como la fiscalidad de los combustibles, la renovación del parque automovilístico o las alternativas de movilidad. La planificación ha enviado a millones de personas fuera de las ciudades, endeudadas a treinta años, y ahora les pedimos que no se desplacen. El mundo de asfalto, cemento y ladrillo, promovido en los años noventa por todas las administraciones, no es que sea descartado, sino que pasa a ser malo en un sentido moral. La respuesta mercadista, a izquierda y derecha, suele ser «ya lo sabían cuando se fueron».

Cabe responder que quizá no lo tenían claro porque la sostenibilidad no era una palabra extraña en las exposiciones de motivos de los planes, y la publicidad, donde aparecían los ayuntamientos, las diputaciones o las cajas de ahorros, hablaba del contacto con la naturaleza. En cambio, las administraciones sí sabían que era un modelo insostenible cuando facilitaron ese modelo. En 1999, el documento de Estrategia Territorial Europea de la Comisión Europea señaló que el crecimiento incontrolado de las periferias de las ciudades europeas «incrementa los movimientos en transporte privado; incrementa el consumo de energía; encarece las infraestructuras y la prestación de servicios; y tiene efectos negativos en la calidad del paisaje y en el medio ambiente». Y no hay mención al uso de agua en jardines o piscinas. Pero era 1999. En esos años, no teníamos oídos para esa bajona porque estábamos comenzando la fiesta.

Habrá que repensar el modelo de la dispersión urbana, como tantas otras cosas, si no queremos acabar como el mundo de Mad Max, pero es clave que las aportaciones se hagan desde la política y no desde los comportamientos personales. Es decir, desde la comunidad en lugar de desde la dispersión. Esa es la clave ideológica de todo el asunto: la apelación a la política o la solución individual y, por tanto, competitiva. «Sálvese quien pueda» pasa a ser el mensaje hegemónico, admitido por casi todas las partes. También, por los que quieren solucionar el problema.

EL LABORATORIO MADRILEÑO

«No disputéis las banderas, disputadles el urbanismo o la ordenación del territorio».

@AitorCantabria

Volvamos al verano de 2019. Los asesores de Moncloa no necesitaban llamar a las agrupaciones territoriales o reproducir el viaje que Pedro Sánchez había hecho por toda España en la campaña de las primarias socialistas. Los problemas para atraer a los Pauers hacia la mayoría cautelosa ya estaban explicados en dos artículos que, aunque se centraban en Madrid, mostraban la influencia social de un tipo de urbanismo basado en la propiedad, el uso del vehículo privado o las soluciones individuales.

El primero se titulaba «El cinturón naranja de Madrid» y lo firmaban Analía Plaza y Raúl Sánchez en *eldiario.es*. Comenzaba en Tres Cantos, un lugar que ejemplifica bien la idea de que el urbanismo crea ideología. La ciudad nació bajo un decreto franquista que buscaba hacer frente a la demanda de vivienda en las grandes concentraciones urbanas. Las actuaciones urbanísticas urgentes (ACTUR) tenían el espíritu de las *New Towns* anglosajonas, y Tres Cantos fue la más ambiciosa: una nueva ciudad a menos de treinta kilómetros de la capital, a la que estaría unida por una gran autopista. La situación era buena: zona norte, justo al lado de Soto de Viñuelas, un desarrollo residencial de alto nivel. En su momento, alguien se vino arriba en cuanto al diseño y planteó Tres Cantos como un homenaje a JGB (James Graham Ballard): torres de casi veinte plantas donde la energía se lograría a través del reciclaje de la basura recogida por tubos instalados en sus respectivas cocinas. En 1971, se aprobó un proyecto más normal, que tuvo las grandes cifras habituales que sirven para convencer a todo el mundo: 36.000 viviendas para alojar a 150.000 habitantes y una zona industrial que crearía hasta 40.000 puestos de trabajo. Cincuenta años después, el truco de los empleos sigue funcionando.

En 1976, se constituyó la sociedad que planificó el suelo y lo puso a disposición de cooperativas; pero, entre la crisis del petróleo y la inestabilidad política, el proyecto no acabó de cuajar y, en los años ochenta, estuvo a punto de ser dinamitado. Habría sido una gran escena para Roland Emmerich. No sucedió así. El primer consejero de Ordenación del Territorio, el arquitecto Eduardo Mangada, se puso al frente y diseñó una ciudad amable con amplias zonas verdes, supermanzanas con calles cerradas al tráfico y equipamientos públicos. Y piscinas dentro de las urbanizaciones. También se redujeron las dimensiones de la ciudad y se bajó la densidad, al tiempo que se reducía el parque central. La ciudad fue captando vecinos a través de cooperativas; sobre todo, funcionarios. Esto provocó que el entonces presidente de la Comunidad de Madrid, Joaquín Leguina, dijera a Eduardo Mangada la frase con la que Plaza y Sánchez abrían su artículo: «Oye, no hagas más viviendas cooperativas porque votan al PP. La gente, en cuanto es propietaria, vota al PP».

Esta era una de las claves que señalaba el segundo texto, publicado por el arquitecto Fernando Caballero Mendizábal en *El Confidencial* y que tenía un título contundente: «¿Por qué Madrid es de derechas?». El artículo llegaba tras el nuevo fracaso autonómico de la izquierda en el peor momento de la derecha (corrupción, división, tránsfugas o campañas electorales chanantes) y partía de una idea ya familiar, aunque estemos al inicio del libro: «Planificar cómo son nuestras ciudades y nuestras casas significa planificar cómo vamos a vivir, cuáles van a ser nuestras necesidades y prioridades, nuestros intereses del día a día y, por lo tanto, nuestra forma de pensar». Para Caballero, se había creado una hegemonía de pensamiento individualista con cuatro herramientas fundamentales. Dos de ellas suelen aparecer en el debate público: la privatización de la sanidad y la educación; las otras dos permanecen en un segundo plano: el urbanismo y la política de vivienda.

El artículo de Caballero reprochaba a la izquierda su obsesión por ciertos aspectos muy concretos, como los pelotazos o la gentrificación de ciertos barrios, mientras se despreocupaba por la urbanización silenciosa del resto del territorio. En cada ciudad de la Comunidad, como también sucedía en toda España, se creaban nuevos barrios de calles rectas y amplias, baja densidad, pocos servicios y vivienda en propiedad. Todos los proyectos cumplían la ratio de vivienda protegida, pero el artículo recordaba que, en Madrid, «dos tercios de la vivienda protegida hecha en la etapa democrática han sido construidos por cooperativas o promotores inmobiliarios, es decir: por la iniciativa privada». Por ello, Eduardo Mangada le podría haber respondido a Joaquín Leguina: «Yo hago mi trabajo, haz tú el tuyo y entra en la construcción de viviendas. No lo dejes todo al sector privado».

Habría sido extraño porque, como hemos visto, el modelo español promueve la vivienda como producto de mercado o ahorro, en lugar de asumir la función social reconocida en la Constitución. Encaja mejor con la idea del «país de propietarios» que pedía el primer ministro de la Vivienda, José Luis Arrese. Durante el franquismo, lo habitual era que las promociones, aunque tuvieran un período inicial de alquiler, terminaran ofreciendo a los inquilinos la posibilidad de adquirir la vivienda, algo que no se devaluaba a largo plazo. Aquí, la vivienda pública en alquiler queda para situaciones excepcionales: jóvenes o asistencia social. Esta idea la recogió Margaret Thatcher y, en 1980, privatizó millones de viviendas sociales, transformando no solo a sus inquilinos en propietarios, sino a sus hijos en herederos. Los discursos sobre lo común o la igualdad de oportunidades se reciben peor cuando el formato del relato social es la competición y uno cree que tiene cierta ventaja sobre los demás. Fue algo que también hicieron los nuevos gobernantes tras la caída del Muro. En la actualidad, los países europeos con más porcentaje de vivienda en propiedad ya no son los mediterráneos, sino los excomunistas.

Pero no solo es el qué, sino el cómo. La relación entre propiedad y conservadurismo es algo que veremos en la última parte, la más teórica, y ha sido un factor estudiado a derecha e izquierda. Sin embargo, cabe añadir otros factores porque, si los propietarios solo votasen a la derecha, Joaquín Leguina nunca habría sido presidente de la Comunidad de Madrid y las elecciones de 2019 habrían sido más claras. En España, ocho de cada diez españoles viven en su propia casa. Con matices propios, Madrid importó el modelo estadounidense. Allí, como explica el geógrafo David Harvey, el sistema de carreteras y suburbios, promovido por las instituciones de crédito y las deducciones fiscales, implicó una trasformación radical de la forma de vivir a partir de los años cincuenta. No solo introdujo nuevos productos, como electrodomésticos o coches, sino nuevas preocupaciones vinculadas a la propiedad, como la priorización de la estabilidad o la seguridad. Dispersar a la población en espacios individuales situados en islas urbanas segregadas fomentó la pérdida de la visión comunitaria de los problemas frente al modelo competitivo individual, vinculado culturalmente al protestantismo. Suburbio a suburbio, se creó un nuevo grupo, la clase media, un concepto identitario ligado a símbolos de estatus, como el barrio, el coche o el colegio de los hijos. Cada persona se situaba en el lugar físico y social que podía pagar, desligado del resto, lo que significaba un triunfo sobre los que no habían llegado y una derrota momentánea frene a los que estaban por encima.

En el plan de 1985, Eduardo Mangada había diseñado los ensanches madrileños, como la zona de Valdebernardo, siguiendo un modelo austero: urbanización paulatina, barrios pequeños conectados a la ciudad, zonas arboladas y comercio de proximidad. En ese plan, estaban el Ensanche de Vallecas o Montecarmelo, pero de forma más limitada. El plan de los años noventa cambia el modelo al «todo urbanizable» con grandes actuaciones periféricas y desconectadas: los planes de actuación urbanística (PAU). Es decir, islas rodeadas por carreteras, grandes avenidas o vías ferroviarias. Concretamente, islas privadas, ya que las instituciones tienen poca participación en la urbanización.

Los propietarios, a través de las juntas de compensación, realizan una distribución del espacio basada en la zonificación, un sitio para cada cosa: residencial, comercial, servicios, ocio, naturaleza, etc. Bosques urbanos en lugar de parques, o centros comerciales en lugar de tiendas, un diseño que necesita coche. El espejo eran los suburbios estadounidenses o, más cerca, Milano 2, la urbanización de lujo desarrollada por Silvio Berlusconi en los años setenta, con hospitales, colegios, piscinas, zonas deportivas y un canal interno de televisión, origen de la actual Mediaset. El modelo se benefició de la ley autonómica que limitaba la altura de los edificios. A menor densidad, menor rentabilidad del comercio, algo que no importa porque se pueden comercializar los bajos como viviendas con jardín. La zona residencial se divide siguiendo el criterio mercadista y hay un producto para cada comprador, cuyo perfil es similar: la pareja profesional estable, ya que la inversión no es accesible para una sola persona ni permite tener ingresos irregulares. Cada grupo social se instala en el lugar que puede pagar, lo que permite una cierta uniformidad.

La segregación y la homogeneidad son otros dos factores clave y hasta pueden ser más importantes a la hora de influir en la visión del mundo. Es algo que suele trasladarse, con otras palabras, como *seguridad* y *tranquilidad*. En el reportaje de *eldiario.es*, una vecina de Montecarmelo, al norte de Madrid, reconocía: «Soy de las que sale por el garaje y apenas se relaciona con los vecinos». Su descripción del barrio es interesante: «Es una clase social en la que trabajan los dos, media-alta, con pocas personas mayores y formada por familias con hijos, sin apenas inmigrantes, solo los que cuidan a niños. Es una zona segura y tranquila».

Otro testimonio apuntaba que, aunque la relación con el barrio es débil y apenas hay asociaciones, la relación interior es fuerte: quedadas, fiestas, torneos de mus o pádel, pandillas infantiles. Gente que se tirará a la piscina si a tu hijo le pasa algo, como señalaba el asesor de Ciudadanos. Los niños suelen ser la clave. En el mismo reportaje, el urbanista López de Lucio sostenía: «Existe esa contradicción. Las calles son tristes, no hay comercio de proximidad, nadie camina y solo vas a El Corte Inglés. Pero a ciertos segmentos de gente les gusta: nunca pondrán un bar bajo tu casa porque no hay locales, las manzanas solo tienen un acceso y están vigiladas, los niños tienen piscina y, si quieres comprar, coges el coche».

Como sostenía Caballero, el PAU era «una suerte de sueño americano, al que casi cualquier madrileño, independientemente de la clase social a la que se perteneciera, podía acceder. Mientras a ojos de la izquierda se desmantelaba el Estado de bienestar, al trabajador del extrarradio se le ganaba por la estética de vivir en ciudades limpias y dignas, y no en barrios obreros problemáticos». Cabe señalar que el hecho de que los barrios sean problemáticos también es una decisión política que encauza el mercado hacia la nueva oferta. Cuando las instituciones han querido hacer seguras ciertas zonas, como los centros urbanos, lo han hecho sin demasiados problemas.

Es interesante olvidar la caricatura y sacar el foco de la decisión particular. Si el PAU se hizo viral, fue gracias al enorme apoyo que tuvo, desde los ayuntamientos a las comunidades, pasando por las instituciones financieras, que, como al panal de rica miel del cuento, acudieron golosas al ladrillo. Durante unos años, fue la principal oferta inmobiliaria y era más sencillo lograr un crédito para un chalet con piscina en una urbanización a veinte o treinta kilómetros de la ciudad que para rehabilitar un piso en un barrio. Lo era porque la entidad tenía que vender el producto que había financiado y recuperar su inversión. La construcción fue una de las soluciones para salir de la crisis de 1993, y el hecho de que provocase la siguiente no ha quebrado la confianza de las administraciones en el sector. Sigue siendo el modelo.

La suburbanización de la Comunidad de Madrid, como de otras zonas del país, no fue una cuestión de demanda, sino de oferta. Una de las principales herramientas para replicar el modelo anglosajón fue Arpegio, una empresa pública de la Comunidad de Madrid dedicada inicialmente a la gestión de suelo para actividades económicas, como parques empresariales, sedes de grandes empresas o centros comerciales. A partir de mediados de los años noventa, su objeto se amplió al uso residencial y se convirtió en un gran difusor del modelo PAU en la comunidad. Especialmente, en las zonas más reacias al voto conservador, como el sur o el corredor del Henares.

El proceso, que resultará familiar a cualquier jugador de SimCity, iba desde la compra del terreno al diseño de las infraestructuras, pasando por las dotaciones, que solían ser grandes proyectos (hospitales o campus universitarios, por ejemplo), además de los puntos de interés empresariales, comerciales o de ocio. Alrededor de Xanadú, un centro comercial con una pista de nieve, se desarrollaron los planes de Arroyomolinos y La Dehesa, en Navalcarnero. Decenas de miles de viviendas de baja densidad entre ambos desarrollos, que, en abril de 2019, fueron parte del cinturón naranja y, en noviembre, del cinturón ultra.

También hubo planes en Aranjuez, Getafe, Leganés, Valdemoro, Las Rozas, Torrejón de Ardoz, Alcalá de Henares, Arganda del Rey, Moraleja de Enmedio o Alcorcón.

De hecho, hasta hace poco aún había carteles de Arpegio por mi barrio, en el que la zona residencial tenía que ser muy reducida y, en la parte central, entre el campus universitario, la zona comercial y el hospital, estaba diseñado un gran campo de golf. Supongo que era demasiado llamativo. Como denunciaba Caballero, los reproches al modelo siempre acostumbraban a centrarse en determinados aspectos, como los pelotazos, la corrupción, el precio de la vivienda o el número de estas que tenían protección o estaban destinadas a jóvenes, y no tanto en el tipo de urbanismo. El planeamiento era algo aséptico que descansaba en manos de expertos.

El PAU fue asumido por todo el mundo. Como sucede con las espirales especulativas, nadie quería quedarse fuera y los ayuntamientos presentaban sus proyectos al peso. La principal diferencia ideológica era la mayor presencia de vivienda pública en las administraciones de izquierda. La hegemonía de la propiedad no se cuestionaba. El modelo urbanístico también era el mismo, fuera de la escala humana y poco acogedor para el comercio de proximidad. Es decir, para crear comunidad. En ciertos casos, las promociones provocaban un efecto huida desde la ciudad consolidada, que quedaba como una oferta para la nueva mano de obra migrante que requería la nueva bonanza. Es decir, la tradicional venta en cadena. Si no se hace nada por solucionarlo, la fuga es un fenómeno que agranda la desconexión entre el nuevo desarrollo y la ciudad consolidada. Como veremos, es un fenómeno muy extendido en Estados Unidos.

Los nuevos barrios eran seguros y tranquilos, pero carecían de servicios y aquí entran las otras dos herramientas: sanidad y educación. La segunda es la más clara y, como en el caso de Arpegio, la Comunidad tenía todas las bazas. Por un lado, decidía sobre la construcción de los colegios públicos y, por otro, podía facilitar la instalación de otro tipo de modelo, concertado o privado, a través de la cesión de suelo público. Incluso, en el caso de los concertados, del propio edificio. El colegio concertado Virgen de la Soledad, en Arganda del Rey, recibió un edificio público el 5 de marzo de 2009 —del que podrá disfrutar hasta 2108— situado en un nuevo desarrollo con calles de nombres de ciudades europeas al suroeste de la ciudad. Llevar a tus hijos al colegio Virgen de la Soledad también crea ideología, sobre todo en personas que no la tienen previamente. Más allá de la religión o los lazos naranja contra la ley de educación de 2020, la clave es la distinción y la segregación. La educación es el motor del ascensor social y, cuando se gripa, comienza la competición. Hay que sacar al resto de la gente del cajón, aunque eso implique tirarlos por el hueco.

En 2010, la Comunidad puso un edificio en Torrejón de Ardoz a disposición del Humanitas Bilingual School, un colegio con piscina que se inauguró tres años después. Concretamente, en Soto del Henares, un desarrollo de Arpegio con 6.500 viviendas que, en abril, fue cinturón naranja. En 2016, tres años después de la inauguración del colegio, el PSOE de la localidad denunciaba la falta de equipamientos del barrio. Esa era la idea. Entre 2003 y 2011, los años gloriosos del PAU, se levantaron en la Comunidad de Madrid noventa centros concertados, casi uno de cada diez de los que se construyeron en toda España. ¿Por qué se construían tantos colegios en un país con una natalidad tan baja? Además de por la trama de corrupción que se desarrolló, cabe pensar que para realizar un trasvase. Lento pero seguro, porque, además, entra dentro de la propuesta general. En un modelo competitivo, la posibilidad de llevar a tu hijo a un lugar en el que adquiera competencias que lo distingan del resto es algo importante. Puede ser el idioma, la homogeneidad del alumnado o el método Montessori. Lo importante es que sea distinto. Es una tentación tan fuerte que ni siquiera los líderes de la izquierda han escapado de ella.

Las cifras son terribles. La Comunidad de Madrid es ya el segundo territorio de la OCDE, solo superado por Chile, donde más se concentra al alumnado desfavorecido en las mismas escuelas, según un informe de Save the Children publicado en 2019. En el periodo 2009-2015, la segregación escolar aumentó un 35,7 %, y los centros públicos son los que acogen un mayor número de estudiantes pertenecientes al perfil socioeconómico más bajo (74,9 %). La Comunidad tiene el menor gasto público en educación y la ratio alumno/profesor más alta de toda España, y, por ponerlo en perspectiva internacional, en Madrid hay más segregación que en otras regiones con grandes ciudades como México DF o Río de Janeiro, siendo similar a la de São Paulo. No es un fallo del modelo, sino el modelo funcionando perfectamente, y, para solucionarlo, Madrid necesitaría medidas desegregadoras similares a las que se implantaban en Estados Unidos durante los años sesenta: entre el 30 % y el 40 % de los estudiantes deberían cambiarse de centro. Como sostiene el periodista Ángel Munárriz, el modelo va envuelto en una retórica aséptica: «políticas de zonificación», «demanda social», «libre elección», «distrito único», «clasificaciones», etc.

En el caso de la sanidad, el trasvase se quiso hacer muy rápido, pero funcionó en varios aspectos. La proliferación de infraestructuras hizo menos relevante su gestión por una cuestión relacionada con el modelo de vivienda. Cuando hay un hospital cerca, el piso se revaloriza y sucede lo mismo con ciertas dotaciones, como el metro. Hubo hospitales cerca de los nuevos desarrollos, en zonas clave para conseguir la victoria electoral, como Vallecas, Alcobendas, Parla, Coslada, Torrejón, Arganda del Rey o Aranjuez. Son edificios modernos, amplios y luminosos, como las calles de los PAU, y suelen tener habitaciones individuales. Para una generación, ir a uno de esos hospitales es una experiencia agradable, lo mismo que, para su hijo, pedir un VTC en lugar de un taxi. Para ambos, el modelo de gestión es una cuestión secundaria. Esa era la idea. Madrid se ha convertido en la comunidad con un porcentaje más alto de población con seguro privado, un 34,4 %, una cifra que subirá tras el colapso de la atención primaria en 2020. Sanidad concertada es un concepto que puede tener fortuna.

UN PAÍS YONQUI

> «Otra vez. Levantarse, atracar, robar y joder a la gente en una huida frenética hasta el día en que todo acabe mal. No importa cuánto acumules o cuánto robes, nunca tienes suficiente. No importa cuánto jodas a la gente, siempre necesitas volverlo a hacer».
>
> IRVINE WELSH, *Trainspotting*

Todo el mundo guarda historias de la época del ladrillazo. La mía fue en Alicante. Trabajaba para la Liga de baloncesto y estaba cenando después del partido con la gente de TVE. No muy lejos, había una mesa muy larga, como de boda. Recuerdo que se discutió sobre el tamaño del fideo adecuado para una buena fideuá, si más gordo o más fino, antes de pasar al boom de la construcción. Se debatió sobre si pueblos como Seseña podían admitir decenas de miles de viviendas de golpe y alguien mencionó los planes similares que había en la ciudad. Otra persona comentó que el Ayuntamiento y la Diputación, ambos vinculados al club, planeaban construir un nuevo pabellón para que el Lucéntum pudiera dejar el Centro de Tecnificación, construido para la gimnasia deportiva y que albergaba también clubs de artes marciales.

Cuando estábamos acabando, los de la boda estaban muy animados y uno de ellos se acercó a saludar a uno de los comentaristas, un exjugador. Se hicieron fotos con él y, al marchar, explicaron que celebraban el visto bueno conseguido, no recuerdo de quién, para una operación inmobiliaria en su pueblo, del que tampoco recuerdo el nombre. Sé que parece inventado por los tópicos, pero el tipo se despidió de nuestra mesa pidiendo al camarero que nos pusieran champán. Nos acercamos para brindar con ellos. No sé cómo acabaría la cosa.

Unos años después, tras pasar por la LEB, la segunda del baloncesto, volvimos a Alicante. Las cosas ya estaban jodidas. Recuerdo leer un magnífico suplemento en el diario *Información* sobre los casos de corrupción de la provincia en el que había más de cien fichas de personas ya imputadas. En el partido, la realización grabó varias veces imágenes del palco, en el que había varios cargos públicos. «Es para informativos», comentaron. El caso Brugal, vinculado a las concesionarias de limpieza, fue el más famoso en Alicante, pero hubo varios más y, en general, la corrupción en la comunidad autónoma fue terrible. Desaparecieron Bancaja y CAM, dos de las cajas de ahorros más importantes de España, solo por detrás de La Caixa y Caja Madrid, lo mismo que el Banco de Valencia. Cuando se habla de la España vacía o vaciada, es importante pensar que ha desaparecido el músculo económico, social y cultural que aportaba la estructura de cajas de ahorros, habituales en la financiación del tejido empresarial y el patrocinio cultural o deportivo. Hace veinte años, cada provincia tenía un centro de decisión financiero.

En las noticias sobre la corrupción urbanística alicantina, aparecía el nombre del promotor Enrique Ortiz, que podría ser el Rubén Bertomeu de *Crematorio*. Es un personaje del boom: tiene empresas que gestionan las basuras, pero también compra suelo a bajo precio que después se recalifica en nuevos planes de urbanismo. Entra en las juntas directivas de los clubs deportivos y es el mejor anfitrión para todo el mundo en su yate gigantesco. Su proyecto fue el Plan Rabasa, que, como todo en la época, iba a lo grande: 13.500 viviendas, oficinas, hoteles, un parque industrial y un gigantesco Ikea, cuyo cambio de ubicación provocó la subida de precio del suelo. El proyecto fue denunciado, se paralizó, estallaron todos los casos alicantinos e incluso Ortiz estuvo en varios procesos. No se trata de hacer un recorrido por todos los sumarios de corrupción o los cadáveres inmobiliarios, ya documentados por el equipo de Datadista o Nación Rotonda, sino de ver cómo el modelo se reconstruye, casi alimentándose de sus propias crisis. Quedémonos con el nombre de Enrique Ortiz.

Mayo de 2012. La Casa Encendida, centro cultural vinculado a Caja Madrid, acoge un curso titulado «¿Cómo queremos que sea Madrid?». Un año después del 15M, hasta la alcaldesa Ana Botella asume su lenguaje e invita a todos los madrileños a participar desde el principio en la definición de la ciudad del futuro. La concejala de Urbanismo, Paz González, es más contundente y tilda de desarrollista el plan urbanístico de 1997: «Aquel plan pensó que la ciudad debía crecer de forma indefinida; no se marcaron unos objetivos claros sobre el modelo de ciudad que se quería. Pero estamos a tiempo de enmendar esos errores, a tiempo de resolver caminos que no tienen retorno, a tiempo de conseguir una ciudad para las personas».

Lo más impactante de su análisis era el uso del demostrativo *aquel*, como si el plan hubiera sido dictado a través de una güija por alguna entidad desconocida. Es cierto que Paz González se comió la peor parte de la fiesta, limpiar los ceniceros, pero llevaba veinte años trabajando con el que había sido alcalde y presidente de la Comunidad, Alberto Ruiz-Gallardón. No era *aquel* plan, era *su* plan. Pero es algo que suele suceder cuando acaban las fiestas: si te he visto, no me acuerdo.

Unos días después, *El País* publica un especial sobre el desarrollo urbano de Madrid en el que se recoge un análisis del plan de 1997 elaborado por el ayuntamiento. Todo mal. Por mi culpa, por mi culpa, por mi gran culpa. Se asume que la producción no se corresponde con la demanda, la evolución de la población o que, sistemáticamente, se ha dado preferencia al uso residencial del suelo arrinconando otros. Lógico, cabe pensar, ya que ese era el objetivo. También se valora la insuficiente dotación de los nuevos barrios o los problemas para que los promotores se hagan cargo, por ejemplo, de las infraestructuras. En muchos casos, las empresas ya no existían, como la promotora de Antonio Alcántara, y habían dejado a los futuros compradores en una situación de incertidumbre también habitual, ya que la defensa de los ciudadanos suele entrar en conflicto con el objetivo principal de las instituciones: crear mercado. Los futuros compradores dudaban entre meterse en pleitos para recuperar el dinero o resistir, confiando en que otra empresa retomase las obras. La incertidumbre es también otro recurso de segregación: se queda el que tiene red para soportarla.

El panorama era desolador en todo el país. Se calculaba que había un millón y medio de viviendas inacabadas en diferentes grados: desde las que se habían quedado en el trazado de las calles, hasta las que estaban ya preparadas para la venta, pasando por las que solo tenían el esqueleto. Había casas a medias o sin vender en Alicante, Tarragona, Valladolid o Nerja. La estación de metro de Arroyofresno cerró por falta de demanda. La vivienda constituía un problema serio porque, además de la gente que había perdido su dinero o su trabajo en el sector, la crisis hacía que muchas personas no pudieran pagar la hipoteca acordada. Frente a los desahucios, el papel de las instituciones fue el habitual: la defensa del mercado, aunque este agonizara.

El texto del Ayuntamiento de Madrid sostenía que su objetivo era buscar otra ocupación para esas decenas de miles de metros cuadrados, un discurso que también estaba bastante extendido: encontrar un nuevo modelo productivo, salir del modelo de asfalto, ladrillo y turismo. La información del diario sobre el informe terminaba con una profecía: en esos terrenos, no será rentable construir pisos en al menos veinte años, si es que alguna vez lo es. ¡Toma! Recordemos, estamos hablando de 2012.

En realidad, nadie se lo creía realmente. Dos administraciones gobernadas por el mismo partido de Paz González buscaban, en ese mismo momento, convencer al empresario estadounidense Sheldon Adelson para que instalase un macrocomplejo de casinos en Alcorcón, un pueblo al sur de la Comunidad que tiene una gran cantidad de terreno sin urbanizar en la parte suroeste, la que conecta con la parte rica (Villaviciosa, Pozuelo, etc.). Adelson pedía con claridad un Estado dentro del Estado, ya que pretendía la suspensión de varias leyes dentro de su territorio, así como el paquete básico: recalificación especial, exenciones fiscales y ayudas directas. La Generalitat de Catalunya, que había peleado por el Eurovegas de Adelson, reconvirtió el terreno en otro macroproyecto: Barcelona World. El modelo no estaba muerto, sino en una de sus periódicas hibernaciones.

En esos años, también se puso en cuestión el planeamiento. En 2013, Ramón López de Lucio publicó *Vivienda colectiva, espacio público y ciudad*, un libro serio sobre cómo se ha urbanizado España, y la presentación fue un ataque al modelo PAU, del que se dijeron cosas como que eran «islas sin carácter urbano situadas al borde de autopistas que dificultan su conexión con la trama urbana», es decir, su conversión en barrios. También se criticaba el sobredimensionamiento de la calzada, que «convierte cada calle en una frontera y hace que sea complicado el desarrollo de actividades comerciales o la implantación de transporte público». Ya hemos visto que esa era exactamente la idea.

Aunque el gusto por el orden y la claridad viene de lejos, como veremos en la segunda parte, el modelo urbanizador del PAU no nace de la nada, sino que bebe de la Carta de Atenas: espacio racional-funcional, separación nítida entre las funciones básicas, prevalencia de los flujos frente a otros usos del espacio público. Frente a las ciudades inhumanas, caóticas y poco higiénicas, con calles estrechas y pocos lugares de esparcimiento, grandes distancias entre edificios y amplias zonas verdes. La idea es buena, como todas las utopías; pero se complica al ponerse en marcha porque, como sostiene la urbanista Jane Jacobs, es un diseño ideal para una vida ideal y no tiene en cuenta la cotidianeidad de las personas. La amplitud de las vías es interesante para los vehículos, pero deja de serlo si pensamos en la compra o los juegos infantiles. En una maqueta, un bosque urbano funciona mejor que los pequeños parques, pero puede ser un lugar que divida el barrio porque nadie quiere cruzarlo. En la presentación del libro, también se habló de políticas inflacionistas y oportunistas en el urbanismo, como si tal cosa no fuera la norma, el modelo. De hecho, son dos adjetivos que describen bien cómo se resucitó.

El sistema financiero había participado muy activamente en la burbuja inmobiliaria y el pinchazo había dejado a bancos y cajas con una gran cantidad de patrimonio inmobiliario en sus cuentas. La fórmula para deshacerse de él fue a través de fondos de inversión extranjeros, fondos buitre u oportunistas, que recibieron una enorme cantidad de activos por un precio muy inferior al de su valor. Por ejemplo, Catalunya Banc vendió su división inmobiliaria, más de 50.000 viviendas que llegaron a estar valoradas en 8.700 millones de euros, a Kennedy Wilson y Värde Partners por unos 40 millones.

La teoría nos dice que existe una mano invisible que fija el precio de los productos basado en la oferta y la demanda. Catalunya Banc tenía ambas. Por un lado, una amplia oferta de vivienda y, por otro, a buen seguro contaba con gran cantidad de clientes con nóminas o ahorros. Es decir, podría haber ajustado el precio de esas viviendas, pero prefirió no hacerlo y optar por una vía secundaria que evitase alterar el mercado existente. Al que tiene mucho, se le dará aún más. Incluso el Estado, que creó instituciones concretas para gestionar la crisis inmobiliaria, no optó por darle una función social a la vivienda en un momento en el que un buen número de personas se quedaban sin ella, sino por mantener el mercado, e incluso facilitó el aterrizaje de los fondos a través de la figura legal de la SOCIMI, un modelo de inversión con extraordinarios beneficios privados.

Uno de los ingredientes del mercado inmobiliario es que la vivienda se percibe como un producto, una inversión fiable frente a la inestabilidad, una forma de ahorro frente a las convulsiones económicas, laborales o sociales. Por eso, la propiedad suele ser más habitual en Europa del Este o el Mediterráneo que en el centro de Europa. El ladrillo siempre está, no son bonos de Rumasa o preferentes de la CAM. El precio de la vivienda, por lo tanto, tiene un impacto psicológico en amplios sectores de la población que han confiado en esa opción. Incluso como inversión social, para distinguirse, hacer buenos contactos o tener acceso a los mejores colegios. En el camino, como hemos visto, se queda gente porque el mercado margina a los que no tienen suficiente capacidad y también se crea una estratificación social, ya que casi todo el mundo se sitúa en el mejor sitio donde puede vivir.

Este proceso, que impulsa la demanda hacia arriba en los buenos momentos, también tiene un papel defensivo en los malos e incluso hace otra estratificación, ya que deja fuera a los que pensaron que tenían la capacidad. Las crisis ordenan, un verbo muy importante en el urbanismo. El mantenimiento del mercado, aunque provoque el desclasamiento de ciertas capas de la población, es el modelo y cuestionarlo por parte de las instituciones públicas sería muy complicado. Es decir, las propuestas de cambio no suelen tener en cuenta que estamos, como quería Arrese, en un país de propietarios y que, por ejemplo, ofrecer como vivienda pública todo el parque inmobiliario de la banca a precios ajustados al mercado real, un 35 % de la renta, insinuaría que ese casi 80 % que vive en una casa en propiedad no tomó las mejores decisiones. Su producto se devalúa.

El objetivo de reactivar el mercado se logró. Como en la antigüedad, hubo que sacrificar a parte de la población y la concejala Paz González, la del informe apocalíptico de 2012, participó en la venta de viviendas sociales a fondos buitre, un proceso que terminó con bruscas subidas de los alquileres y con desahucios. En septiembre de 2019, Paz González comenzó a trabajar en la SOCIMI Domos Activos, cuya principal operación fue la compra de la actual sede del Metro de Madrid. Viejas tradiciones.

La fiesta volvía a estar abierta. En 2014, la construcción ya era un sector reactivado gracias a una suma de factores diversos: la llegada de los fondos de inversión, los bajos tipos de interés, la amnistía fiscal, la subida del turismo y, también, la recuperación económica. Desigual, pero recuperación. Los pisos en las grandes ciudades o zonas turísticas eran una mina de oro gracias a la explotación a través de plataformas, y el precio ayudaba a la creación del efecto Cenicienta: la calabaza que se convierte en carroza con un chasquido de dedos. La medianoche llegó en marzo de 2020.

Incluso los invitados eran los mismos. El promotor alicantino Enrique Ortiz fue esquivando los diversos procesos judiciales, pagó las cuantiosas multas e incluso pactó una reducción de pena con la Fiscalía a cambio de admitir que el plan urbanístico se amañó para favorecerlo. Un plan, por cierto, en el que sus empresas trabajan, al igual que siguen en el negocio de la recogida de basuras. Su hija Laura es la presidenta y consejera de la sociedad que se dedica a este sector. Se podría escribir *Crematorio II*.

De nuevo, hubo una oleada contra la regulación para reactivar los proyectos que se habían quedado parados en la crisis anterior. En ocasiones, dejando a mucha gente tirada. Las instituciones reacias a volver al ladrillo eran dibujadas como parte de una burocracia kafkiana: los antiprogreso, los yihadistas de la conservación, los del no a todo. El sector solía utilizar el relato humano, las familias que se habían quedado sin casa con la crisis, para crear un ambiente favorable a la agilización. Incluso, subir el nivel de edificabilidad de los viejos proyectos. Hay que construir para bajar el precio. Funcionó. No en todas partes, sino en las grandes ciudades, los distritos de negocios y las zonas turísticas. La estación de metro de Arroyofresno se reabrió para la campaña electoral de 2019.

Málaga, centro de una conurbación de casi 150 kilómetros, de Nerja a Estepona, ha recuperado el espíritu de los noventa con la renovación del puerto, el plan inmobiliario del aeropuerto o nuevos barrios, como Santa Rosalía o Sánchez Blanca. En el horizonte, otro clásico, una exposición internacional en 2027. En enero de 2020, se anunció un plan para levantar casi 3.000 viviendas en Badajoz con la vista puesta en la línea de alta velocidad Madrid-Lisboa. El fondo Kronos tenía proyectos en Córdoba, Pamplona, Torrejón o Valladolid y, en febrero de 2020, anunció un acuerdo con la confederación de cooperativas para, además de ampliar su cartera, tener más influencia en la gestión del suelo. El decreto de abril de 2020 de la Junta de Andalucía simplificó los trámites de los planes urbanísticos, abriendo la puerta al modelo de urbanización u hotel más campo de golf, siempre con el objetivo de crear más suelo, crear mercado.

En los últimos años, Madrid ha reactivado los denostados PAU, donde no iba a ser rentable invertir hasta 2032, y ha dado luz verde a las operaciones Calderón y Chamartín y la urbanización de la zona industrial de Méndez Álvaro. Estos últimos proyectos se acercan al modelo latinoamericano del condominio en altura, ya que cuentan con una gran oferta de servicios interiores. Salir a la calle es casi innecesario. Algunas promociones lo dejan claro, ya que no reservan espacio comercial en los bajos. Nada que cree la sensación de vivir en comunidad.

También existen planes en Pozuelo o Alcorcón, donde está proyectado el nuevo barrio de Retamar, calles rectas, baja densidad. Seguro que no serán los únicos. Durante el verano de 2020, hubo aumentos significativos del precio de la vivienda en ciudades con oferta dispersa, como Alpedrete, Alcalá de Henares o Rivas, mientras que el precio en la capital bajaba. Es probable que la pandemia provoque un aumento de la demanda, como se ha producido en Estados Unidos, ya que el contagio está relacionado con la densidad urbana. De nuevo, la vivienda será segregadora, ya que se irán los que puedan hacerlo. No hace falta tener mucha intuición para saber que, como respuesta a la crisis de 2020, mucha gente propondrá una mayor liberalización de la legislación urbanística y se volverá a lanzar la curva de Laffer-Arrese: a más suelo, menos precio, algo que hemos visto que no es verdad ni siquiera cuando las viviendas no valen nada. Somos un país adicto.

EL ESPÍRITU DE LA FRONTERA

«Éramos un PAU, un programa; ahora somos una realidad, somos un barrio».

ALICIA, vecina de Montecarmelo, en *eldiario.es*

Lee Marvin se quita el sombrero y mira al cielo antes de gritar: «Oh, señor, te entregamos el cuerpo y el alma de este valiente anónimo. Se fue de este mundo y ya no tendrá que sufrir el escorbuto, la disentería, el tifus, el cólera, las fiebres palúdicas [...] ni malgastar el tiempo cavando en la suciedad para encontrar suciedad, como yo he hecho». Un tipo calvo le pide a Marvin que les hable del muerto y este le pregunta si también quiere ser enterrado. Mientras sigue el discurso, el tipo calvo mete las manos en la tierra y ve puntos brillantes que llaman la atención del resto de los presentes. «¡Subidlo!», ordena Marvin, y entre todos lanzan el cuerpo a los cielos antes de meterse en la tumba. Así comienza *La leyenda de la ciudad sin nombre*.

España tenía ese espíritu en 1998, salvo que el oro era un derecho recogido en el artículo 47 de la Constitución. Perdón por insistir; pero, como siempre, la clave está en lo general, en qué es la vivienda. La Constitución en vigor dice: «Todos los españoles tienen derecho a disfrutar de una vivienda digna y adecuada. Los poderes públicos promoverán las condiciones necesarias y establecerán las normas pertinentes para hacer efectivo este derecho, regulando la utilización del suelo de acuerdo con el interés general para impedir la especulación. La comunidad participará en las plusvalías que genere la acción urbanística de los entes públicos». El artículo no está en la parte de los derechos fundamentales, donde sí se encuentra la propiedad privada, sino en el capítulo tercero, dedicado a los principios de la política social y económica. De todas formas, es irrelevante. Los poderes públicos no han promovido el cumplimiento de este derecho ni se ha regulado el suelo conforme al interés general ni se ha impedido la especulación. De hecho, podríamos decir que se ha promovido. La vivienda es el oro de Lee Marvin. Uno se fastidia hoy porque se beneficiará en la siguiente oleada. En una orgía, nadie piensa que se va a quedar sin follar.

Cuando llegamos, no había nada. La frase suele aparecer en los reportajes sobre los nuevos desarrollos del cambio de siglo y la imagen de la ciudad sin nombre se ajusta bastante bien a la sensación que producía. Todas las historias están llenas de situaciones muy parecidas. No hay servicios públicos, como transporte, colegios o centros de salud, ni equipamientos, como centros sociales, culturales o deportivos, ni tampoco estructura comercial privada. Incluso, en ocasiones, faltan infraestructuras, como conexiones con las vías principales, y también hay zonas incompletas en las que algunas promociones ni siquiera se han construido. Es algo intranquilizador porque puede provocar problemas de seguridad e indica que, quizá, la inversión no es buena. Por eso, la llegada del centro comercial o el supermercado siempre es recibida con alborozo. Si hay un Mercadona, hay vida; si hay un Corte Inglés, llegará la primavera.

La llegada a la nueva casa en ese paisaje de calles amplias, alejado o segregado del resto del espacio urbano, proporciona un cierto espíritu de la frontera que incide en esa ideología del individualismo competitivo. Si no hay nada, cada uno tiene que buscar soluciones personales. No es la primera vez que sucede algo así. Al funcionar en oleadas, hay que urbanizar rápido y, aunque están previstos en el planeamiento, los servicios y equipamiento llegan después de las plusvalías.

«Era un barrio sin servicios. Primero construyeron las viviendas dejando para más tarde los equipamientos. Ha ocurrido lo mismo en el Parque Goya y Valdespartera y pasará lo mismo en Arcosur. Parece mentira que no aprendan». Son palabras de Alberto Andrés, de la asociación de vecinos del Actur de Zaragoza, un barrio urbanizado en los años setenta, en un reportaje de *El Heraldo*. Algo parecido podría suceder en Alicante con San Blas y San Gabriel o en Valladolid entre Parquesol y Arroyo, por poner solo dos ejemplos. Quizá los primeros podrían explicar a los segundos la importancia de las asociaciones de vecinos, pero no es cuestión de ponernos nostálgicos. El mundo ideológico de hace medio siglo se basaba en el grupo, ya fuera la democracia cristiana, la socialdemocracia o el comunismo. Iglesia y familia o partido y sindicato. Incluso, todo junto. Las asociaciones de vecinos de los años setenta solían tener lazos con otro tipo de colectivos políticos, sindicales, parroquiales, escolares o casas regionales.

Es otro mundo y eso es lo que nos interesa: lo general. Además de la nostalgia, este texto trata de evitar el puritanismo, la mirada severa hacia las vidas particulares, porque lo interesante es el contexto, el marco general. Es decir, huir del discurso moralista que observa con cierta satisfacción los problemas de la llamada clase media aspiracional, los quiero y no puedo, y preguntarse por el efecto ideológico que puede tener ir a vivir a un sitio en el que no haya nada, un mundo basado en el sálvese quien pueda. Pensar desde la ciudad concentrada que «ellos se lo han buscado» o «sabían lo que había» encaja dentro de uno de los objetivos: la segregación. Ya hemos visto que el que se va a vivir a una isla quiere segregarse, pero también depende del continente que lo consiga.

El espíritu de la frontera se crea desde el primer momento, ya que el sector inmobiliario está lleno de incertidumbres para el comprador final. La principal, la vinculación a su apuesta, ya que la legislación española permite a las entidades prestatarias no compartir el riesgo. Es decir, la deuda no desaparece con la enajenación del bien, lo que se conoce como dación en pago, sino que se mantiene. Las personas que tienen un problema y carecen de una red no tropiezan momentáneamente y se recuperan, sino que se quedan por el camino y pasan a la precariedad. Esta situación estuvo en el debate público durante la crisis de 2008, pero decayó con el tiempo y no ha regresado, ya que la gentrificación y el alquiler se convirtieron en las cuestiones centrales de la nueva burbuja. Todo se entiende mejor si ese peligro de pasar a la precariedad se asume como parte del modelo que, como ya hemos visto, tiene como objetivo crear un mercado inmobiliario estratificado socialmente. La legislación actúa como un recurso de segregación para los grupos sociales que no disponen de un marco laboral estable o de un apoyo familiar sólido. Se entiende mejor si pensamos que uno de esos grupos son los migrantes.

Al hablar del desarrollismo, ya mencionamos la trama de la serie *Cuéntame* en la que Antonio Alcántara entra en el negocio inmobiliario con su antiguo jefe, don Pablo. Su promotora, Construcciones Nueva York, quiebra tras ser descapitalizada; es decir, los socios huyen con el dinero adelantado por los futuros compradores. No es una situación habitual; pero sucede, como los retrasos en las cooperativas. Lo interesante son las consecuencias, que pueden ser casi inexistentes. Esta desigualdad en la exposición también debe verse como parte del modelo. Para promover la creación de un mercado muy dinámico, hay que facilitar que la asunción de riesgos no tenga unas consecuencias gravosas, como arrastrar deudas de un proyecto a otro o, en el caso de las constructoras, tener que responder del mantenimiento. Un cuarto de las viviendas construidas entre 2005 y 2015 tuvieron defectos de construcción, según un informe del Colegio Profesional de Administradores de Fincas de Madrid.

No debe haber heridos graves para que la fiesta siempre esté animada. La mayoría de provincias tiene casos de famosos «pufistas» recuperados. La prevalencia del sector privado también se da en el proceso de drenaje de suelo por parte de los grandes propietarios; es decir, la urbanización escalonada para evitar saturar el mercado, algo que puede estrangular a los futuros compradores. Volvamos a Pitis. Hay promociones de Arroyofresno en las que la gente sigue esperando su vivienda décadas después de haberla pagado.

Tras las casas, el resto. Lo primero que hay en un nuevo desarrollo es gente que tiene que buscarse la vida, algo que condiciona sus rutinas y, por tanto, su ideología. Insisto, entendida como la manera de ver el mundo. Una vez en la casa, hay que contratar los servicios y buscar dónde encajar las actividades cotidianas: comprar alimentos, cortarse el pelo, hacer ejercicio, etc. No es lo mismo realizar todo eso en una empresa pequeña situada en bajos comerciales y con trabajadores estables que en las franquicias de un centro comercial con una gran rotación. No se trata de ser más o menos nostálgico, sino de la evidencia de que, en un caso, se establecen lazos de comunidad y, en el otro, flujos individuales. Como hemos visto, nuestro modelo prioriza lo segundo, la flexibilidad y la adaptación. Por eso, también suele tardar en aparecer el transporte público y el vehículo privado se hace imprescindible.

Aquí suele surgir el argumento de la rentabilidad, que se repetirá en más ocasiones. Es deficitario ofrecer un servicio en un lugar no maduro e incluso puede ser un privilegio de esa zona en detrimento de otras situadas, por ejemplo, en la ciudad concentrada. De nuevo, la competición, como si el número de autobuses contratable por un ayuntamiento fuera limitado. En realidad, dentro del modelo mercadista, donde el sector público tiene que ser rentable y eficiente, mientras que el privado puede no serlo porque será rescatado, es exactamente así. Por eso, la gestión de la pandemia ha terminado moviéndose entre los recursos represivos y las apelaciones a la responsabilidad individual, arrinconando las propuestas iniciales sobre los servicios públicos. Es decir, sálvese quien pueda. Todo un país bajo el esquema Pauer: competición de soluciones individuales.

En los desarrollos, los colegios suelen tardar en aparecer y, aún más, los centros de salud. Los nuevos vecinos tienen que desplazarse a otras zonas, mantenerse en su antiguo ambulatorio, en las zonas antiguas de la localidad, u optar por la oferta privada. En el caso de los colegios, esto último se puede facilitar con la cesión de terrenos por parte de la administración, como en Madrid. Si la primera oferta educativa que hay en una zona es privada o concertada, como hemos visto en el laboratorio madrileño, el modelo público pasa a ser una opción personal, una cuestión de fe. Esa es la idea.

Sucede lo mismo con el resto de equipamientos, bibliotecas, centros de mayores o niños, centros culturales, sociales o deportivos. El planeamiento reserva espacios, lo que crea la ilusión de conjunto coherente y cohesionado, pero tardan en llegar o no lo hacen. El modelo es el de Arrese: primero, las viviendas; después, el urbanismo. Primero, manda el sector privado; después, el público cubre huecos. Así se encauza la demanda a la oferta privada a través de la disolución del servicio público. De hecho, suele insistirse en la combinación de ambos modelos, lo que permite al sistema privado asegurar un cierto flujo de ingresos. Si no hay centro de mayores, hay que ir a un bar o quedarse en casa; si no hay parques o zonas deportivas, hay que jugar en las zonas comunes o dentro de casa; si no hay centros sociales o culturales, no hay actividad comunitaria, salvo consumir, el acto clave del individualismo competitivo, el acto clave del modelo mercadista. Todo cuesta una entrada, todo tiene que crear mercado. Dentro de esa ideología, es comprensible la obsesión de las instituciones con las actividades informales al aire libre que hubo en 2020, mientras que se insistía en la necesidad de mantener las privadas a toda costa.

En general, es interesante pensar en los efectos que tiene la total ausencia del Estado y, en general, de cualquier estructura que pueda crear comunidad; es decir, barrio. Para ello, es importante formarse una identidad colectiva, algo complicado en lugares que, en ocasiones, no tienen un nombre claro o es impersonal, como en Móstoles, donde los desarrollos son números: PAU-3 y PAU-4. Por la zona pasa el arroyo de La Rinconada. Podría haber sido una opción: barrio de La Rinconada. Si algo no tiene nombre, no existe. O existe menos.

Este espíritu de la frontera, unido a las hipótesis teóricas de la segunda parte (segregación, homogeneidad, seguridad, familiarismo y cochismo), configuran esa visión ideológica del individualismo competitivo, que es importante no traducir en una opción de voto de manera directa. Es lógico que estas zonas se decidiesen por una opción, Ciudadanos, que recogía esa idea de individualismo competitivo, la colaboración público-privada y todo el discurso voluntarista de la autoexplotación, pero con una cierta estética moderna. También, que dejasen de apoyar a esta formación cuando optó por un discurso identitario de confrontación sin transversalidad. Hubo alrededor de un millón de personas que habían votado a esta formación que decidieron quedarse en su casa. En general, en la dispersión urbana, predomina el voto a los partidos del bloque de la derecha, pero no es algo monolítico. UP gana en algunos ensanches vitorianos, hay zonas socialistas en la conurbación de Sevilla y el caso más llamativo es Rivas, una de las ciudades madrileñas con más vivienda unifamiliar, donde la izquierda es la fuerza mayoritaria desde hace décadas.

Quizá la clave esté en ciertos detalles de este último lugar, como la oferta de servicios públicos casi simultánea a la urbanización. La administración está presente. Todo es más complejo y requiere una mirada más atenta, que, en ocasiones, puede estar relacionada con la tradición del lugar, el nivel de cohesión o con otras circunstancias, como la cercanía a otros enclaves de menor renta. El efecto frontera puede producir una subida de las opciones autoritarias, mientras que la consolidación de la zona, el efecto barrio, mueve el voto hacia opciones más establecidas, normalmente conservadoras. La vivienda unifamiliar tiende a lo identitario, a poner la bandera en el jardín, mientras que los ensanches no insularizados prefieren las opciones tradicionales. Todos forman parte de ese país de propietarios anunciado en los años cincuenta que vamos a recorrer. Es probable que, como sucedía en el relato Pauers, haya partes que nos parezcan similares. La repetición no es un error, sino el modelo.

2

DE PISCINA EN PISCINA

LA CIUDAD SIN PLAZAS

«Se acabó la discoteca, ahora pago la hipoteca, tengo
piso en una nueva construcción...
Lo he pagado sobre plano... ¡Está mal alicatado!
¡Bienvenido a la urbanización!».
La que se avecina (sintonía)

Mirador de Montepinar es el nombre de la urbanización cerrada en la que se desarrolla la serie *La que se avecina*. Las narraciones que miran hacia fuera son poco habituales en España. Esta es una de ellas, aunque lo haga con ese clásico humor costumbrista de enredos, exageraciones y personajes con muletilla. Desde la picaresca, la comedia es el recurso que solemos usar para hablar de las cosas jodidas. En su inicio, la serie mostraba la euforia económica del cambio de siglo, los problemas de las promociones hechas con prisa, sin equipamientos ni servicios ni comercio. Es decir, las ventajas del campo a quince minutos del centro, un lugar tranquilo y seguro, ideal para formar una familia. Con la crisis, llegaron los problemas: desclasamiento, precariedad, pisos compartidos, la ayuda de la generación anterior e, incluso, un lanzamiento, en el que la pareja Rivas-Figueroa recibía la ayuda de un activista exageradamente caricaturizado. No se han narrado muchos desahucios. Podríamos decir que es la serie de nuestro tiempo, igual que *Los Serrano* reflejó el optimismo, la apertura cultural y la ortodoxia económica de Zapatero o *Médico de familia* mostró que volvía a estar de moda ser de derechas.

La que se avecina recogía un factor clave que ha aparecido en varias ocasiones: la dispersión urbana del cambio de siglo tuvo una oferta tan amplia que es complicado encajarla dentro de un criterio socioeconómico. Es decir, había urbanizaciones para casi todo el mundo; incluso chalets. Los más baratos estaban más lejos de los centros urbanos y tenían menos equipamientos, pero tener jardín y piscina entraba dentro de lo posible para un matrimonio con dos sueldos mileuristas. De hecho, casi era más fácil irse de las ciudades que quedarse.

Hasta los años ochenta, tener un chalet con jardín y piscina implicaba, además de un nivel de renta, un tipo de consumo e, incluso, aspectos como la posición en el proceso productivo o el capital social, escolar y cultural. No en todo el territorio. En ciertas zonas vinculadas a la agricultura, como el Mediterráneo, tener una casa familiar más o menos grande con una pileta más o menos cuidada siempre ha sido algo popular. Murcia o Córdoba son buenos ejemplos. En cambio, la publicidad de Soto de Viñuelas o Valldoreix, urbanizaciones de Madrid y Barcelona, se dirigía a un modelo concreto de persona: dirección empresarial, profesión liberal o parte alta de la administración. Eran casas para gerentes, médicos, abogados, profesores universitarios o arquitectos.

En el siglo XXI, tener un chalet con piscina a las afueras de una ciudad como Cuenca o Badajoz no es algo tan exclusivo. En lugar de una fuga blanca o de cuellos blancos, como en América, podemos hablar de una fuga generacional, una fuga EGB, ya que tampoco había una oferta distinta por territorios. Hay cientos de Montepinares por España. Al haber una oferta masiva de bajo precio, la exclusión no la marca solo el producto, sino otros aspectos, como la zona, y la estratificación social se acentúa por su extensión. Sin embargo, sí ofrece el simulacro de ascenso social y, a los factores que veremos en la segunda parte, segregación, homogeneidad, seguridad, etc., se puede añadir la ilusión de riqueza. Y, posteriormente, el miedo a perderla. El miedo lleva al odio, y este, a la ira.

Cabe precisar que homogeneidad ya no quiere decir un tipo de persona con unas profesiones concretas o con un capital social, escolar y cultural definido. La precarización de las profesiones liberales, del trabajo en general, hace que ya no esté tan claro quién vive en un chalet o en un edificio como el de la serie. El modelo *rider* se ha extendido a bufetes de abogados o estudios de arquitectura, donde se contratan licenciados a paladas. Médicos, enfermeros y auxiliares comparten espacio, algo que sonaría raro hace cuarenta años, en la primera oleada de dispersión. Es complicado que los ingresos de un aparejador, como el protagonista de *La gran familia*, sirvan para mantener a dieciocho personas. Ni siquiera con el apoyo del padrino búfalo. Clase media es un concepto confuso. Incluso, tramposo. Quizá este factor hace que, desde ciertas propuestas políticas, como el populismo identitario, se desprecie el ascensor cultural e, incluso, el conocimiento; se trata de formular un mensaje para todos los vecinos de Montepinar y cohesionarlos alrededor de ciertos elementos reconocibles, como una bandera.

Lo que proporciona identidad al grupo, además de los ingresos directos o indirectos, la estabilidad o la vinculación a la propiedad y la deuda, es un estilo de vida basado en ciertas cuestiones: el uso intensivo del coche, la importancia de la familia, la búsqueda de seguridad, el consumo en centros comerciales o por internet; pero también, el espíritu de la frontera, que deja una cierta desconfianza en lo común. Por un lado, las instituciones no vigilaron el proceso de construcción y venta, tampoco equiparon el barrio y tardaron en prestar servicios; incluso no se preocuparon de ellos cuando quebraron las cajas donde estaban sus hipotecas. Frente a eso, en lugar de las herramientas colectivas, las soluciones individuales: elegir correctamente el colegio de los niños y potenciar su talento a través de actividades extraescolares.

Vamos a recorrer la dispersión española. La idea no es tanto ofrecer tablas de datos o mapas de colores, sino aproximaciones a los modelos de crecimiento urbano que ha habido estos últimos años. Primero, veremos la forma más habitual de dispersión: el suburbio, el ensanche con urbanizaciones tipo Montepinar o las islas en torno a las ciudades, que pueden tener más o menos vinculación con los pueblos a los que pertenecen. Después, dos modelos particulares que tienen un efecto más allá de su territorio: el distrito federal y el litoral urbano. Son las dos propuestas estructurales de articulación de la península. Para no generar falsas expectativas, no hay muchos cotilleos ni cifras, sino aproximaciones para entender cómo han crecido nuestras ciudades.

EL MODELO SUBURBIO

Recuerdo la escena. Un grupo de personas se manifestaba frente a un edificio gris presidido por el cartel «Ya es primavera». Era febrero y, en Valladolid, febrero no es primavera. Ni marzo, tampoco; había años que ni siquiera abril o mayo. Sin darte cuenta, pasabas de que se te congelasen los vaqueros en la cuerda de tender a ir en manga corta. El Corte Inglés de Valladolid se inauguró en 1988 sobre los terrenos del antiguo estadio de fútbol, en el paseo de Zorrilla. En las fotos del acto, están todas las autoridades locales, provinciales y autonómicas vestidas de gala, porque tener un Corte Inglés en esos años daba un enorme prestigio a las ciudades. Los manifestantes pertenecían al pequeño comercio de la ciudad, que ya contaba con la competencia de unos grandes almaneces en el centro, Galerías Preciados.

La clave estaba en la oferta y, sobre todo, en la basculación urbana, ya que el nuevo edificio se situaba en la zona sur, la que menos había crecido en las décadas anteriores. La vía, el paseo de Zorrilla, nacía en el centro y era una de las zonas caras, pero perdía densidad precisamente a partir de ese punto. Lo recuerdo porque vivía en el barrio y había varios descampados. Por ejemplo, lo que hoy es la plaza del Ejército. A partir del puente de la División Azul, hoy de Arturo Eyries, las zonas sin urbanizar en el barrio de La Rubia eran cada vez más abundantes. Más allá del cine, que nos acogía en invierno con un programa doble de terror, humor o erotismo, había talleres, pequeñas fábricas, desguaces e incluso zonas con familias viviendo en caravanas o infraviviendas. Bastante más allá, Covaresa, una ciudad jardín en los tiempos en los que nadie pensaba en marcharse.

La ciudad basculó y, en estos años, ha crecido hacia el sur con esa combinación de ensanches e islas que, sin embargo, no refleja un crecimiento demográfico. Es algo habitual. Las ciudades atraen población de su zona de influencia, pero después la dispersan a su alrededor porque, como ya decía Juvenal, por el precio de un piso en Arco Ladrillo puedes tener un chalet con jardín en Tudela de Duero. Las ciudades se urbanizan mucho, normalmente con densidades bajas, urbanizaciones tipo Montepinar o incluso chalets, pero pierden población en favor de las localidades de su cinturón o alfoz, que se benefician de la desconcentración de las zonas de trabajo y de la mejora de las comunicaciones. Treinta capitales de provincia han perdido población en la última década.

Es un modelo insostenible que come territorio, deja zonas urbanas sin habitar y obliga al uso del vehículo privado. En los últimos quince años, Valladolid ha perdido más de 20.000 habitantes, pero no ha dejado de edificar. Un 35 % de la construcción de la ciudad es posterior a 1990; más o menos, coincidiendo con el pico de población. La Rubia ya no es el final de la ciudad, dado que Parque Alameda conectó el casco urbano con Covaresa, y, como en una canción de Springsteen, hay un centro comercial donde estaba nuestro cine.

El modelo se repite en prácticamente todas las ciudades más o menos grandes. Atraen y dispersan sin dejar de urbanizar ni asfaltar. La ciudad teje un entramado de circunvalaciones y corredores en los que se sitúan los nuevos desarrollos residenciales, polígonos, centros comerciales, parques tecnológicos, explotaciones agrarias, etc. En el caso de Valladolid, Zaratán, Simancas, Cigales, Renedo de Esgueva, Laguna de Duero, Tudela de Duero, La Cistérniga, Íscar o Rueda, entre otras localidades, han multiplicado varias veces su población a través de densidades bajas que llenan el paisaje. Algunos de esos pueblos formaron parte del cinturón naranja, que incluso entraba en Valladolid por el sur hasta llegar a zonas de nuevo crecimiento, como Villa del Prado o Pinar de Jalón. Como veremos en otros casos, el voto estaba relacionado con la pirámide de población. Ciudadanos ganaba donde había parejas de mediana edad, alrededor de 45 años, con niños o jóvenes. Es decir, hasta la mayoría de edad.

El caso más interesante es Arroyo de la Encomienda, la Marbella castellana. El pueblo, situado al sur de la ciudad, fue un modelo del boom. El 95 % de su urbanización es posterior a 1990, fecha en la que tenía poco más de mil habitantes y era conocido como La Flecha por uno de sus barrios. En la actualidad, supera los 20.000 y la pirámide de población tiene los dos picos familiaristas: alrededor de los cuarenta años y por debajo de los diez. Es decir, no queda nada del antiguo pueblo. Respecto al nivel de renta, la localidad tiene zonas ricas; pero en general se sitúa moderadamente por encima de la media, como el resto de la dispersión, lejos de las zonas del centro de Valladolid o de los ensanches tipo ciudad jardín, como Villa del Prado, donde sí hay rentas altas.

Hay otra diferencia. En los cinturones, hay una abrumadora mayoría de asalariados, mientras que, en los centros urbanos, las actividades económicas y las pensiones también tienen importancia. Es decir, el suburbio son pueblos de gente que cada mañana coge el coche y va a trabajar porque vive de eso, algo que debería hacer reflexionar a los partidos que buscan dirigirse a los trabajadores. Desde Arroyo, pueden ir por la VA-30, que atraviesa el pueblo y lo enlaza con el sur de la ciudad y el polígono de La Cistérniga, o por la A-62, que lo rodea para conectarlo con el norte de Valladolid, donde está la zona logística. La vía marca el territorio y ordena el tiempo. Todas las políticas que se hagan desde las ciudades concentradas deberían dar una salida razonable a todas estas personas, más allá de subir los impuestos a la gasolina o establecer peajes sostenibles.

Además de urbanizaciones y chalets, el pueblo alberga un enorme centro comercial, Río Shopping, que acoge a las grandes superficies. Desconozco si los comerciantes de Valladolid se manifestaron en su inauguración, pero supongo que los directivos de El Corte Inglés se quedaron con las ganas de hacerlo. El pueblo daba tantas facilidades para la construcción que prácticamente se quedó sin suelo urbanizable y, por supuesto, tuvo su alcalde estrella, José Manuel Méndez, que pasó del PP a su propia agrupación independiente y acabó dimitiendo tras una condena por corrupción urbanística. Su agrupación sigue ganando las municipales, mientras que, en las generales, aunque ganó el PP, fue de las zonas donde los sectores naranja se pintaron del verde de la ultraderecha.

Es llamativo ver el cambio de color en la aplicación de mapas, pero es engañoso. No se radicalizó. No hubo un trasvase. Los ultras subieron seis puntos, los mismos que la abstención, y el PP, ocho. El PSOE, que triunfó en la zona antigua del pueblo —factor edad—, ganó dos puntos con los mismos votos. No había mayoría cautelosa. Sin que sea una norma, puede decirse que las zonas con menor densidad, más familiaristas y más desconectadas del centro urbano, propio o de la gran ciudad, tienden a ese voto más extremo. La mayoría de la parte sur de Valladolid, con una renta superior y que también había votado a Ciudadanos en abril, pasó al PP.

EL EFECTO HAMELÍN

Uno de los cinturones naranja más claros de abril de 2019 fue Salamanca. Era un collar de perlas: Doñinos, Villamayor, Villares de la Reina, Castellanos o Aldeatejada. Solo fallaba Santa Marta de Tormes, el pueblo más grande, repartido entre PSOE, Ciudadanos y, en la urbanización de Valdelagua, el PP. La ciudad tenía un esquema que se repetía en muchas capitales de provincia: el centro, conservador; los barrios, socialistas. Incluso, los nuevos desarrollos del norte y el sur. Pese a tocar techo en habitantes a mediados de los noventa y tener un término municipal reducido, la ciudad no ha dejado de urbanizar y el 20 % de su superficie es de este siglo.

La pirámide de población empadronada en la ciudad está envejecida, con el pico entre los cincuenta y sesenta, al contrario que en ese collar de perlas, donde la edad media acostumbra a estar por debajo de los cuarenta años. En Doñinos, el 75 % es menor de cincuenta años. En Cabrerizo o Carbajosa de la Sagrada, hay zonas donde la franja de edad más abundante son los menores de veinte años. No olvidemos que estamos en Castilla y León, donde la media de edad es de más de cuarenta y siete años. Podríamos hablar de un efecto Hamelín. La política de vivienda se ha llevado a los niños fuera de la ciudad.

De nuevo, segregación y homogeneidad. Cada generación se sitúa en un territorio separado del resto, lo que impide conocer de primera mano las realidades y, por tanto, los problemas. Estas burbujas urbanas facilitan que los grupos asuman el modelo competitivo ante la inversión pública. La visión comunitaria queda relegada. En el caso del alfoz, los pueblos pierden su estructura demasiado rápido, ya que el urbanismo español funciona en oleadas especulativas. Se construye pensando en las comunicaciones, los flujos, lo que en ocasiones provoca la aparición de islas prácticamente desconectadas del centro urbano al que pertenecen y que, en la práctica, funcionan como barrios de la gran ciudad. Su principal vinculación con el ayuntamiento es a través de los impuestos municipales. Estos entornos aislados suelen ser receptivos a los mensajes alarmistas sobre inseguridad u ocupación. La estructura podría asemejarse a la asimilación de núcleos urbanos por las grandes ciudades en los siglos XIX y XX. Sin embargo, aquí no es la urbe la que llega a los pueblos paulatinamente, sino que estos crecen en torno a las vías que los conectan con la ciudad o con las zonas económicas. Eso hace que se produzcan espacios vacíos, inabarcables sin vehículo privado.

El caso de Salamanca es interesante por otra cuestión. La importancia de la formación hace que sea una ciudad con una población flotante significativa, unas 30.000 personas, lo que ha permitido el desarrollo de un sector inmobiliario vinculado a esa ocupación estacional. Es algo antiguo, casi desde la fundación de la universidad, pero la demanda se ha ampliado al turismo y a la estructura formativa no estrictamente universitaria vinculada al aprendizaje del español. La confianza en el monocultivo hace que un hecho inesperado, como la pandemia de 2020, ponga en cuestión una parte importante de la economía local.

Badajoz era otro cinturón naranja muy claro. Guadiana, Huerta Rosales, Valverde-Ciudad Jardín, Ronda Norte, Las Vaguadas o las urbanizaciones del este votaron a Ciudadanos, pero la ciudad tiene una peculiaridad: la enorme oferta de suelo. Todos los nuevos desarrollos de calles rectas y rotondas o de caminos serpenteantes hasta las piscinas están dentro del término municipal, lo que hace que la ciudad no haya dejado de ganar población y tenga una media de edad en torno a los cuarenta, baja para una capital de provincia.

La comparación con Salamanca es interesante para ver la importancia de la materia prima posmoderna: los flujos. Está en el centro del triángulo que forman Lisboa, Madrid y el rombo andaluz: Sevilla-Málaga-Algeciras-Cádiz. A finales de 2019, se presentó un proyecto urbanístico de casi 3.000 viviendas, Civitas Pacensis, en el noroeste, la zona donde se encuentran el campus universitario, el parque científico y tecnológico, el hospital universitario, el polígono industrial El Nevero y la plataforma logística. La lista da idea de la fuerza de la ciudad. La mayoría dejaron el naranja por el azul del PP.

El proceso suburbial se ha dado en la mayoría de ciudades: concentración en un territorio, donde la población se dispersa. En Galicia, donde no hay nada naranja, salvo la camiseta maldita del Dépor, el campo y las grandes ciudades pierden población en beneficio de los cinturones, donde el suelo es más barato, lo que facilita que se establezcan las nuevas industrias o los almacenes logísticos. Las ciudades tienen una media de edad tirando hacia arriba, lo que requiere un cambio en la necesidad de servicios y equipamientos. En todas las áreas urbanas crecen los pueblos familiaristas. Vigo tiene O Porriño, Mos, Gondomar o Navia, donde el PAU del boom aún está pendiente de finalizar. Ourense tiene Barbadás y San Cibrao das Viñas; A Coruña, Sada, Oleiros o Arteixo, y Santiago de Compostela, Ames, con una media de edad por debajo de los cuarenta años. Todos ellos son pueblos muy dispersos, pero también debemos pensar que es algo tradicional, relacionado con el modelo económico del minifundio. Es la economía de la casa o del pequeño enclave: el pazo, la casona, el caserío, el barrio, el concello, la aldea, etc. En el Cantábrico, la dispersión no es nueva.

Erripagaña es un desarrollo extraño, ya que está ubicado en cuatro términos municipales: Pamplona, Burlada, Huarte y Valle de Egüés. Así, el nuevo barrio sirve de conexión y llena un espacio vacío entre la capital y tres de los pueblos de su cinturón. El último de ellos, uno de los que más ha crecido. La colaboración entre entidades es poco común en el urbanismo español y, de hecho, ha sido más frecuente la eliminación de las instituciones que ayudaban a conectar áreas urbanas, como la Corporació Metropolitana de Barcelona, disuelta en 1987 por la Generalitat, que la consideraba un contrapoder. Valencia también se deshizo de su Consell Metropolità de l'Horta y, normalmente, las instituciones supralocales están centradas en servicios concretos como el transporte o la recogida de residuos.

En general, incluso sin corrupción, las instituciones locales han participado del modelo urbanístico español entrando en la competición por las inversiones mediante la mejora de los aprovechamientos o facilitando las recalificaciones. Aunque generalizar siempre es absurdo, un ayuntamiento que exige el cumplimiento de la ley o que ralentiza los trámites para garantizar que los servicios o los equipamientos van al ritmo de la urbanización suele ser calificado de obstruccionista, antiprogreso o anti-el nombre de la ciudad. Por ejemplo, Manuel Fuentes, el alcalde de Seseña que se enfrentó a los planes del Pocero. En Erripagaña, uno de los actores de la operación fue el gobierno de Navarra y quizá las diputaciones podrían haber hecho ese trabajo de planificar el urbanismo de manera que el desarrollo de las ciudades no dejara espacios vacíos que necesitaran ser recorridos con vehículo privado. Pero, en España, el urbanismo es la competencia más preciada.

Pamplona, al contrario que Salamanca, Valladolid, Vigo o, como veremos, Sevilla, no pierde población, pero tampoco tiene grandes ganancias. Su área de influencia es la tercera en la clasificación de renta, tras San Sebastián y Madrid, y es ahí donde se reparte la gente que recibe de otras comunidades y de la propia Navarra, ya que la parte oeste y la pirenaica se están despoblando. Son pueblos (Berrioplano, Orkoien, Zizur, Zizur Mayor, Huarte, Aranguren, Barañain o Valle de Egües) familiaristas, mientras que la capital tiene una población envejecida. En Pamplona hay más mujeres mayores de ochenta y cinco años que niñas de menos de cuatro y, por el contrario, la media de edad del Valle de Egües supera por poco los treinta años. Deberíamos pensar qué podemos hacer con las ciudades donde los niños escasean y qué debemos hacer con esos pueblos, ideales para formar una familia, cuando esos chicos crezcan y busquen su propio ocio.

Madrid es un ejemplo de ese proceso. Los PAU de los años noventa se presentaron como una respuesta a la pequeña pérdida de población que la ciudad sufría hacia los pueblos del cinturón. El proceso no se detuvo, sino que se intensificó. La capital tiene una población similar a la de los años ochenta, con 700.000 migrantes más, mientras que la comunidad autónoma ha crecido en dos millones. Concentración y dispersión. Segregación, desconexión e infraestructuras. Pese a que tiene una vida cultural notable y una abundante población flotante —o tenía, hasta 2020—, cabe señalar que la mayoría de la población se sitúa en torno a los cuarenta años y hay un problema de reposición, que ya no es solo demográfico sino también intelectual. Es decir, la cultura necesita quemar generaciones y es probable que Madrid sea un ejemplo de ciudad con un ambiente cultural nostálgico y endogámico, basado en gente de casi cincuenta años que cree que no envejece porque no ve jóvenes a su alrededor, una ciudad viejoven.

EL DISTRITO FEDERAL

El 27 de febrero de 2001, Pasqual Maragall publicó en *El País* un artículo titulado «Madrid se va» en el que desarrollaba la idea de que la capital ya no estaba en España, sino que disputaba «la liga mundial de ciudades». Para Maragall, existía un proyecto político basado en crear un fuerte polo económico con el objetivo de que Madrid se convirtiera en una ciudad global; concretamente, en la capital del mundo de habla española.

No estaba en contra de eso, sino del dopaje institucional que recibía y que afectaba al desarrollo de otras ciudades. Consciente de la importancia de las redes, ponía el ejemplo de las comunicaciones, planificadas de forma radial con la única idea de que todas las capitales de provincia estuvieran bien conectadas con el centro para que fuera posible ir y volver en el día. El retraso del corredor mediterráneo es un buen ejemplo de esa visión política que considera que España es un conjunto de puntos a distintas distancias de Madrid. Maragall también incidía en el diseño del tráfico aéreo y en el descarte por el Ministerio de Fomento de entonces de construir un nudo transoceánico en Barcelona. El ministerio, decía, «tiene el lápiz de España en la mano», y dejaba una frase que, con el tiempo, resultó ser casi profética: «Si Madrid se va solo por ahí, puede ser que un día se encuentre que los demás vamos todos juntos por otro lado».

Madrid Global acabó triunfando. Quizá porque era un plan definido en el que trabajaron ayuntamiento, Comunidad y Gobierno, mientras que el resto de administraciones españolas, como se quejaba el artículo, no prestaban suficiente atención al plan centralizador. Cada zona tenía su propia burbuja. Nunca se dio el «todos juntos».

El proyecto recogía una idea del propio Maragall según la cual, en línea con figuras como Saskia Sassen o Manuel Castells, las ciudades se habían convertido en empresas que compiten para atraer inversiones y residentes, vendiendo a cambio localizaciones. Madrid aprovechó el dopaje institucional para realizar una competencia desleal al resto de territorios en forma de bajadas de impuestos o cesiones de suelo. Recordemos la empresa pública Arpegio. La atracción genera más atracción: un agujero negro. El proyecto era apostar todo a Madrid para que se convirtiera en un polo económico, en una ciudad global, ajustándose a esa tendencia. Madrid siguió creciendo hasta convertirse en Madrid DF, una ciudad-Estado que ya ha incorporado a parte de las provincias de Toledo y Guadalajara. Mapas, mapas, mapas. Es decir, ideología.

La gran transformación, iniciada en el XVIII, fue la sustitución progresiva del modelo de la casa (familia, tierra, producto, legado, tradición y mito) por el de la ciudad (individuo, capital, mercancía, propiedad, flujo y globalización), conflicto que, en cada zona, ha tenido características propias. En el primer éxodo rural, el área urbana clásica servía a una economía industrial donde todos los elementos de la producción estaban en un radio limitado; incluso, la distribución y el consumo. Los jóvenes dejaban los pueblos y se dirigían hacia los grandes polos; pero también, hacia sus propias capitales de provincia. Las infraestructuras eran necesarias para la importación de materias primas y la exportación del producto acabado, pero era un riesgo depender mucho del exterior y una de las cuestiones clave era crear mercado interno. Podríamos decir que la primera globalización fue la creación de las naciones.

Los nuevos modelos funcionan en red y las infraestructuras, los flujos financieros o comerciales, son imprescindibles para que todo el conjunto funcione. El radio de los elementos de la producción, la distribución y el consumo es el mundo, con lo que la creación de nuevos mercados es algo difícil y hay que trabajar los maduros a través de la segmentación por arriba y, por abajo, la obsolescencia o la masificación. Es decir, inundar la oferta con productos de baja calidad para el consumo masivo y desechable: comida, ropa, muebles, viajes, etc. Así, la materia prima y el factor trabajo bajan su valor y lo más importante es la distribución. Flexibilidad y movilidad. Estar en un nudo. Todo el país está conectado con Madrid y Madrid con el mundo. Mejor dicho, con el resto de ciudades globales. En 2019, la Comisión Europea publicó un informe llamado *Capitals take it all* en el que alertaba sobre la concentración económica y demográfica. El proceso es global.

Durante unos años existió la idea de que las comunicaciones permitirían el relanzamiento de los entornos rurales y construir algo parecido a pequeños pueblos hiperconectados que encarnaran la utopía de Ebenezer Howard, el creador de la ciudad jardín: lo mejor del campo y lo mejor de la urbe. Nada de eso. La creadora del concepto de ciudad global, Saskia Sassen, sostiene que precisamente la primacía de las telecomunicaciones es el factor que hace que se formen estos nodos, aunque después se dispersen. La nueva revolución industrial no elimina —hasta ahora— la necesidad del contacto físico, del presencialismo en las negociaciones, y reclama más trabajadores especializados que, a su vez, atraen más inversión de otros sectores. Simultáneamente, la descentralización; es decir, los lugares de residencia o trabajo pueden estar dispersos, pero dentro de la aglomeración: distritos de negocios, polígonos industriales, parques empresariales, etc. Aunque el propio Manuel Castells ha dado por muerto el modelo como uno de los efectos de la pandemia, no todo el mundo puede permitirse irse de la ciudad o hacerlo de la misma manera.

En estos años, Madrid se ha convertido en una ciudad global, en un agujero negro por el que se va el resto del país. Atrae inversiones, gente, servicios y equipamientos, que requieren más equipamientos, servicios y gente, proceso al que ayuda la planificación radial de las infraestructuras y el *dumping* fiscal de la comunidad autónoma. En el primer semestre de 2019, aglutinó el 66 % de la inversión extranjera directa recibida por España y ese año se convirtió en la comunidad con mayor contribución al PIB. También es la que más habitantes gana en un país que se vacía; sobre todo, individuos en edad de trabajar y tener descendencia. Cada año llegan unas 100.000 personas de otras comunidades como Andalucía, Aragón, Castilla-La Mancha, Galicia o Navarra. En los años ochenta, las capitales de provincia articularon una importante estructura formativa que, en la actualidad, nutre el nodo central de mano de obra capacitada sin compensación. Es un proceso de fuga de cerebros que no siempre acaba bien porque la metrópolis drena el talento del resto de territorio, pero no lo aprovecha todo, ya que necesita la competición laboral para bajar el precio del trabajo.

El modelo de concentración genera desigualdad entre territorios y dentro de la propia ciudad global. La inmersión dentro del sistema-mundo hace que los precios de determinados bienes, como la vivienda, se encarezcan desmesuradamente en relación con el factor trabajo. Así, se produce un fenómeno de dispersión hacia la zona de influencia que puede llegar a superar los 100 kilómetros. Según un reportaje de *El Confidencial*, más de 160.000 ocupados de todo el país tienen su centro de trabajo en la capital pese a vivir en otras provincias: 58.000 llegan desde Toledo y 41.000, desde Guadalajara, que se convirtió, en 2019, en la provincia española con mayor crecimiento. Cabe insistir en que es un modelo poco sostenible y, sobre todo, en que el problema no se solucionará haciendo que esas 160.000 personas paguen más tasas por su desplazamiento.

Toda esa población forma un conglomerado de zonas en el que la jerarquía está menos clara que en la ciudad del siglo XX. Hay un centro histórico tomado por la economía globalizada: apartamentos turísticos, franquicias de ropa o comida y enclaves de ocio, donde los habitantes han sido sustituidos por turistas y población flotante: estudiantes y trabajadores más o menos estables, amigos y amigas de los anteriores, miembros de las redes de delincuencia, etc. Es una estructura económica muy débil por su dependencia de la globalización física, como se vio en 2020. También hay un centro psicológico. En Europa, la ciudad concentrada sigue conservando el poder de las decisiones, hay que ver y dejarse ver, acordar y presionar. En la ciudad concentrada, hay barrios tradicionales de segmentación más o menos clara y, junto a ellos, nuevos desarrollos urbanos de calles rectas y anchas cuyo planeamiento segregado facilita el trabajo de clasificación.

A partir de ahí, ciudades dormitorio, ensanches, urbanizaciones, pueblos hipertrofiados, distritos de negocios, centros comerciales y de ocio, polígonos industriales, ciudades corporativas, explotaciones agrícolas, infravivienda, descampados y vertederos. Todo está conectado por 2.584 kilómetros de carreteras que siguen el modelo corredor-circunvalación, realizando una parcelación del territorio que se ve con claridad en los nuevos ensanches: la intersección de las vías es la que define los nuevos barrios, islas urbanas. El conjunto se parece a lo que el geógrafo Edward Soja definió como *postmetrópolis*, un lugar de complejidad formal donde lo urbano es inseparable de lo no urbano, donde los conceptos clásicos de ciudad, suburbio o campo son poco reconocibles.

El conjunto se asienta sobre la base histórica del desarrollismo, en el que la ciudad saltó a los municipios próximos, cuya oferta de suelo barato era mayor, para crear una corona de ciudades dormitorio muy densas que, sobre todo, acogían a la emigración rural. Se conformó un cinturón en el sur (Alcorcón, Móstoles, Leganés, Getafe, Fuenlabrada, Parla) y un corredor en la campiña del Henares (Coslada, San Fernando, Torrejón de Ardoz, Alcalá de Henares). También apareció un pequeño cinturón en el norte (Alcobendas, San Sebastián de los Reyes y Tres Cantos, la ciudad nacida de un desarrollo planificado), que se situó un escalón por encima gracias al prestigio del corredor. Alrededor de la N-I, ya existían segundas residencias de baja densidad en zonas famosas por sus aguas, la cuenca alta del Manzanares, la del Jarama o el valle de Lozoya, aunque menos que en la N-VI, al este, la zona tradicional de los suburbios residenciales. Esa zonificación se respeta. Los ensanches del norte, que conectan la ciudad con las antiguas ciudades dormitorio, tienen precios más altos y no sufrieron el parón de la crisis, mientras que los del sureste han ido mucho más despacio. En las ciudades dormitorio, aparecen ensanches con chalets o urbanizaciones tipo Montepinar.

Lo más interesante son los procesos de desterritorialización y reterritorialización a partir de la ausencia de circunvalaciones. Es decir, Seseña. El modelo urbano preexistente se desmonta para crear uno nuevo. En ocasiones, el pueblo crece a través de ensanches sucesivos, como una colcha de *patchwork*; en otras, dependiendo del precio del suelo, se forman islas urbanas con decenas o cientos de unidades de chalet, jardín y piscina, más o menos alejadas del centro urbano del que dependen. El flujo es más importante que el territorio, aunque este permanece en el concepto de propiedad. Se debilita la idea de lugar y, aún más, la de una comunidad social definida territorialmente.

Esto no quiere decir que no exista vida en común dentro de la isla, pero sí hay una idea dispersa de ciudad y menudean los casos de agravios y conflictos entre los diversos enclaves. También afecta a la idea de tradiciones políticas vinculadas a territorios, algo que suele llamar la atención cuando hay vuelcos llamativos. Hay cambios de voto en ciertos lugares porque ya no vive la misma gente. Los votantes del Brexit de las zonas obreras no son los laboristas del espíritu de 1945 ni los mineros de 1984, sino los protagonistas de *This is England*. Como en otras grandes ciudades, los nuevos desarrollos del cinturón urbano tradicionalmente de izquierdas acogen a esas personas atraídas por el efecto ciudad global que no pueden acceder a una vivienda en la almendra central.

Ya se ha mencionado en alguna ocasión la insostenibilidad del modelo, que requiere agua para los jardines y piscinas, y energía para la climatización, además del precio de la movilidad. Hablamos de un coste social y particular en el que, además de la contaminación del vehículo privado, está el provocado por la ampliación de horarios laborales, que, a su vez, requiere más ampliación de horarios en los servicios. De nuevo, hay que mirar el problema como un objetivo. El precio de la insostenibilidad lo hace más caro y, por tanto, más segregador.

LOS VACÍOS DE LA ESPAÑA VACÍA

Zaragoza también se ha convertido en Zaragoza DF. La ciudad es clave por su posición y, en su crecimiento, son esenciales los corredores y las circunvalaciones: la ciudad tiene Z-30, Z-40 y Z-50. Los enclaves urbanos, industriales y comerciales se apiñan en torno a unas carreteras que conectan la ciudad con Huesca, Pamplona, Logroño, Madrid, Teruel, Castellón y Barcelona. Como indican los profesores Vicente Bielza y Ángel Gorría, podríamos decir que Zaragoza, equidistante de Madrid, Barcelona, Valencia y Bilbao, es el centro de un área que, en un radio de 350 kilómetros, reúne a más de la mitad de la población española y más del 60 % de su PIB. Es una ciudad de flujos.

La ciudad creció mucho a partir de la inauguración de la base militar estadounidense y, sobre todo, de la puesta en marcha del Polo de Desarrollo en 1964. En Zaragoza, los planes urbanísticos nunca han tenido problemas de suelo. Parece una caricatura; pero, en Aragón, todo es grande: la ciudad, la provincia o la comunidad. La cuestión es la concentración: alrededor del 60 % de la población de Aragón está agrupada en Zaragoza DF, y no es extraño que el primer partido de la España vacía haya surgido precisamente de aquí. Para hacernos una idea, Bélgica, con una extensión menor que Aragón, acoge casi nueve veces más población.

La inauguración de la fábrica de General Motors en los años ochenta dio un nuevo impulso a la ciudad y a la zona donde se situaba el proyecto, el corredor cantábrico. A partir de ese momento, Zaragoza entró en una dinámica ya conocida: grandes proyectos urbanísticos que no respondían al crecimiento demográfico, animados por una política de acontecimientos muy maragalliana. En este caso, la Exposición Universal de 2008, situada junto al Actur setentero, que tuvo la mala suerte de coincidir con el estallido de la crisis. El plan urbanístico de 2001 recogía tres nuevos desarrollos, Valdespartera, Arcosur y Parque Venecia, situados al sur de la ciudad. La mayoría, urbanizaciones tipo Montepinar, aunque también había chalets unifamiliares. Todos sufrieron mucho con el estallido de la burbuja, que dejó algunos planes a medias. El panorama es conocido. Los jóvenes locales que pueden se van de la ciudad a nuevos desarrollos situados fuera de ella para formar una familia. En el caso de Zaragoza, los corredores.

Conviene evitar el puritanismo. Es decir, analizar moralmente el comportamiento de las personas para que el juicio permita una situación de superioridad. Y, sobre todo, pensar que el comportamiento colectivo responde a un conjunto de decisiones individuales, como sostiene el mercadismo, en lugar de situarlo dentro de un contexto económico y político más amplio: el modelo español de vivienda basado en la propiedad y las oleadas especulativas. Cuando comienza la ola, el precio de las casas se dispara en el centro de las ciudades y hace que las promotoras busquen suelo en ayuntamientos cercanos, conectados con la ciudad y las zonas económicas por grandes infraestructuras. Los ayuntamientos de las coronas exteriores, movidos por la expectativa, facilitan los desarrollos que, por la disponibilidad de suelo, tienen menor densidad y precio. Además, están cerca de la naturaleza, hay menos ruidos y los niños pueden jugar más tranquilos. Por el precio de un piso en Delicias, te compras un chalet en Botorrita o Muel.

La gente se va a un chalet en el campo porque quiere y porque puede; pero, sobre todo, porque el modelo invita a hacerlo. Además, es importante contar con la influencia del poso cultural en la dispersión, ya que Zaragoza siempre ha tenido barrios rurales ligados a las explotaciones del sector primario y, de hecho, las coronas más alejadas tienen un porcentaje significativo de esa población, de más edad que los nuevos habitantes. No hay que olvidar que es un valle fértil. Mientras se toman un vino en el porche, la pareja que compró el chalet fuera de la ciudad comenta las noticias sobre la subida de alquileres en los pisos del centro.

Botorrita se encuentra en el corredor mudéjar, situado en torno a la autovía del mismo nombre que conecta Zaragoza con Teruel. Quizá la España vacía no necesita más infraestructuras, sino más estructuras. Allí se encuentran, por ejemplo, Cuarte de Huerva, Cadrete y María de Huerva, tres de los pueblos con más renta de la provincia y una media de edad más baja. Es interesante que el Colegio Británico de Aragón esté en Cuarte y, aún más, que esté situado al otro lado de la autovía, lo que hace necesario el transporte. En esa zona, se asentaba el cinturón naranja de abril de 2019, que conectaba con la parte sur de la ciudad. En noviembre, la zona urbana votó conservador, y los pueblos, ultraderecha. Son zonas muy sensibles, por ejemplo, a cuestiones como la ocupación de viviendas; en septiembre de 2020, Cadrete acogió varias movilizaciones.

La parte oeste se beneficia de una nueva área de actividad económica, la PLAZA, la plataforma logística, situada junto al aeropuerto, la alta velocidad y las carreteras que conectan Zaragoza con Madrid, Barcelona y el Cantábrico. Entre el aeropuerto y el corredor cantábrico, donde está la fábrica de Opel, hay una gran cantidad de urbanizaciones, islas urbanas desconectadas en las que se mezclan el uso fijo y la segunda residencia. En el corredor de Castellón, se encuentran el polígono de Reciclado y otro gran polígono empresarial llamado, quizá pomposamente, Empresarium. Son los más importantes, pero no son los únicos. Los proyectos se benefician de una ciudad que necesita iniciativas tras la deuda que dejó la Expo y acoge un buen número de grandes superficies, como Aragonia, Puerto Venecia o Plaza Imperial, esta última situada junto a la plataforma logística. El área dedicada a este tipo de explotación comercial se triplicó entre 2005 y 2011, situándose casi en los niveles de Madrid.

Como en los casos anteriores, el área urbana de Zaragoza tiene un problema de articulación, ya que las instituciones compiten en lugar de colaborar. En este caso, hay cuatro niveles. Además de Comunidad, Diputación y Ayuntamientos, existe una entidad comarcal, una mancomunidad de la Comarca Central, que ha tardado quince años en ponerse en marcha y donde el Ayuntamiento de la capital solo está representado simbólicamente. Como en otros casos, el transporte es casi la principal preocupación y existe un consorcio del área urbana, pero la ausencia de planificación urbanística conjunta hace que se produzcan vacíos y descompensaciones que obligan al uso del vehículo privado. Si no hay una planificación colectiva, las actuaciones posteriores suelen ser remiendos.

El concepto Gran Zaragoza no ha circulado mucho. En cambio, Gran Sevilla, sí. En 2007, el entonces consejero de Vivienda y Ordenación del Territorio, Juan Espadas, puso en circulación el concepto con el Plan de Ordenación del Territorio de la Aglomeración Urbana de Sevilla, acortado en una abreviatura que recuerda a un Pokémon: POTAUS. La idea, que coordinaba a casi cincuenta municipios, capital incluida, era proporcionalmente más ambiciosa que el plan madrileño: 54.800 viviendas, la mayoría protegidas, nuevas infraestructuras de comunicación para el vehículo privado; pero también, opciones de transporte público, como el tranvía o el metro. Todo ello crearía más de 200.000 empleos y contaba con la colaboración del alcalde de la ciudad, Sánchez Monteseirín, que estaba llevando a cabo otro plan de modernización. Fue como aquel libro prospectivo de política internacional publicado en 1988 que no tuvo en cuenta la posibilidad de la caída de la URSS.

La crisis que comenzó en 2008 y que se manifestó con toda su crudeza un par de años después detuvo los planes del consejero, que llegó a alcalde de la ciudad en 2015. Hay que decir que su antecesor no se mostró muy interesado en la idea de coordinación local con un área urbana tan potente que hace que la ciudad pierda población, algo lógico si tenemos en cuenta la apuesta por las infraestructuras corredor-circunvalación. La SE-30 que, conectada con la autovía del V Centenario, ha potenciado la comarca del Aljarafe, donde fue más visible el cinturón naranja en abril de 2019. En la comarca, una antigua zona agrícola que acoge a nueve de los diez municipios con mayor renta de la provincia de Sevilla, viven más de 350.000 personas. De ellas, solo una cuarta parte han nacido en la localidad en la que están empadronados.

Es una trama urbana continua en la que no hay un centro claro y la frontera entre las localidades es difusa. Las más próximas a Sevilla, como San Juan de Aznalfarache y Camas, se desarrollaron en los sesenta y setenta y su población apenas se ha movido en este siglo. En cambio, Espartinas, Bormujos o Tomares, uno de los pueblos con más renta de Andalucía, sí son zonas del boom y muestran bien cómo la nueva ola de dispersión urbana está ligada a elementos concretos como la baja densidad, la piscina, el centro comercial o el uso del coche. La articulación de opciones al vehículo privado es complicada en la zona y la cuota del transporte público metropolitano bajó entre los ochenta y la primera década del siglo. Como siempre, no hay que verlo como un error, sino como un modelo.

Las poblaciones con un desarrollo más antiguo, San Juan y Camas, son feudos claros del PSOE, aunque el primero tuvo una zona nueva del Barrio Alto, con piscinas y calles con nombre de capitales europeas, que pasó en 2019 de Ciudadanos a la ultraderecha. Tomares y Espartinas son dos de los pueblos con más renta de la provincia, pero han tenido una evolución urbanística y electoral diferente. El primero, aunque se desarrolló durante el boom, ya tenía una tradición de baja densidad vinculada a las comunidades cerradas, un modelo en el que la provincia de Sevilla ocupa uno de los primeros lugares a nivel estatal. En Espartinas, en cambio, más de la mitad del desarrollo urbano es de este siglo y se articula con urbanizaciones: Huerta Grande, Los Ciruelos, El Retiro o Puerta de Hierro. Para ver el contraste, podemos acudir al índice Ned Merrill, número de piscinas por 100 habitantes. Espartinas tiene 16, mientras que Tomares se queda en 2,77. El primero viró a la ultraderecha en noviembre de 2019, mientras que el segundo optó por el PP. Para hacernos una idea, San Juan de Aznalfarache tiene 81 piscinas con 21.000 habitantes, un índice Ned Merrill de 0,38.

Sevilla DF también ha crecido al sur o el este, pero allí sí hay poblaciones que han asumido el centro de gravedad. En el sur, Dos Hermanas, y al este, en la comarca de Los Alcores, Alcalá de Guadaira, donde el POTAUS de 2007 situaba una gran plataforma logística que, sin embargo, no ha despegado, entre otras cosas, por la competencia del centro logístico Majaravique, situado en San José de la Rinconada, la parte norte. De nuevo, la competencia entre administraciones. Concretamente, está situado entre San José de la Rinconada y el casco urbano de Sevilla porque, como suele ser habitual, una consecuencia de la dispersión es la depredación del territorio. El urbanismo se sitúa donde el suelo es más barato y aprovecha las infraestructuras para conectar y delimitar. Así, deja enormes vacíos, que no siempre pueden seguir ligados al sector primario, e invita al uso del transporte privado. Sevilla es una ciudad con grandes atascos mañaneros y, como solución, siempre surge el cierre de la SE-40, que conectaría toda el área metropolitana. Para solucionar el problema del coche, más asfalto.

Las infraestructuras son clave. En la confluencia de la A-49 con la futura SE-40, estaba planeado Waterland, un enorme centro comercial con cuatrocientas tiendas y, desafiando las previsiones sobre el cambio climático, el mayor spa de España: 4.500 metros cuadrados. La paralización del proyecto también ha afectado a la conexión del pueblo, Espartinas, con la A-49, ya que el servicio estaba ligado al desarrollo privado y cabe tener en cuenta esta cuestión en su opción de voto. Como en otros casos, los centros comerciales completan el cuadro. Entre otros, están Los Arcos, Sevilla Factory, AireSur, Torre Sevilla o Lagoh, uno de los mayores de España. Además de Waterland, están previstos San Nicolás, Sevilla Park o Megapark en Dos Hermanas, donde Amazon tendrá un centro logístico. Todo eso es ideología.

Como en el caso de Zaragoza, lo que no es el DF se vacía. Según las estadísticas de la Junta de Andalucía, los cincuenta pueblos sevillanos que perdían población tenían en común no pertenecer al área metropolitana. En algunos casos, son localidades de tamaño medio y con tradición en la agricultura o la pequeña industria: Osuna, Écija, Estepa o Marchena. Durante casi cuarenta años, este tipo de ámbito fue clave en la hegemonía socialista y cabe pensar que el cambio urbano también es una modificación de las estructuras políticas, cuya evolución es impredecible. Las organizaciones sociales basadas en el compromiso y la tradición, la presencia física en actos concretos, son sustituidas por las articulaciones virtuales, donde es clave mantener las emociones, ya sean miedo, conexión o ira.

Como en el caso de Aragón, la despoblación trae consigo la pérdida de servicios que, a su vez, provoca más migración hacia la gran ciudad. Mejor dicho, hacia el área metropolitana de la gran ciudad, porque, como ya hemos dicho, el DF funciona a través de atracción y dispersión. Y, sobre todo, acumulación. En general, el fenómeno se repite en toda Andalucía. Los pueblos y las grandes ciudades pierden población en beneficio de las áreas urbanas o la zona del litoral. Entre 2009 y 2019, los enclaves rurales perdieron casi 200.000 habitantes, que no fueron a parar a las capitales. En ese período, Cádiz perdió unos 10.000 habitantes, mientras que las localidades de su cinturón ganaban casi el doble. Solo Chiclana, otra ciudad con cinturón naranja en abril, más de 7.000. Sucede lo mismo en Jaén, Córdoba o Huelva. Incluso, en Málaga, una ciudad cuyo despegue de los últimos años le ha hecho superar a Sevilla como capital económica gracias a la combinación de turismo, servicios y tecnología.

EL LITORAL URBANO

Volvamos a Maragall para pensar, por un momento, cuál podría haber sido la alternativa a ese Madrid DF. Basta mirar un mapa y fijarse en los dos países que hay al lado: Italia y Portugal. Ambos tienen una estructura dual con una capital administrativa y un polo económico. En el caso de Portugal, Lisboa y Oporto; en el caso de Italia, Roma y el entramado Lombardía-Piamonte-Véneto, un continuo de enclaves urbanos, polígonos industriales, universidades, explotaciones agrarias, centros de distribución, etc. Aunque Francesco Indovina utilizó el término *ciudad difusa* para referirse al Véneto central, el concepto puede describir bien ese hilo de luces que cruza el norte de Italia en las fotografías nocturnas.

Aunque la vistosa polarización con Barcelona nos hace pensar en el modelo portugués, la alternativa clara al proyecto Madrid DF era Italia. Concretamente, es fácil asimilar el modelo de ciudad difusa italiano a Valencia; sobre todo si la unimos con el sur de su comunidad, Alicante-Elche; más aún si pensamos en un corredor mediterráneo desde Barcelona a Málaga. Se trata de una zona que no ha dejado de crecer y absorber población pese al dopaje madrileño que, por ejemplo, retrasaba o entorpecía las comunicaciones aéreas y ferroviarias. También cabe pensar que el proyecto Madrid DF no hubiera sido posible sin dos factores. El primero, la división interna dentro del propio corredor mediterráneo; el segundo, la aquiescencia de otras zonas beneficiadas por el corredor central, como Aragón, Navarra o el País Vasco.

Radial o circular. Los dos modelos de articulación de la península están en disputa y cabe contextualizar dentro de este conflicto general cuestiones concretas como los estallidos identitarios de Catalunya y Madrid. También, el rechazo de Portugal a priorizar el enlace ferroviario entre capitales frente a la conexión atlántica con Vigo. Probablemente, Lisboa es consciente de que el AVE con Madrid no solo aspirará recursos sin aportar mucho más que presión turística, sino que puede abrir la puerta a una cierta subalternidad respecto a España, algo de lo que todo portugués sabe que se debe huir: «*De Espanha, nem bom vento, nem bom casamento*».

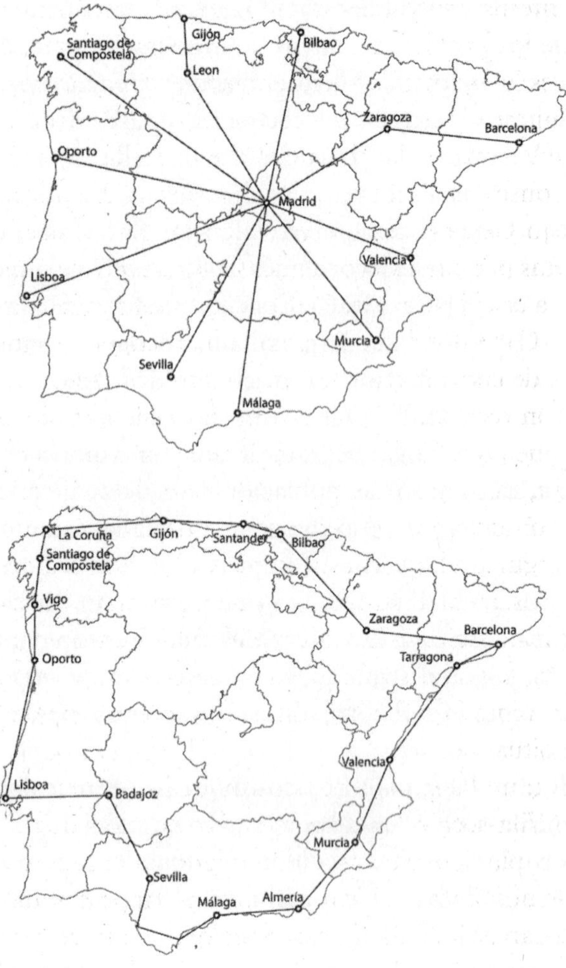

Nunca se dio el «todos juntos» de Maragall. La desconfianza histórica entre Valencia y Barcelona se agravó esos años, cuando la primera buscaba convertirse en una ciudad global con vistosos proyectos y actos internacionales y la segunda no dejaba de querer tutelar al resto del arco mediterráneo. Pero tampoco había herramientas de articulación interna dentro de cada territorio. Como hemos visto, uno de los problemas importantes de las áreas metropolitanas es la ausencia de instituciones que tengan una visión de conjunto y eviten los vacíos o las duplicidades. Barcelona y Valencia sí las tenían, la Corporació Metropolitana o el Consell de l'Horta, que había sustituido al franquista Consejo General de la Gran Valencia, pero ambas fueron disueltas por cuestiones políticas. De nuevo, la competición frente a la cooperación, el individualismo frente a la comunidad. Cabe decir que Barcelona ha recuperado una institución de coordinación, el Área Metropolitana.

Con retraso, el corredor mediterráneo articulará esta zona que podemos considerar como una continuidad muy diversa, bastante parecida al modelo de la Costa Oeste estadounidense: amplia diversidad de usos y una profunda desigualdad, ya que en la zona abundan sectores muy precarios, como el turismo o la agricultura. Como siempre, no se trata de una desviación del modelo, sino del propio modelo, y la novedad es su ampliación a otros escenarios.

La renta familiar disponible en Lloret de Mar, un destino habitual del turismo masivo, es de las más bajas de Catalunya: no llega a los 11.000 euros. Sucede lo mismo con Salou-Vila-seca o Castelló d'Empúries, otras dos ciudades de sol y playa que comparten un modelo basado en lo que podríamos llamar el *muchismo*. Las empresas del sector desplazan a muchos turistas a los que se ofrece mucha comida, mucha bebida y muchas horas de diversión. Siempre por poco dinero. El «muchismo» permite una economía de escala que necesita de un modelo laboral precario e intensivo: mucha gente trabajando muchas horas por poco dinero y que estacionalmente puede combinar el turismo con otros sectores, como la construcción o los servicios. Es un modelo que podemos ver repetido por toda la costa y que provoca la existencia de áreas urbanas muy desiguales: zonas turísticas de hoteles o apartamentos junto a las playas, vacías fuera de temporada, ciudad interior reservada a los trabajadores y, desparramándose, urbanizaciones de distintos tipos, incluido el modelo de comunidad cerrada.

La rotación laboral del modelo provoca un efecto llamada constante que, cada vez más, se nutre de personas migrantes. Los empadronados de origen extranjero suelen situarse en el 20 %, aunque en Salou o Lloret rondan el 40 %. América es la zona de origen mayoritaria y la pirámide de población tiene el pico alrededor de los 40, algo más masculina que femenina y con poca presencia de los menores. Los hijos esperan más estabilidad o se han quedado en el lugar de origen. Evidentemente, el modelo sufre mucho cuando el flujo de viajeros se corta, como en 2020, y podemos pensar en la recepción de ciertos discursos basados en la confrontación si no hay recursos públicos que ofrezcan un poco de estabilidad. En las elecciones de febrero de 2021, la ultraderecha tuvo buenos resultados en las zonas «muchistas».

El modelo se repite en toda la costa. Las áreas urbanas de Torrevieja y Marbella cierran la clasificación de renta de las áreas urbanas, donde también están Benidorm, Gandía o Málaga. Salvo en esta última, el empleo mayoritario está en el sector servicios. La novedad de los últimos años es que ese modelo se ha trasladado a las grandes ciudades, como Barcelona, gracias a la combinación del modelo turístico con la economía de plataforma, provocando una fuerte presión sobre la vivienda, ya que la ciudad es también un polo económico global y tiene un cinturón urbano muy maduro. El urbanismo de tierra quemada hace que los Pauers barceloneses tengan que huir lejos para buscar el sueño de la vivienda unifamiliar.

La principal característica de la dispersión litoral es su tradición, vinculada a la costumbre mediterránea de la segunda residencia. Chipre y Grecia acompañan a España en el podio de hogares de la Unión Europea con segunda vivienda. Según el geógrafo Giuseppe Dematteis, la suburbanización de las ciudades latinas está vinculada a la coexistencia, entre las clases altas romanas, de la *domus* en la ciudad y la villa en el campo. En el siglo XIV, ya más extendido socialmente, Florencia estaba rodeada por seis mil villas y quintas de recreo, algo que se repetía en Génova, Florencia y Perugia o en Marsella, Montpellier y Toulouse. Fue el modelo con el que la dispersión urbana se extendió por la provincia de Barcelona. Según el urbanista Francesc Muñoz, entre 1985 y 2005 se construyeron 166 viviendas unifamiliares por semana, una nueva casa unifamiliar por hora. En ocho de cada diez de los 311 municipios de la provincia de Barcelona, más de la mitad de las viviendas construidas en ese período fueron casas unifamiliares.

En los últimos años, gracias a la mejora de las infraestructuras, la presión inmobiliaria en los enclaves urbanos maduros y la desconcentración de la actividad económica, se ha producido un cambio: las segundas residencias se han transformado en primeras. El primer cinturón de Barcelona, muy urbanizado en los años sesenta y setenta, ha perdido población, mientras que el segundo la ha ganado. Como respuesta al alto precio de la vivienda en Barcelona y la masificación del primer cinturón, el Baix Llobregat, el Vallès Occidental o el Maresme han surgido como nuevos polos económicos y residenciales: ciudades con alta densidad, urbanizaciones, polígonos industriales, zonas de servicios, centros comerciales, áreas de ocio, usos agrícolas, parques naturales, etc. Es una dispersión más homogénea, ya que ha consumido casi toda la materia prima: el suelo.

Aquí no hay cinturón naranja ni cinturón verde, ya que Catalunya tiene un sistema de partidos propio, pero se produce algo que veremos después. La vivienda unifamiliar, frecuente en la comarca del Maresme, es más receptiva a los discursos identitarios, ya que son espacios con altos niveles de homogeneidad y segregación. En una conferencia celebrada en 2012 en la Residencia de Estudiantes de Madrid, el geógrafo Oriol Nel·lo citaba una encuesta metropolitana de Barcelona en la que se preguntaba qué tipo de vivienda era la preferida. El 72 % optaba por la unifamiliar aislada. «No es que no queramos vecinos arriba y abajo, sino que tampoco queremos compartir con nadie ninguna pared», sostenía. De nuevo, compartir o competir. Quizá una de las causas de que el País Vasco no haya tenido un proceso soberanista es su escasa apuesta por la vivienda unifamiliar.

Valencia sí tenía un cinturón naranja bastante claro tras las elecciones de abril de 2019: Godella, Bétera, Paterna, Riba-roja, la Pobla de Vallbona, Chiva o Torrent. Incluso los barrios del noroeste de la ciudad, como Beniferri o Campanar, que ejemplifican bien el modo de urbanizar. Ambos son antiguas pedanías donde la mayoría del espacio rural ha sido sustituido por urbanizaciones con poca densidad; las alquerías que aún quedan sufren los problemas de la cercanía de la ciudad, como el ruido de las carreteras, y casi ninguna de sus ventajas. Una de las características del boom en la Comunitat fue la extensión social del fenómeno. Según el informe del Ministerio de la Vivienda de 2006, Valencia era una comunidad con minifundio urbanístico; es decir, los planes de actuación reunían decenas de pequeñas parcelas muy repartidas debido a su origen, la huerta. Es algo que, además de repartir los beneficios, provoca que existan huecos que, como también hemos visto, no son resueltos ni planificados por ninguna institución supralocal. Y también, excesos: cada ciudad tiene su polideportivo y su auditorio.

El modelo es conocido. Pese a que no ha dejado de urbanizar, la ciudad de Valencia no gana población e, incluso, respecto a la primera década del siglo, la pierde. La gente con capacidad de afrontar el gasto se dispersa por un área urbana cada vez más grande. Incluso antes del boom, entre 1987 y 2000, el crecimiento de la ciudad compacta era muy reducido respecto a las urbanizaciones unifamiliares o las edificaciones de baja densidad, el modelo Montepinar. Actualmente, más de la mitad del suelo urbano residencial es de baja densidad, algo que no solo afecta a la sostenibilidad del medioambiente, sino también a las propias cuentas de los ayuntamientos.

Un estudio de Eric Gielen, profesor de la Politècnica de València, mostró que la dispersión urbana tenía un incremento significativo en el coste de servicios, como el saneamiento, la limpieza viaria, el alumbrado público, la seguridad o la recogida y tratamiento de basuras. Según sus cálculos, en muchos municipios del litoral, la dispersión acarrea un aumento del 19 % en el gasto corriente total de los consistorios. Además del área urbana de Valencia y el norte de Castellón, la zona donde este modelo es más frecuente es el litoral alicantino. Hay zonas turísticas, como Calp, Xàbia, Altea o Dénia, donde la dispersión es casi hegemónica. En muchos de estos casos, hablamos de grandes urbanizaciones de calles serpenteantes con villas con jardín y piscina de precio medio-alto, una oferta destinada a la demanda extranjera. Benissa, Teulada y Benitatxell, en la misma comarca alicantina que las anteriores, por ejemplo, tienen casi 11.000 piscinas para poco más de 25.000 habitantes; es decir, casi una piscina por pareja en un lugar donde no sobra el agua.

La potencia del litoral hace que los casi sesenta municipios de las tres áreas urbanas —Castellón, Valencia y Alicante-Elche— reúnan a más de la mitad de la población en el 7 % del territorio. En el litoral, las zonas turísticas y residenciales; en el interior, pero no demasiado lejos, la zona industrial y logística. En el caso de Valencia, existe un plan para desarrollar una zona de actividades logísticas junto al puerto que se uniría a las de Barcelona y Algeciras. En Alicante, las urbanizaciones se desparraman hacia el interior hasta llegar a la autopista del Mediterráneo, mientras que, hacia Elche, se encuentran los polígonos industriales, junto a los que también existen enclaves residenciales, tanto segundas residencias como primeras. En todo caso, viviendas unifamiliares que provocan los desplazamientos de punto a punto, de casa al trabajo, a comprar, a un punto de ocio, a un punto de deporte. Los puntos de encuentro suelen ser privados y, por tanto, con el acceso segregado por renta o aspecto, lo que provoca que el espacio compartido también sea homogéneo. La vivienda unifamiliar provoca llegar a la conclusión de que todo el mundo se parece a uno mismo.

Más al sur, en el área urbana de Torrevieja, el modelo vuelve a ser intensivo y estacional, aunque mantenga la segregación entre la zona de costa, reservada a la industria turística, ciertos barrios interiores dedicados a los trabajadores, zonas comerciales y de ocio, y, por último, conviviendo con explotaciones agrarias de cítricos, decenas de urbanizaciones hacia el interior, donde el acceso a través del vehículo privado marca la segregación.

Murcia también tenía un claro cinturón naranja. La zona es un ejemplo de dispersión mediterránea basada en la coexistencia de la ciudad concentrada, el desarrollo industrial o comercial y una explotación agraria muy concreta: la huerta. Siguiendo el curso del río Segura, la huerta vieja se extiende en decenas de pedanías que albergan pequeñas propiedades que, en bastantes ocasiones, han evolucionado hacia el modelo de chalet con jardín y piscina. La zona está delimitada por las vías A-7, A-30 y MU-30, mientras que la avenida de Alcantarilla hace de arteria principal. En la huerta más reciente, en la parte norte, las parcelaciones son más regulares y los enclaves urbanos son más importantes. La autovía de Murcia (A-7) es la que guía la dispersión hacia el norte, donde el enorme término municipal de la ciudad se une con el de Molina de Segura, uno de los núcleos que más ha construido en la provincia a través de urbanizaciones de segunda o primera residencia. Altorreal, con casi 10.000 habitantes, es la más conocida, pero hay decenas: Los Conejos, Los Olivos, Monte Príncipe, Agridulce-Casas del Aire, Los Vientos, etc. Su expansión se enfrenta a los numerosos espacios naturales de la zona, sierras, fuentes, salinas, ramblas, humedales, etc.

La gota fría de 2019 fue un buen ejemplo de los problemas que provoca la depredación del territorio y los cambios de uso. Pero se trata de un modelo que no solo provoca graves problemas de sostenibilidad medioambiental, sino que también tiene efectos sociales. Entre las urbanizaciones cunde un sentimiento de desconexión y agravio. Son habituales las peticiones de más servicios, como seguridad, a los ayuntamientos, que no tienen capacidad de responder porque el territorio que debe abarcarse es demasiado amplio. A la segregación y la homogeneidad, se les une la sensación de que solos lo harían mejor y que es injusto tributar a una institución que les presta pocos servicios. De nuevo, la vivienda unifamiliar y el sentimiento identitario.

Las actividades se descentralizan, lo que provoca una fragmentación del territorio hacia usos especializados: residencial, laboral, comercial, ocio, deporte, formación, etc. En la fragmentación, funcionan bien los polos electroideológicos; es decir, los actores asociativos o privados sin apariencia política que pueden provocar electrólisis emocional alrededor de ciertos temas. Es algo claro en Cataluña, donde las asociaciones han alcanzado un enorme protagonismo y es complicado entender Murcia sin conocer la importancia de la UCAM, la Universidad Católica. La dispersión urbana de Murcia optó mayoritariamente por la ultraderecha en las elecciones de noviembre de 2019.

Jaén, Granada y, sobre todo, Córdoba tienen esa dispersión mediterránea de la segunda residencia basada en la evolución del terreno agrícola hacia un uso residencial. La legalización de esas viviendas, normalmente articuladas a través de pedanías, siempre suele ser motivo de discusión y las gráficas de bienes inmuebles registrados suelen tener fuertes escalones que muestran cuándo las instituciones decidieron ceder. En el caso de Córdoba, uno de los planes urbanísticos incorporó 30.000 viviendas, casi tantas como las de la ciudad compacta.

El modelo es el habitual. La ciudad, sobre todo el casco antiguo, envejece y se vacía en beneficio de un área urbana basada en la dispersión que conecta usos residenciales, laborales y comerciales. No se trata de un mal funcionamiento, sino del modelo funcionando perfectamente. Deberíamos pensar que, aunque no es un proceso visible y será largo, las ciudades industriales están sucumbiendo.

La urbanización de la huerta acaba, además, con una estructura de producción y comercialización alimentaria directa y no vinculada a la gran distribución. Es probable que no haya mejor metáfora del cambio de modelo económico que la aparición de un gran hipermercado en medio de un valle agrícola y ganadero. Deberíamos prestar más atención a un sector básico para nuestra existencia y que, cada vez más, adquiere forma de oligopolio.

PLÁSTICO Y GOLF

En el litoral urbano conviven dos fenómenos particulares que muestran bien la segregación y la desigualdad: las comunidades cerradas de la Costa del Sol y el mar de plástico que conecta Murcia con Almería y se extiende por Granada. Es un modelo económico y social concretado en elementos físicos. Los invernaderos son una buena imagen del conjunto porque son una construcción sencilla y precaria que facilita un modelo económico sencillo y precario basado en la necesidad constante de mano de obra en condiciones cercanas a la servidumbre. Como sostiene la arquitecta Eva Luque, el plástico genera el espacio. La propia ciudad de Almería tiene un aspecto similar a Berlín, con el río Andarax como muro.

Hay grupos que se establecen en las zonas urbanas, como La Cañada, pero también se crean asentamientos de infraviviendas, las *bidonvilles*, porque el lugar se convierte en una zona de paso hacia el norte. Philip Alston, relator de la ONU, señaló en febrero de 2020 que esos asentamientos cercanos a las explotaciones agrícolas estaban en peores condiciones que los campos de refugiados. Es un modelo de agricultura similar al californiano, con una fuerte desigualdad, cuya producción circula a las fábricas de envasado y a las plataformas logísticas situadas a lo largo del corredor mediterráneo. La población migrante se reparte también en una periferia difusa: cortijos, almacenes o cualquier otro tipo de espacio. Es algo habitual en el sector y ni siquiera los numerosos brotes de la covid-19 relacionados con las campañas agrícolas en 2020 provocaron iniciativas para mejorar la acogida de estos trabajadores. Como hace dos siglos, la precariedad de la vivienda es la manifestación más concreta del modelo económico.

Se produce incluso una segregación interna, ya que la población africana tiene más dificultades de integración que la americana o la procedente de Europa del Este, que sí puede acceder a otro tipo de empleos relacionados con los servicios o el turismo, ya que la costa sigue dedicándose a ese sector. En ocasiones, como sucede en El Ejido, el mar de plástico contrasta con el verde del campo de golf. Son comunidades dedicadas al turismo europeo que llega a través del aeropuerto de Almería y que ofrecen todo tipo de servicios, creando un mercado laboral accesible para la población local.

Pese a la evidencia de que ese modelo económico necesita una fuerte aportación de mano de obra, la presencia de las personas migrantes provoca problemas de aceptación por parte de los residentes habituales. Esto hace que haya zonas que cambien de habitantes, como el barrio de El Puche, y que, en general, se produzca una fuerte segregación y homogeneidad. La desconexión y la desigualdad suelen conllevar un aumento del interés por la seguridad. Toda la zona es un feudo de la ultraderecha. Además de las cuestiones anteriores, cabe añadir otro factor. Para el empleador de la mano de obra irregular, es interesante que estas personas carezcan de derechos y sientan las instituciones como ajenas, ya que la situación contraria podría equilibrar la negociación de las condiciones laborales. Este análisis puede servir para entender los cinturones verdes de otras zonas agrícolas, como Murcia, Zaragoza, Málaga o Madrid. Quizá sería interesante olvidar los conceptos con cierta carga moral e individual, y recuperar el análisis económico. Es decir, cambiar exclusión por explotación.

Siguiendo la autovía del Mediterráneo, las islas de plástico se extienden por la provincia de Almería y Granada, alternando con los usos residenciales, hasta llegar a Motril, que marca la zona en la que el turismo vuelve a ser la principal industria.

La Costa del Sol sigue el modelo de ciudad difusa de Los Ángeles y su enorme diversidad y desigualdad. Málaga es el centro de una gran ciudad costera de más de cien kilómetros que combina diversos modelos de explotación turística y un cierto despegue económico a través de polígonos industriales, zonas logísticas y, últimamente, el Parque Tecnológico de Andalucía o la iniciativa Málaga Valley. La ciudad se ha convertido en la capital económica de Andalucía, superando a Sevilla, gracias al modelo BizSun, el aprovechamiento extensivo gracias a las largas estancias, la oferta cultural y el turismo de congresos o eventos, como el festival de cine o el 5G Fórum. Google ha escogido la ciudad para crear un centro mundial de ciberseguridad.

Pese al crecimiento, Málaga sigue el modelo dónut de la mayoría de ciudades maduras y, pese a no dejar de urbanizar, pierde población fija. Hay ciertos barrios en los que la vivienda cambia de uso y se dedica a la explotación turística o al alquiler estacional para la población flotante que se instala en la ciudad y que reclama otros servicios. La sanidad privada en la zona ha experimentado un fuerte crecimiento y su oferta de camas hospitalarias casi alcanza a la pública. Es un área que busca entrar en esa liga de ciudades globales y que sufrió mucho durante 2020 al reducirse el tránsito de personas.

El Valle del Guadalhorce es uno de los lugares de mayor crecimiento y donde surgió un cinturón naranja en las elecciones de abril. La zona, tradicionalmente dedicada a la agricultura y la alfarería, está siendo poco a poco ocupada por urbanizaciones dispersas que dependen de la disponibilidad de suelo y del acceso a las comunicaciones. En los enclaves más compactos, como Alhaurín de la Torre y Alhaurín el Grande, también predomina la vivienda unifamiliar, cuyo monocultivo probablemente sustituirá a la huerta en el valle. Las casas necesitarán más carreteras y las carreteras permitirán que las casas estén más lejos, un modelo insostenible para el medioambiente y los ayuntamientos, pero cada vez más atractivo. En las elecciones de noviembre de 2019, el cinturón naranja malagueño desapareció. Las zonas concentradas tendieron al bipartidismo, mientras que las urbanizaciones del resto del valle optaron por la ultraderecha.

La principal industria de la Costa del Sol es el turismo. Primero asumió el modelo desarrollista de Benidorm, con zonas de crecimiento compacto y en vertical —Torremolinos o Benalmádena, por ejemplo—, para pasar después a un modelo privatista, basado en comunidades replegadas cuyo nivel de segregación y seguridad depende de la capacidad económica de los habitantes. Algunas de estas urbanizaciones se acercan al modelo de Estado dentro del Estado.

Las ciudades costeras repiten el modelo social y urbanístico de la Costa Brava o Dorada, y algunas de ellas, como Marbella, suelen aparecer en las listas de desigualdad social. Las zonas con menos desequilibrio son precisamente ciertos enclaves segregadores, como el Valle del Guadalhorce. Homogeneidad por arriba.

En la costa, la zona más cercana al mar está ocupada por la industria turística; después, las ciudades tienen una zona interior, que es donde viven los trabajadores del sector, ya sea de forma habitual o estacional. Rodeando ambas zonas, se extienden las urbanizaciones dispersas con diverso nivel de segregación y, para completar el paisaje, centros comerciales, parques temáticos, campos de golf y centros de salud, que también necesitan de una masa laboral precaria.

El modelo europeo de ciudad y la importancia del Estado del bienestar no evitan que la desigualdad social y urbanística se cronifique, pero sí consiguen que no adquiera los niveles estadounidenses. De momento, claro. La cercanía al mar ya no es una señal de distinción, sino el aislamiento, la capacidad de segregarse en una zona de población homogénea, donde no hay que estar cerca de los servicios, ya que la logística permite disponer de ellos discrecionalmente. El caso de Málaga nos invita a pensar sobre la insostenibilidad medioambiental del modelo, la depredación del territorio o el uso intensivo del agua, algo que vale también para el resto de la costa urbana. Sin llegar a escenarios distópicos, cabe pensar qué puede suceder en momentos de escasez de agua o con fenómenos meteorológicos extremos que provoquen conflictos entre grupos sociales o una desarticulación de la industria turística, como la que ha tenido lugar en 2020. El Mar Menor es un aviso que, probablemente, nadie tendrá en cuenta.

LA BANDERA EN EL JARDÍN

En las elecciones de noviembre de 2019, el cinturón naranja desapareció. Creo que la explicación es sencilla: el partido dejó de ser útil. No me refiero a oscuros intereses, sino útil a sus propios electores e, incluso, a sí mismo. Ciudadanos tenía varias funciones: evitar la influencia de los partidos nacionalistas, captar el voto descontento moderado para que no fuera a otras opciones, promover una cierta regeneración y facilitar la estabilidad. Durante el verano de 2019, no hizo nada de eso y se dio un tortazo en noviembre al quedar en un sándwich entre la derecha conservadora y la ultra, que formó otro cinturón en Madrid, Zaragoza o Murcia.

Surgieron varias explicaciones sobre la irrupción de la extrema derecha, dos de ellas con cierta intensidad. La primera hablaba de los perdedores de la globalización y recogía un concepto del profesor Andrés Rodríguez-Pose: lugares que no importan. Es algo que acabamos de ver. El proceso socioeconómico forma una red de ciudades globales que atraen inversiones y personas formadas, mientras que hay territorios que quedan marginados por esta concentración. «Lugares que en el pasado fueron prósperos, pero que ahora han perdido el secreto para crear oportunidades de empleo. Lugares de los que nadie ha hablado durante décadas, a los que nadie ha vuelto. Lugares de los que se han ido los jóvenes y se han quedado los mayores y los que no tienen la formación necesaria para marcharse», decía un artículo del periodista Ramon Aymerich sobre el concepto, previo a las elecciones.

La otra explicación podríamos llamarla *American Beauty*: la clase media aspiracional se fue buscando el sueño de un chalet con piscina a los nuevos desarrollos y ahora se encuentra con unas expectativas frustradas. Su enclave, en muchas ocasiones creado durante el boom, no se ha convertido en una ciudad ni se ha revalorizado y, si trabajaban en algo relacionado con la construcción o la industria, sus expectativas laborales son complicadas. Se pasan horas en el coche en los trayectos al trabajo y, aislados de todo, tienen la crisis de la mediana edad de Lester Burnham, o accesos de ira como Jack Torrance, que el populismo de derechas convierte en votos. Es interesante la aparente contradicción, ya que un lugar no puede ser nuevo y al mismo tiempo añorar una prosperidad perdida.

En general, no se puede establecer un criterio único, pero la idea de que hablamos de lugares degradados donde la clase media se ha dado un tortazo queda cuestionada al fijarse en el cinturón verde de Zaragoza, naranja en las elecciones de abril. Concretamente, en tres ciudades situadas en el corredor mudéjar: Cuarte de Huerva, Cadrete y María de Huerva. La primera encabeza la clasificación de renta de la provincia y tiene una media de edad en torno a los treinta y tres años, con una pirámide poblacional muy concreta: picos en torno a los cuarenta y menores de diez años. Es decir, familiarismo. Cadrete es el cuarto municipio en renta y María de Huerva, el sexto. El segundo es Villanueva de Gállego, situado en la zona norte del corredor mudéjar y que también votó a la ultraderecha en noviembre. No parece gente con expectativas frustradas. Tampoco son lugares olvidados de la mano de Dios que añoran los buenos tiempos, donde la producción era sólida y los sindicatos, fuertes. Más que nada, porque no existían. Más del doble de la superficie construida de Cuarte pertenece al período 2000-2009 y el resto tiene cifras similares. Son pueblos que han crecido con jóvenes de Zaragoza, o del resto de Aragón, que pensaron que ese era un buen lugar para criar a sus hijos. Esta explosión demográfica hace que sean zonas sin tradición asociativa o política previa.

Sucede lo mismo en Arroyomolinos, una ciudad madrileña desarrollada en buena parte por la empresa pública Arpegio y que siempre aparece en las clasificaciones de natalidad. Desde arriba, es un inmenso mar de chalets con jardín y piscina, parecido al plano inicial de *American Beauty*. En comparación con las ciudades dormitorio de la N-V, no son personas que hayan visto cómo su poder adquisitivo menguaba. «Es en las zonas humildes donde el voto de la desesperación se ha volcado en la ultraderecha», decía un miembro del PSOE. Arroyomolinos no parece ajustarse a ese patrón. De hecho, los socialistas ganan en una zona del centro urbano caracterizada por una mayor densidad, más presencia de población extranjera y, sobre todo, menos renta. Concretamente, esa zona está en el 10 % más pobre a nivel nacional, mientras que el resto del pueblo está en el 15 % más rico. Si bajamos hasta Málaga, las islas verdes que hay en el cinturón que va de Nerja a Estepona, como las urbanizaciones unifamiliares de Alhaurín el Grande o Alhaurín de la Torre, contradicen esa idea de la desesperación de los humildes.

Quizá los análisis que se hacen en Francia o Reino Unido no sirven en España porque son países que provienen de una tradición económica y política diferente. La dictadura acabó con el pensamiento conservador, liberal o tradicionalista, por expulsión o asimilación, juntándolo todo en una amalgama particular que trata de resucitar. Es decir, se quiere transformar el franquismo (desarrollismo económico, segregación social o localismo cultural) en un proyecto populista del siglo XXI. La actual ultraderecha, como el primer Frente Nacional, es un partido de gente bien que, por distinción y estrategia electoral, quiere llamarse «el pueblo» y cuyo mensaje directo encaja bien en un momento de tensión, como ocurrió en las elecciones de noviembre de 2019, un momento en el que el resto de las opciones mostraron agotamiento. No es que el país diera un giro, sino que algunos tenían más ganas de votar que otros o estaban menos cansados.

En noviembre, la ultraderecha también ganó en Parque Coimbra, una isla urbana de 11.000 habitantes llena de piscinas perteneciente al municipio madrileño de Móstoles, cuya renta media se sitúa en la parte alta: 37.000 y 46.000, casi el doble que la de la zona urbana tradicional. También es interesante fijarse en Arganda del Rey. Los Villares, un nuevo desarrollo con una renta media parecida a Parque Coimbra, pasó de naranja a verde, lo mismo que Perlita o la zona de chalets de El Mirador-Grillero. Si miramos la evolución de otras partes del cinturón naranja, como los desarrollos tipo ensanche, quizá se deba añadir un factor: las zonas que se convierten en barrios suelen ser conservadoras, mientras que los chalets son más identitarios. No solo está la cuestión de mi jardín y mi bandera, sino un cierto sentimiento de agravio entre la contribución y la inversión. Son lugares donde hay una fuerte recaudación por impuestos particulares —renta, IBI o vehículos— muy por encima de la oferta de servicios y equipamientos.

La parte norte del cinturón verde madrileño también está por encima de la renta, y tenemos un modelo similar: pueblos pequeños con un sector primario importante que crecieron proporcionalmente mucho en el boom con urbanizaciones unifamiliares. También sucede en la zona sur, donde las localidades comparten un alto índice Ned Merrill, el número de piscinas por cada 100 habitantes: Batres (38,95), Ugena (22,99), Serranillos del Valle (21,32), El Álamo (19,80), Griñón (14,00) o Arroyomolinos (6,68). Este último dato está cerca de las localidades con más renta a nivel estatal: Pozuelo de Alarcón (7,38), Boadilla del Monte (6,84) o Majadahonda (2,37).

También cabe añadir dos cuestiones que ya hemos visto: los efectos frontera y riqueza. Es decir, cómo afecta a la visión del mundo de una persona llegar a un lugar en el que apenas hay servicios y donde, por tanto, hay que buscar soluciones individuales. El segundo está vinculado al precio del sector inmobiliario. La oleada del cambio de siglo no dejó ni un hueco y, gracias a las cajas de ahorros, afectó a casi todo el territorio estatal, mientras que la que arrancó en la recuperación de la crisis, liderada por los fondos, está centrada en grandes ciudades. Hay zonas que se quedan fuera. El precio de la casa bajó y no ha vuelto a subir, mientras que el de la hipoteca se mantiene.

Es decir, no hablamos de lugares que han perdido una vieja prosperidad y donde la globalización ha dejado gente empobrecida y cabreada, sino de sitios que se han quedado fuera de la nueva fiesta. Además, en el caso del norte de Madrid, las inversiones se dirigen al cercano corredor del Henares gracias a las plataformas logísticas, que incluso entran en Guadalajara. La zona alcarreña cercana a la Comunidad de Madrid concentra la mayoría del empleo de la provincia gracias al suelo barato y a las diversas ayudas públicas, ya que la provincia pertenece a una comunidad autónoma Objetivo 1 de la Unión Europea.

Es algo que también podríamos decir de la zona sur. La mayoría de estos pueblos crecieron mucho en el boom del modelo de urbanización con piscina y se han quedado fuera de la segunda oleada ladrillista, pero no podemos hablar de tortazo ni de expectativas laborales frustradas. La corona que va de Arroyomolinos a Valdemoro tiene una de las rentas medias más altas de España. Como en el caso del corredor mudéjar zaragozano, son zonas en las que hay un descenso en la pirámide de población en torno a los 20-30 años y un descenso progresivo en matrimonios y natalidad. Son familias consolidadas. Esta cuestión no debería pasar tan desapercibida. Hay una nueva generación que se está criando con un determinado ecosistema político alimentado por el móvil. Quizá el cambio generacional en el que tanta gente tenía confianza en la segunda década del siglo no sea del signo que pensaban.

También hay dos detalles interesantes. Por un lado, son pueblos que demandaron mano de obra durante el boom de la construcción y, pese al final de este, la población se arraigó en el territorio. Los migrantes se instalaron en la zona consolidada, el pueblo viejo, provocando en ocasiones pequeños cambios en las costumbres que pueden influir en el voto. Es decir, no existe un problema, pero debemos pensar en la mezcla del cambio en la fisonomía local —nuevas personas y nuevos negocios— con los mensajes alarmistas de los medios: inseguridad, agravios en las ayudas y ocupaciones. Por otro, son zonas vinculadas a ciertas tradiciones, como la caza o los toros, captadas por un determinado sentimiento nacional.

En Valencia, el cruce del número de piscinas y el período de urbanización suele dar pistas sobre las posibilidades de victoria de la ultraderecha: Náquera (46,24 piscinas por 100 habitantes / 43 % urbanizado en el siglo XXI), Chiva (26,11 / 27 %), Llíria (24,03 / 22 %), Bétera (13,85 / 32 %) o San Antonio de Benagéber (13,77 / 58 %). Sus mejores resultados se dan en las zonas menos densas y con una pirámide de población familiarista: parejas en torno a los cuarenta años y con hijos de menos de diez. No es matemático y, más que en las próximas elecciones, es una invitación a pensar a largo plazo.

La conclusión es que es complicado establecer un único factor y no hay que dejarse llevar por los prejuicios. De hecho, es raro que la gente vinculada al PSOE no sepa que el sur de Madrid DF votó por ellos en abril de 2019 y que su partido gobierna en varios ayuntamientos de la zona. Quizá la gente que tenía que formar la mayoría cautelosa se cansó de ser puesta a prueba y no quiso ir al colegio electoral, mientras que había personas que se votaban encima.

La clase media está amenazada por el nuevo modelo económico, pero precisamente estas personas tienen rentas más bien altas y un pequeño castillo físico, cultural y emocional en el que resistir. Son perdedores de la globalización en un sentido que el tópico de las zonas desindustrializadas suele olvidar. El proceso deja a buena parte de las élites locales sin su tradicional capacidad de influencia, una frustración que se desplaza hacia los estratos situados debajo. Como sostiene el periodista Esteban Hernández, «buena parte de las clases medias altas y de las altas han salido perdiendo en la reorganización mundial ocurrida tras la caída del Muro. No lograron insertarse en el nuevo orden financiarizado y globalizado, lo que las ha llevado a perder pie, y ahora se acogen al discurso cultural como forma de autoconservación». Frente a una nueva revolución industrial, cabe añadir. La nueva oleada se ve mejor en la ciudad concentrada o en las viejas ciudades dormitorio, donde, sin embargo, gracias a la tradición política o al viejo sistema colectivo —asociaciones de vecinos, parroquias, sindicatos o casas regionales— no cuaja la ultraderecha. Por lo menos, no esta ultraderecha. De momento.

SEGUNDA PARTE

ERES DONDE VIVES

3

CINCO HIPÓTESIS SOBRE LA DISPERSIÓN

MUDARSE A LA VEJEZ

> «Este es mi barrio, esta es mi casa, esta es mi vida».
> ALAN BALL, *American Beauty*

Una de las recomendaciones que suelo hacer en los talleres de escritura es quitar el primer y el último párrafo de los textos. En muchas ocasiones, el inicio de los relatos es una introducción que nos dice que va a comenzar el vuelo y el final intenta cerrar la historia para que nadie se olvide del equipaje. Siempre propongo comenzar en el lío y acabar dejando las cosas tiradas por el suelo.

Uno de los ejemplos de final abierto es *El nadador*, de John Cheever, el relato que está en el origen de todo esto. Tras recorrer las piscinas del condado, incluida la municipal, atestada de gente, Ned Merrill llega a las casas de sus vecinos, donde siente cansancio por primera vez. Pide algo de beber a una mujer, antigua amante, y ella le dice que se vaya. «No estoy sola», añade. Llega a su casa, donde las luces están apagadas. Ned se pregunta por su mujer, que aparece al inicio, y sus hijas, que deberían estar jugando al tenis. El lugar está abandonado, el picaporte tiene óxido y hay un desagüe que cuelga como la costilla de un paraguas. Recuerda que ya no tienen personal de servicio, pero no sabemos nada de la familia. El relato termina despiadadamente: «Gritó, golpeó la puerta, trató de forzarla con el hombro y después, mirando por las ventanas, vio que el lugar estaba vacío».

Joder, ¿qué ha pasado?, nos preguntamos. Una historia que había comenzado de una forma tan frívola, con gente tomando *gin-tonics* para la resaca, acaba así, con esa desazón. No sabemos si se divorciaron y dejaron el barrio, ya que poco antes hay varios personajes que mencionan problemas económicos y la venta de la casa, o si ocurrió algo peor. Hay un inquietante «pobres niñas». ¿Todo esto ha pasado de verdad o ha sido un delirio, una representación simbólica de su caída?, ¿es una depresión?, ¿está borracho y cada piscina es una copa? No lo sabemos porque no importa.

Una posible interpretación es subrayar la última palabra, *vacío*, y pensar que el relato muestra la apariencia hueca de la vida en los suburbios como el que se describe, donde las relaciones sociales están basadas en la hipocresía, el aspecto físico, el triunfo laboral y el dinero. La caída social, desde el cartel de «Propiedad privada» al de «En venta», desde sus amigos de la universidad, afables ricos de cuna, a la piscina municipal, donde nadie sabe quién eres y debes cumplir las normas, pasando por los arribistas o los progres que leen la prensa de Nueva York haciendo nudismo. Es fácil pensar en Lester Burnham, que comenzaba su historia, *American Beauty*, con un «en realidad, ya estoy muerto» mientras se masturbaba en la ducha. La paja de alborada, la gran enemiga del higienista Kellogg. Gracias a su preocupación, desayunamos cereales.

El habitante del suburbio es un personaje icónico, los amigos aburridos que se fueron a un chalet en Rivas, Mollet o Espartinas y que ya nunca acuden a los planes, salvo que sean de día y con tiempo. «Se muda a la vejez», decía el episodio de Pantomima Full dedicado a la vida en la urbanización, y eso es lo que parecían pensar Benjamin Braddock y Elaine Robinson en la escena final de *El graduado*, cuando se montan en el autobús tras escapar. Mike Nichols, que no les había dado ninguna indicación, siguió rodando y captó la incomodidad de no saber qué decirse.

Cuando publiqué el artículo de *La Marea*, se hicieron distintos comentarios sobre esa vida monótona y gris de los suburbios, normalmente acompañados de un concepto muy repetido: clase media aspiracional. Pero ¿qué quiere decir esto? La clase media es un centro comercial psicológico que acoge a casi todo el mundo y que, por esa amplitud, deja de tener utilidad. Un mileurista se considera de clase media y los partidos de derechas suelen apelar a ese mismo concepto cuando se suben los impuestos a las rentas altas. En un debate sobre tributación, un famoso productor televisivo explicó en las redes sociales que 100.000 euros no dan para tanto. Lo más interesante de su queja fue el hecho de que se sintiera legitimado para exponerla.

Ir a los números, entre 15.000 y 45.000 euros anuales o entre 17.500 y 42.556 euros anuales, según distintos criterios, tampoco nos arregla la cuestión porque el salario medio en España es demasiado bajo y ya no digamos el más habitual. Debería hacernos reflexionar el hecho de que el sueldo más frecuente esté tan cerca del salario mínimo e incluso de criterios como el riesgo de pobreza. Como dejó claro la primavera de 2020, hay un factor más importante: la estabilidad. Podríamos hablar de clase media como ese grupo con capacidad de gasto y ahorro por su confianza laboral, pero eso es también complejo, ya que las sucesivas reformas y el modelo económico hacen que tal cosa sea un privilegio bastante reducido. Tienen más sentido las aproximaciones de Weber o Bourdieu sobre los símbolos de estatus, que combinan la posesión y las expectativas, como la educación o la vivienda. Recordemos los procesos de segregación urbana y escolar en la Comunidad de Madrid, un ejemplo de fracaso social y éxito electoral. De todas formas, quizá el de la clase media es un concepto que ya no sirve para el modelo económico que tenemos y cabe pensar que fue una herramienta temporal que cumplió su función: separar a las personas de su trabajo y darles una identidad desligada de su capacidad de producir y, en general, de las relaciones económicas.

El concepto sí es interesante para una cuestión concreta: interpretar la dispersión como un búnker. El PAU es el refugio de los trabajadores con cierta estabilidad frente a la ciudad concentrada, donde la nueva etapa de la revolución industrial tiene lugar de forma más explícita. La ciudad dispersa ofrece tiempo para preparar a la nueva generación, que ya no podrá eludir el modelo. Por eso, además de la formación, tienen que entrenarse cada día en las diversas actividades extraescolares y en deportes que simulan la competición adulta. Como la villa romana o el monasterio, el PAU es un refugio frente a la oleada globalizadora, los nuevos bárbaros que quieren arrasar la civilización.

La dispersión española fue un fenómeno tan concentrado en el tiempo y con una oferta tan amplia y abrumadora que nos impide restringirlo a un determinado grupo social, salvo, quizá, por edad. A principios de siglo, lo más fácil era irse, ser un Pauer, porque se construía todo lo que podía construirse, y todo, desde la publicidad a la entidad bancaria que concedía la hipoteca, invitaba a irse. En cambio, el capital está concentrada generacional y físicamente: tiene más de cincuenta años y se mueve del centro para ir a la segunda residencia. De momento.

Con esta apostilla temporal, no me refiero solo a una posible explosión de la ciudad dispersa como una de las consecuencias del confinamiento de la primavera de 2020, sino a la segura desaparición de esa generación que comenzó a trabajar antes de la caída del Muro de Berlín y que ocupa el lugar con mayor disponibilidad de renta. Los llamados *boomers*, criados en la época de los convenios y a los que las empresas prejubilan aceleradamente, forman la red que permite no despeñarse a las generaciones siguientes, que han asumido el funambulismo laboral. Como vimos en 2020, hay demasiada gente en el alambre.

En este apartado, no vamos a hablar de la vida vacía de Lester Burnham, ni de las familias jodidas de *Big Little Lies* o *Euphoria* ni de la divertida gente de *Modern Family* ni de la inquietante familia de *Vivarium*. Todos Pauers, como los vecinos de Mirador de Montepinar o Berto y Sandra en la tercera temporada de *Mira lo que has hecho*. A modo de hipótesis, vamos a proponer cinco aspectos comunes de la dispersión que todos ellos comparten. Son más bien trazos, aproximaciones, un cómo se vive ahí más que quién vive ahí. Es decir, cómo el mapa físico y sus derivadas condicionan el mapa mental.

La primera idea es segregación, una palabra que suena mal, pero que es común a muchas de las propuestas de dispersión, desde los monasterios a las utopías. Las urbanizaciones del Vallès barcelonés o La Sagra toledana son islas y también existen territorios urbanos insularizados por vías de comunicación. Quizá la idea inicial no era separarse; pero el modelo urbanístico busca el terreno más receptivo y, como hemos visto, no existe una estructura institucional que evite los espacios vacíos. Obviamente, vivir en una isla es algo que condiciona, máxime, si todo el mundo se parece. El segundo punto es la homogeneidad. Esas comunidades de casas idénticas albergan a gente similar en cuanto a edad, renta disponible, ropa o aficiones, con lo que se limita el mundo al que uno tiene acceso en el día a día. El efecto de vivir sin «otros» es algo que condiciona el tercer factor: la seguridad.

Al contrario que los anteriores, este sí suele incluirse entre los factores decisivos de la dispersión y, como hemos visto, es una de sus razones históricas. La ciudad concentrada es peligrosa, hay delincuencia y enfermedades, en resumen: incertidumbre. Las islas homogéneas buscan las matemáticas porque los principales atractivos del orden y la claridad son la sensación de resguardar y la capacidad de predecir. Pero es una adicción. Los muros no crean tranquilidad, sino ansiedad. Cuanto más intenso es el deseo de orden y tranquilidad, más cosas hay que parecen ambiguas y, por tanto, potencialmente peligrosas. Nunca hay bastante dosis de muro.

Los dos últimos factores son más concretos: familiarismo y cochismo. El segundo es esa idea, presente en toda la dispersión urbana, de la movilidad como centro y su implicación ideológica. Si el flujo es lo más importante, todo debe tener esa capacidad, esa flexibilidad, esa disponibilidad. El modelo laboral del siglo XXI es el *rider*, el sujeto de rendimiento y movimiento. El primer concepto recoge otra idea común: la dispersión es un buen lugar para criar a los hijos por varias ideas que han salido antes: segregación, homogeneidad y seguridad. Los dos primeros conceptos pierden su habitual discreción cuando hablamos de la educación. Cuanto menos igualitaria, mejor.

Las cinco ideas conforman una ideología que encaja bien dentro del individualismo competitivo, donde incluso cabría otro rasgo básico, el propietarismo. No se trata de cómo la posesión de la vivienda y la deuda a largo plazo que conlleva pueden influir en una visión más conservadora, sino cómo la prevalencia del derecho a la propiedad sobre todos los demás decanta el enfrentamiento entre lo individual y lo colectivo. No hay un territorio común, sino un conjunto de decisiones individuales jerarquizadas por la capacidad económica cuya confluencia establece el marco, sin que las parcelas individuales dejen de serlo. Es decir, dado que la sociedad no existe, los individuos y los conceptos pasan a ser privados, como la libertad del propietario: mi casa, mis hijos, mi dinero. Todo contrato social es una agresión. Lo hago porque puedo; nadie debe limitarme, un discurso nada extraño en 2020. Los derechos tradicionales se convierten en obligaciones o privilegios, mientras que los deseos de los propietarios pasan a ser nuevos derechos, siempre que se ajusten a la dinámica del mercado y no cuestionen el modelo económico. En el siglo XXI, la mayoría de opciones políticas se mueven en ese terreno.

SEGREGACIÓN: LA REPÚBLICA INDEPENDIENTE DE NUESTRAS CASAS

> «Después de la Segunda Guerra Mundial, había cinco países separados por muros. Hoy son setenta».
>
> MASSIMO LIVI BACCI, demógrafo italiano

Otro de los recursos que uso en los talleres es la publicidad, ya que debe trasladar algo en muy poco tiempo. Uno de los mejores ejemplos es la campaña que Toni Segarra hizo para BMW, que culminaba con un lema que la marca sigue usando: «¿Te gusta conducir?». En uno de los anuncios, se ve un coche salir de la ciudad con todos sus integrantes dormidos, salvo el conductor. La voz en *off* dice: «Nadie que le lea el mapa, nadie que busque la emisora, nadie que le acerque la botella de agua si tiene sed, nadie que le dé conversación, nadie que le estropee este momento». Hay pocos resúmenes mejores sobre la unión de individualismo y automóvil, pero esa será la quinta hipótesis y estamos en la primera. En el siguiente anuncio, se ve una mano en una ventanilla con diversos paisajes de fondo e invito a la clase a pensar cuántos conceptos abstractos están en esa imagen de la mano: seguridad, fiabilidad, disfrute, etc. El arte es convertir en visible lo invisible para que otra persona lo vuelva a hacer invisible a través de la lectura.

Segarra también fue el autor de otra campaña que sí es pertinente: «Bienvenido a la república independiente de tu casa». La hizo para Ikea, un nombre que también será oportuno para hablar de la homogeneidad. En los anuncios, se ironizaba con símbolos como los himnos o las banderas, algo que nunca está de más porque hay demasiada gente que se los toma en serio. También se formulaban nuevas leyes al estilo Gianni Rodari y se bromeaba con frases familiares del tipo «eso no se toca», «baja de ahí», etc. Vamos a la parte chunga. En un vídeo sobre la génesis de la campaña, una persona de la empresa señalaba que, tras un estudio sobre la importancia social de la vivienda en España, decidieron que la base ideológica tenía que ser la reconquista de la casa como refugio; la libertad del hogar frente a la dictadura de la calle, sentenciaba al sentarse en un sofá. Pura escuela de Chicago.

Es el propietarismo del que acabamos de hablar. Cualquier consenso se asimila a una exigencia y todo lo que sea liberarse de lo compartido es una manifestación de la voluntad individual, es decir, el nuevo significado de libertad como ruptura de los vínculos. Ese deseo debe competir con el resto de voluntades en un mercado desregulado. Todo lo común es negativo porque es una imposición, ya sea la ciencia, la calefacción central de los edificios u, obvio, los impuestos. Ebenezer Howard, creador del concepto de la ciudad jardín, habría firmado lo de la república independiente. Como veremos, es complicado separar la historia de la dispersión urbana de la segregación. Los utopistas sueñan con marcharse para fundar islas, o las crean como el fundador de Utopía, y los urbanistas las diseñan sobre un plano.

Habitualmente, cuando se enumeran los problemas de la desconcentración urbana suele hablarse del coste ecológico y social. Dentro de este último, se menciona la desconexión entre grupos sociales o la creación de bolsas de marginalidad. Pues bien, es interesante pensar que eso no es un mal funcionamiento, sino el objetivo. El coste ecológico es una señal de distinción de ese propietario y lo que se busca es precisamente eso: separar la república independiente de nuestras casas del resto de la ciudad. Para lograrlo, se usan recursos de segregación y exclusión. Los más obvios son los de las comunidades cerradas, presentes ya en las utopías: los muros, las cláusulas de entrada, la necesidad de pagar una cuota de admisión o ser admitido por el resto de vecinos.

Hay muchas maneras de colocar un muro. Por ejemplo, poner tierra de por medio y situar el nuevo desarrollo urbanístico fuera de la ciudad: una isla. Otros mecanismos de frontera son las infraestructuras, avenidas, carreteras o vías de ferrocarril, e incluso ciertos equipamientos como los parques. Un espacio verde demasiado amplio no es un sitio de paso, sino un lugar al que acudir para hacer algo. Un muro verde sigue siendo un muro. Cuando ni siquiera hay un parque, sino que se ha dejado el terreno sin darle una solución o, aún peor, cuando hay un proyecto sin terminar, el espacio se vuelve más hostil. Un descampado puede funcionar mejor como recurso de desistimiento que un letrero que prohíba el paso.

Hay otros, asimismo obvios, como el precio de las viviendas o los costes de mantenimiento —gas, electricidad, jardín o piscina—, y hay otros más sutiles, como la movilidad o los servicios. Dejar sin conexión un barrio o una zona excluye a todos los grupos que no disponen de esa movilidad; es decir, las parejas necesitan dos coches, la capacidad de mantenerlos y al menos uno de los miembros debe tener una cierta flexibilidad de horarios para la intendencia doméstica. En ocasiones, cuando se zonifica y se reserva terreno para el gran consumo, un centro comercial o un hipermercado, se desincentiva el comercio de proximidad y, por tanto, también se excluye a los que carecen de movilidad. Incluso, como han hecho ciertos desarrollos de alto nivel en el centro de Madrid, se excluye la posibilidad de instalar negocios. Son máquinas de habitar, como proponía Le Corbusier.

La carencia de otro tipo de servicios o equipamientos, como centros de salud, colegios públicos o guarderías, también puede actuar como recurso de exclusión, ya que deja fuera a todas las personas que necesitan atención sanitaria periódica o no pueden hacer frente a la oferta educativa privada. También, como sucede en la Comunidad de Madrid, es una forma de arrastrar a los nuevos habitantes a un tipo determinado de servicio.

Es importante no ser ingenuos. La ciudad mestiza y diversa solo ha existido en las diversas narraciones —literatura, cine o televisión y, por supuesto, la menos elaborada, la nostalgia—. Como recuerda el arquitecto Bernardo Secchi: «Toda la historia de la ciudad occidental, quizá de cualquier ciudad, podría escribirse haciendo referencia a los sistemas de compatibilidad e incompatibilidad recíprocos entre personas, grupos sociales y actividades que la han caracterizado en los diversos periodos». Es decir, siempre ha habido ciertos niveles de segregación que, como veremos, unen cuestiones sociales, morales, económicas y pseudocientíficas. «Como las enfermedades, la lepra, la peste o la viruela, el miedo al pobre, al extranjero, al nómada, a menudo han originado demanda de políticas específicas de exclusión, de control, de alejamiento o internamiento, que han llevado también la mayoría de las veces a la obsesiva búsqueda y estigmatización de determinados grupos sociales», dice Secchi. Es algo que quedó claro en el otoño de 2020.

La clave es la extensión y profundización de la misma, así como la desaparición de los espacios comunes, desde los paseos a los espectáculos, ya que la oferta puede concentrarse en un mismo lugar porque ya no es necesario existir de verdad para dejarse ver. La dispersión urbana cumple de una manera invisible e higiénica la idea sureña de «iguales, pero separados». La referencia no es exagerada. La vinculación de la cuestión racial con la dispersión urbana es algo que incluso tiene nombre en Estados Unidos: fuga blanca. Hubo una primera oleada en los años veinte y, en los sesenta del siglo pasado, cuando las sentencias sobre integración escolar comenzaron a ser efectivas, la dispersión hacia zonas suburbiales más homogéneas comenzó a ser una opción masiva. En la actualidad, buena parte de las ciudades estadounidenses están rodeadas por un cinturón blanco. Cuando ya no puedes sostener una política de segregación oficial, puede ser interesante segregarte tú y, de nuevo, es importante suspender por un momento el juicio y pensar que esas decisiones individuales se producen en una sociedad desigual y competitiva donde cada ventaja cuenta.

La importancia del urbanismo en la segregación es algo que suele aparecer cuando hay problemas. Por ejemplo, mayo de 2020. La llama comenzó en Minneapolis, donde George Floyd murió por un abuso policial. La ciudad y su gemela, Saint Paul, tienen una distribución racial que encaja bien en el concepto de fuga blanca, con un primer anillo de suburbios, comunicados y segregados por las infraestructuras, con nombres sugerentes como Golden Valley. Varios de ellos tienen el apellido altura (*heights*), como Mendota Heights, Columbia Heights o Falcon Heights. Los disturbios se centraron en la calle Lake, en el centro de la ciudad, donde viven las personas racializadas, un concepto pertinente, ya que se refiere a las personas cuyo aspecto físico es importante en su vida cotidiana. El conflicto se extendió por otras ciudades, casi siempre en el centro urbano, un espacio que tiene distinta importancia en las ciudades estadounidenses y las europeas por la desconexión que provoca la segregación urbana. El centro de Houston puede acoger un conflicto durante días sin que la vida cotidiana de las personas que viven en los suburbios y trabajan en los corredores se vea alterada. En Europa, algo así no solo afecta a la vida urbana, sino que es un desafío al poder concentrado que, de momento, está vinculado a la ciudad. Allí, el presidente Trump escenificó un enfrentamiento entre los dos modelos urbanos y trató de ganarse a los suburbios prometiendo que defendería su modo de vida. El mensaje parecía claro: los manifestantes podrán derribar estatuas, pero no tocarán los planes de urbanismo, el modelo sanitario o las leyes de educación. En resumen: ley y orden. No funcionó, pero casi.

Esto nos lleva a otro factor clave: la desconexión social de las personas que deben afrontar los problemas. *Copland* comienza con un policía de Nueva York volviendo por la noche a un suburbio en el que viven muchos de sus compañeros. En un incidente de tráfico, mata a dos personas, un suceso que queda bajo la jurisdicción del *sheriff* local. Los policías vecinos del acusado tratan de interferir en el caso y, finalmente, tiene que intervenir Asuntos Internos. Cuando James Mangold, director y guionista, presentó la película a los productores, tuvo que convencerlos de que era verosímil la existencia de un suburbio de policías, ya que la legislación de Nueva York, como la de otras ciudades, requiere que los agentes vivan en el municipio. Era algo que él conocía porque había crecido en un lugar así.

Los agentes tienen domicilios en la ciudad —casas de familiares o apartamentos comunes—, mientras que la casa principal se considera de vacaciones.

En mayo de 2020 Mangold explicó esta historia e hizo varias reflexiones: «Cuando los policías no viven en el lugar que patrullan, no están protegiendo a su comunidad. [...] Los policías itinerantes son soldados de 9 a 5 en una tierra que no es suya. [...] Esos policías itinerantes no tienen verdadero interés en solucionar los problemas, sino en contenerlos para que no lleguen a sus comunidades». Es decir, un Estado dentro del Estado o un país con varios países dentro. Es algo que sucede en América Latina, donde no solo hay suburbios segregados o comunidades cerradas clásicas fuera de la ciudad, sino insertos dentro del tejido urbano. Es decir, imaginemos que varias manzanas deciden colocar una valla, contratar a vigilantes de seguridad y establecer una reglamentación propia.

Todo queda más claro con un ejemplo. En 1991, se inauguró en la ciudad argentina de Córdoba el primer *country* o barrio privado. Las Delicias presumía de campo de golf, club hípico y grandes avenidas con casoplones. El modelo de urbanización residencial especial establecía que el proyecto debía estar fuera del casco urbano y tener un mínimo de metros para los terrenos. Y lo más interesante: a cambio de la cesión del espacio público a los propietarios y permitir el control de accesos, se delegaba la prestación de servicios, como la limpieza, la seguridad, el asfaltado, el mantenimiento de los parques o las infraestructuras de luz o agua. Incluso la administración del *country* podía llegar a acuerdos para la instalación de negocios, oferta de ocio y otros servicios: centros de salud, residencias de ancianos o colegios. Es decir, una declaración de independencia. No hay que salir de ahí para nada. Para una institución municipal, puede ser un modelo muy tentador: ingresos sin apenas gastos. La república independiente de nuestras casas paga impuestos a la municipalidad, pero no precisa nada. Puedo vivir sin ti.

La aparente prosperidad que vivió Argentina durante los años noventa aumentó la demanda de ese modelo con pequeños matices para hacer más accesible el producto: más alejados de la ciudad, sin tantos equipamientos, etc. Como en España, la fiebre de la desregulación facilitó las cosas y las condiciones se flexibilizaron. La clave llegó con la crisis de 2001 y un período de mayor inseguridad local, con disturbios y saqueos, tras una huelga policial en el 2003. Los enclaves fuera de la ciudad comenzaron a crecer alrededor de las vías de comunicación y la ciudad concentrada añadió dos modelos. El primero es el condominio en altura, la realización de la ciudad radiante de Le Corbusier o el rascacielos de Ballard. Se trata de un terreno cerrado y vigilado en el que se construyen grandes edificios rodeados de zonas verdes y una oferta tipo centro comercial: tiendas, profesionales, ocio y gimnasio. Tampoco hace falta salir, de garaje a garaje. La Ciudad Gama, por ejemplo, son diecisiete torres de veinticinco pisos cada una: una pequeña aldea de 5.000 personas. Como en el caso del *country*, el condominio en altura tiene un administrador, un pequeño alcalde-gestor que centraliza la oferta de servicios y establece unas mínimas normas de convivencia.

El barrio cerrado urbano es la popularización del modelo y es la forma en que opera la política de distinción sobre las clases medias, populares o como queramos llamar a la gente que vive de su trabajo: una parte es absorbida dentro de una simulación del modelo de la élite y otra, la que no puede o no quiere moverse, también es gradualmente segregada porque la ciudad se fragmenta y lo público pasa a ser gestor y asistencial: atender a los vulnerables. El espacio común pasa a ser una opción más, un estilo de vida, una cuestión de voluntad, algo que podemos ver en las campañas de defensa de los servicios públicos.

Vamos al barrio cerrado. En una zona dentro de la ciudad, un grupo de vecinos es elegido como administradores comunitarios. Se autodeterminan. Independientemente del sistema de elección, el sistema se conoce como loteo y permite a esos vecinos establecer sistemas de segregación, como vallas o controles de acceso, a cambio de la delegación en la prestación de servicios. La seguridad es el anzuelo. Como es fácil pensar, los administradores pueden ejercer un enorme control sobre la población del barrio, en especial cuando pasan a ser prestadores de servicios y recaudadores. Cabe pensar en Don Fanucci, el personaje de la segunda parte de *El Padrino*, que solicita el *pizzo* y coloca a sus conocidos. Donde no hay Estado, hay mafia. La frase es de Misha Glenny.

El panorama de Córdoba se completa con otros enclaves periurbanos o rururbanos, como los ecobarrios, comunidades semicerradas con criterios de sostenibilidad, desde la construcción a la producción de energía o el consumo. También hay villas miseria y barrios-ciudad, construcciones para los damnificados por las inundaciones del año 2000 que se quedaron a medio hacer. Por último, aunque parezca sorprendente, también hay zonas tradicionales, que ya son un modelo más. El concepto archipiélago urbano del arquitecto Stavros Stavrides puede servir, pero quizá es más interesante el de bantustán del antropólogo José Mansilla. Eran los territorios que funcionaban como reservas en Sudáfrica durante la época del *apartheid*. Poco a poco se establecen territorios para los diversos grupos sociales que, al decaer otras instituciones comunes, como los medios de comunicación o la industria cultural, carecen de puntos de encuentro.

En España, la segregación urbana está en un nivel más bajo, aunque podríamos recordar los casos de Madrid o Almería. La comunidad cerrada, cuya base legal es la entidad urbanística de conservación, no ha tenido este desarrollo y la aglomeración de Sevilla es donde este modelo ha adquirido más presencia. En ocasiones, no es necesario el cierre del espacio porque la dispersión o las infraestructuras actúan de barrera. Las comunidades replegadas con vigilancia propia y una oferta cercana comercial o de ocio, separadas por una carretera o un terreno sin edificar, sí son habituales. Sin embargo, conviene mirar el proceso sin superioridad moral. Esto no ha ocurrido aquí porque tampoco hemos tenido el contexto.

En general, es interesante dejar de analizar la dispersión urbana solo bajo el prisma mercadista de la acumulación de decisiones individuales. Todo tiene un contexto, que suele ser la liberalización del suelo y el abandono de la prestación de servicios por parte de las instituciones. La base ideológica de todo el proceso es que la vivienda pase del espectro de los derechos al de los productos, de la ley al mercado. La privatización del espacio y la sustitución de las instituciones por un administrador hace que el pacto social pase a ser una relación entre empresa y cliente, algo que ya ha sucedido en los servicios públicos. Cabe recordar cómo ha cambiado la semántica de los trenes u hospitales.

Como en tantas ocasiones, no hay mano invisible ni mano negra. El pensamiento hegemónico se disfraza de sentido común. La segregación urbana no es un proceso espontáneo nacido de la demanda social, pero tampoco cabe pensar en un proceso totalmente dirigido. Sí existe una promoción del modelo a través de la aceptación completa del planeamiento privado y el abandono de los servicios públicos. Si se cuida la autovía, nadie querrá ir por la autopista, frase que sirve igual para la educación o la sanidad. Las instituciones entran en un proceso de debilitamiento hasta llegar a la mera gestión. Más adelante veremos el modelo de ayuntamiento no partidario de las comunidades cerradas o planeadas estadounidenses. Nada más ideológico que la mera gestión.

El arquitecto Bernardo Secchi es contundente: la comunidad cerrada es la negación de la ciudad y, por tanto, de lo común. Es una representación urbana del mercadismo, basado en la competición y la exclusión de los que se quedan fuera: yo estoy aquí porque he podido y ellos están fuera porque no lo han logrado. El modelo genera islas homogéneas y autosuficientes que provocan la ilusión de totalidad y el desconocimiento de otras realidades. Conviene no caer en la idea de que el contacto crea empatía de forma milagrosa. Nunca ha sido así. Sin embargo, la porosidad, ya sea en los parques, los cafés o los estadios de fútbol, provoca una mayor comunicación que la extensión de las burbujas como forma de vida. Si todo el mundo solo tiene contacto con sus iguales, lo común se vacía de contenido y, como sostiene el biólogo y psicólogo Salvador Rueda, se pierde la regulación del comportamiento por conocimiento y afectividad; es decir, el civismo, el urbanismo o la moral. Quizá por eso necesitamos regularlo todo y trasladar al código penal lo que antes eran simples normas de buena educación.

La isla urbana no está obligada a insertarse, integrarse y alojarse en el contexto local, natural o cultural. Alejarse de la pobreza también es hacerlo de la desigualdad y de su derivada política, la injusticia, porque los fenómenos sociales existen dentro de un contexto. Alguien no es pobre por tener unos determinados recursos, sino por estar rodeado de otros que tienen muchos más y, sobre todo, por estar dentro de un modelo económico que promueve la acumulación. Si no es una realidad, es una estadística y el discurso de «son pobres porque no se han esforzado»

—junto con su reverso introspectivo y tenebroso: «Yo no soy pobre porque sí me he esforzado»— tiene menos problemas de aceptación.

HOMOGENEIDAD: LA CINTA DE MOEBIUS

«Little boxes on the hillside
Little boxes made of ticky-tacky
Little boxes on the hillside
Little boxes all the same»
Little boxes, MALVINA REYNOLDS

La extensión de la ciudad dispersa está vinculada al proceso democratizador de las guerras. No es el único factor, ni siquiera el más importante, pero es algo que suele olvidarse. Recuerdo un taller de novela bélica en el que alguien preguntó si las guerras tenían algo bueno. La democracia, respondí. La Revolución francesa forma el primer ejército popular, que después Napoleón usará en sus campañas. Antes había levas y siervos, así como reclutamiento religioso, pero las fuerzas más operativas acostumbraban a ser de pago. A partir del siglo XIX, la nación asume el poder movilizador y el sistema de recompensa. La salvación es la participación y la gente que contribuye al esfuerzo bélico, además de conocer otras realidades sociales, no acepta quedarse fuera de la paz. Quiere ser tenida en cuenta a través de su presencia pública y, posteriormente, en el reparto de la riqueza. Además, conviene no enfadar a miles de personas con formación militar. Mi provocación finalizaba vinculando la crisis de la democracia con el proceso de reprivatización de los ejércitos.

Nuestro hombre es William Levitt. Su familia se dedicaba a la construcción de viviendas de lujo en los suburbios de Nueva York y, quizá por esa vinculación con el sector, fue destinado a un batallón encargado de levantar barracones para los soldados. Acabada la Segunda Guerra Mundial, aprovechó la experiencia para desarrollar un modelo empresarial fordista que le permitió levantar miles de casas completamente equipadas y muy accesibles para los veteranos, que recibían créditos a bajo interés. Los programas de televisión sobre reformas nos desvelan el truco del almendruco de esas casas que se levantaban en días. No fue el único que lo hizo.

Los *levittowns*, y otros modelos similares, popularizaron el suburbio porque, como en España décadas más tarde, el suelo más barato se encontraba en las afueras, y en los pueblos más pequeños las normas sobre servicios o planeamiento urbano eran más laxas. Añadamos a la ecuación la accesibilidad de la movilidad privada, ya que las empresas cambiaron el esfuerzo bélico por el consumo, donde el vehículo privado ocupó un lugar central, beneficiado por la ley federal de ayuda a las autopistas. Las casas se vendían con un lema que hace innecesario todo este capítulo: «Se vende: una forma de vida». La república independiente de tu casa, siempre que no te fijes mucho en que es igual a las demás.

No era algo novedoso. Tras la Primera Guerra Mundial, el Reino Unido había desarrollado una política similar de ayuda a los veteranos y, en dos décadas, se construyeron un millón de casas. La mayoría, viviendas unifamiliares en ciudades satélite junto a ciudades compactas. En la época de la Gran Depresión, Rexford Tugwell, conocedor de la obra de Ebenezer Howard, había tratado de llevar a cabo un plan de ciudades satélite para familias desarraigadas por la situación económica, como los Joad de *Las uvas de la ira*. Su idea de cinturón verde también incluía una reforma de las ciudades: «Mi idea es alejarse de los polos de población, coger terreno barato, construir una comunidad entera y atraer a la gente allí. Después, volver a las ciudades, derribar todos los barrios bajos y convertirlos en parques». Solo se construyeron tres *Tugwell's communities*. En los años treinta, sí tuvo más éxito el primer intento de producción fordista de vivienda, las casas modulares, para las que bastaba tener un terreno, algo más barato y sencillo si era fuera de la ciudad, y un conocido un poco manitas. Las iniciativas conjuntas a través de asociaciones culturales, laborales o de otro tipo garantizaban que la inversión se llevaba a cabo, o que no eras el único estafado, y una cierta homogeneidad en el futuro barrio.

Llegamos al concepto. La existencia de barrios étnicos era algo tradicional en las ciudades de Estados Unidos, como en cualquier sitio receptor de emigración, ya que los sistemas de acogida suelen ser territoriales. Es decir, Edek Petrowski viaja desde Polonia a Nueva York con el contacto de algún familiar. Si no funciona, busca un paisano de Częstochowa, que le encuentra trabajo y lo acoge en su casa antes de que se instale por su cuenta. Seguramente, no muy lejos, porque en ese sitio hay tiendas polacas, restaurantes polacos y bares que celebran fiestas polacas, en una de las cuales Eddie Petro conocerá a su futura mujer, una buena chica polaca. Greenpoint, en Brooklyn, es el barrio polaco de Nueva York.

La cuestión delicada se produce cuando la segregación no es voluntaria y Eddie Petro no puede comprarse una casa en el *levittown* de Willingboro, como le sucedía a Moses Berry, ciudadano afroamericano. Abraham Levitt no vendía casas a personas no blancas y la cláusula 25 de sus contratos especificaba que tampoco se podían revender a personas no caucásicas. Era algo que enlazaba con los llamados *sundown towns*, los municipios en los que los ciudadanos no blancos tenían prohibida la entrada tras el atardecer; es decir, tras el fin de la jornada laboral. No era algo extraño fuera de las grandes ciudades e incluso hubo ayuntamientos que prohibían a los ciudadanos afroamericanos poseer viviendas en sus municipios. La cláusula 25 fue anulada por el Tribunal Supremo de Estados Unidos a finales de los años cuarenta, pero los *levittowns* continuaron siendo prácticamente homogéneos hasta los años noventa, cuando el mercado ya ofrecía otras alternativas a los herederos de los primeros compradores.

La segregación racial es la versión extrema de un proceso cuya versión suave es el modelo de persistencia de Farley: los suburbios mantienen sus características durante períodos largos de tiempo porque la población que se muda se parece a la que ya vive allí. Normalmente, por las buenas; a veces, por las malas. El verano rojo de 1919 hace referencia a una época de disturbios raciales, con especiales dosis de violencia de la población blanca hacia la negra, durante la primera Gran Migración Afroamericana. Fue dos años antes de la masacre de Tulsa, con la que comienza la serie *Watchmen*. Casi dos millones de personas se movieron desde el sur a zonas como la Costa Este, los Grandes Lagos, el Medio Oeste o California entre 1910 y 1930 a causa de varios desastres naturales que afectaron a la agricultura, las leyes de segregación y la demanda de mano de obra provocada por la Primera Guerra Mundial, que ya no podía contar con el aporte de la emigración europea. Además de los problemas más explícitos, como los ataques violentos, el movimiento provocó el desarrollo de recursos de segregación como la denegación de alquiler o de servicios, una práctica conocida como *redlining*.

La dispersión era una alternativa más limpia. Construir un enclave con casas con un precio determinado y en el que sea necesario el vehículo privado es la mejor fórmula para asegurarse de que la gente que no puede pagarlo no vendrá a vivir contigo. Si, además, todas las casas son planificadas, construidas y gestionadas por una empresa que controla quién entra en el barrio, mucho mejor. El mercado hace el trabajo. Eso fue lo que sucedió décadas después, en los años cincuenta y sesenta. La demanda de mano de obra para la industria armamentística volvió a provocar, junto con otros factores, un movimiento desde el sur hacia los mismos lugares, aunque la Costa Oeste tuvo más presencia en esta ocasión. El cálculo se sitúa en torno a cinco millones de personas. Añadamos a la situación anterior el fin oficial de la segregación y la aparición de políticas de integración, como las referentes a la vivienda o a los distritos escolares.

Sin dejar de haber *redlining* o violencia explícita, fue el momento de la dispersión, lo que se conoce como la fuga blanca: de las ciudades concentradas a los suburbios, más homogéneos. Esto provocó una dinámica complicada: si hay menos gente y con menor capacidad, hay menos recaudación, luego la ciudad ofrece menos servicios y hay más gente que se va y se establece en lugares donde conoce a alguien o encaja mejor. La huida llegó a enclaves ya no periurbanos, sino rururbanos. Es decir, lo que antes era campo. En la década de los setenta, los geógrafos Brian Berry y Calvin Beale detectaron que las principales regiones metropolitanas de Estados Unidos habían detenido su crecimiento a favor de las zonas rurales alejadas de estas, lo que Berry denominó contraurbanización. La segregación no se manifiesta abiertamente porque es una palabra desagradable. Las fronteras se dibujan a través del mercado, del aséptico plan urbanístico o de elementos tan insignificantes como la normativa vecinal, las *zoning laws*, que establecen el tamaño de las parcelas o de las viviendas. Menor densidad, más precio.

Con matices, hemos visto el fenómeno de la fuga en la ciudad argentina de Córdoba y podríamos seguirlo en más ciudades de América Latina, normalmente vinculado a medidas desreguladoras del suelo y a periodos prósperos o convulsos, reales o no. También sucedió en España, aunque la dispersión urbana fue muy generacional, algo que hemos visto en el segundo capítulo. Los Pauers se concentran en enclaves muy concretos donde apenas hay diversidad cultural o generacional: parejas de profesionales de origen español en torno a los cuarenta y cinco años con hijos alrededor de los diez. Cada zona realiza una selección por renta o movilidad, pero el modelo es el mismo. Los intentos de diversificación a través de vivienda protegida o de realojo pueden encontrarse con cierto rechazo si no se acompañan de otras medidas de inclusión. Los vecinos de un nuevo desarrollo madrileño utilizaron el cauce de participación ciudadana Decide Madrid para promover una iniciativa que evitase esos modelos de vivienda. De nuevo, es importante evitar el juicio sobre los comportamientos personales y pensar en el contexto: en un modelo de competición, cualquier factor puede dificultar el proyecto personal.

Esta similitud en la oferta también es formal. Es decir, los diseños urbanos pueden encontrarse repetidos en varios sitios distintos. No solo hablamos de las filas interminables de chalets, sino que estos pueden estar en Valladolid, Zaragoza, Barcelona y Sevilla. Los modelos, líneas rectas, calles anchas, rotondas, sin plazas, cerca de nudos de comunicaciones y de centros comerciales, también homogéneos, hacen que se difumine la particularidad del paisaje, que solía dar personalidad al territorio.

La forma urbana, dice el urbanista Francesc Muñoz, deja de representar contenido cultural o simbólico alguno para la colectividad que, supuestamente, debería sentirse identificada con el territorio que habita. Así, se articula la producción industrial del paisaje urbano, la producción industrial de vida cotidiana, la producción industrial de ideología. Para Muñoz, es un paisaje repetido y clonado, a la manera de una gigantesca cinta de Moebius, formado de islas urbanas uniformes, enlazadas por rotondas, espacios comerciales, parques empresariales y polígonos industriales. Los barrios de oficinas tienen el mismo aspecto, el mismo centro comercial al que ir a comer las mismas hamburguesas o comprar la misma ropa. También está el mismo gimnasio cerca. El carnet de socio te permite ir a ambos gimnasios, donde todo está en el mismo lugar. Nada inesperado. La casa, la oficina y el piso alquilado en Roma, Varsovia o Lisboa para el fin de semana tienen el mismo mobiliario diseñado en Suecia. Son lugares producidos como la moda o la música. Todo estandarizado e intercambiable para que sea reconocible.

Es la idea de ciudad global de la socióloga Saskia Sassen, el asentamiento urbano tiende a una red planetaria, disociándose aparentemente de los condicionamientos geográficos y políticos. Pero tiene truco: hay que pagar la entrada. Es decir, aunque existe aparentemente una cultura urbana única que comparte contenidos, referencias, gustos y modas, su disfrute pleno se adquiere por la capacidad económica. Esto puede provocar frustración y, más que rechazo, un repliegue hacia la comunidad identitaria, otra forma de homogeneidad mucho más accesible económicamente.

Como hemos visto, el modelo urbanístico selecciona a sus habitantes y los distribuye en islas donde todo es parecido, comenzando por la gente que vive en ellas. Además del modelo de persistencia, la insularización hace que las relaciones se conviertan en más predecibles. Es decir, sé que me voy a encontrar a alguien como yo al salir a la calle y, por tanto, que no me voy a encontrar a alguien distinto. Es algo que, poco a poco, cambia la concepción de «nosotros» y la de «otros».

La clave no es tanto la superficialidad de la monotonía, sino el efecto ideológico de la homogeneidad y cómo amplía lo que es heterogéneo, diverso, extraño o raro, que suele estar ligado a otros conceptos como confusión, desorden o incertidumbre. Es algo que está relacionado con la aparición del punitivismo como monocultivo político. En los años setenta, los habitantes de los suburbios estadounidenses recibían malas noticias de las ciudades: disturbios, tráfico de drogas, mafias, pandillas y, para completarlo, la creación del asesino en serie como icono pop, trasladado al cine a través del *slasher*, donde el coco se carga a los niños que duermen poco. La solución contra la delincuencia es la mano dura, modelo avalado por el resurgimiento del héroe solitario, un *cowboy* urbano que, además de a «los malos», tiene que enfrentarse a una terrible burocracia y a unas leyes laxas que dejan sin castigo los delitos, algo que solucionará el superhéroe. El endurecimiento de las penas pasa a ser un fetiche que aparece en todas las campañas electorales sin necesidad, como en el caso de las carreteras, de que haya un balance de los resultados.

Familiaridad y predictibilidad son sustancias con riesgo de adicción, sobre todo cuando se asocian a la seguridad. En especial, cuando uno tiene un pequeño refugio en el que aislarse de los problemas del mundo, un lugar donde hay certezas porque no hay apenas espacios de paso o encuentro. El propio enclave no es una zona de circulación, sino de partida o llegada. Si no hay comunidad, hay autoridad. El orden aparece como un proyecto político que aporta claridad y reduce la incertidumbre; por ejemplo, con la creación de pequeñas edades de oro que hay que recuperar.

Quizá la uniformidad urbanística es una concreción del deseo de homogeneidad, el deseo de vivir en una gigantesca cinta de Moebius cultural e ideológica con contenidos elegidos a través de algoritmos o que repitan los mismos mensajes. Las aplicaciones de vídeo nos aseguran que no vamos a ver nada que nos ofenda, la segmentación de los medios hace que elijamos solo los contenidos que nos interesan. La cuestión es no encontrarse con nada inesperado, nada ofensivo. Es decir, poder vivir siempre en una comunidad replegada de iguales, con relaciones predecibles, que satisfaga ese derecho de nueva creación a no ser molestado cuyo mayor problema es la propia realidad.

No se construye una sociedad con iguales, decía Aristóteles en la *Política*. La capacidad de innovación crece exponencialmente en los enclaves donde hay personas distintas que pueden interactuar entre ellas y las decadencias suelen ir acompañadas de repliegues autárquicos. En las ciudades, dice el antropólogo Lluís Duch, las personas no solo intercambian conocimientos y mercancías, sino también sus vidas, ya que forman familias, grupos de amigos o colectivos que desarrollan proyectos culturales o empresariales. Se produce «un proceso de hibridación de nuevas identidades, nuevos sujetos y nuevas ideas». No hace falta repetir que no todo el mundo está de acuerdo con eso. No se construye una sociedad con iguales. Quizá ese es el modelo.

SEGURIDAD: VENDRÁN DEL BOSQUE

> «Las buenas vallas hacen buenos vecinos».
>
> ROBERT FROST

Otra cuestión que siempre aparece en los talleres de escritura es el final sorpresa. El más conocido puede ser el «y entonces despertó», pero hay otros como «el narrador no es un niño, sino un anciano enfermo», «los protagonistas de la escena de amor son familiares» o «y estaban muertos». La popularidad de este último se la debemos a M. N. Shyamalan. Recordemos *El nadador*. No sería el mismo cuento con el final de *El sexto sentido*. En las clases, siempre propongo pensar cómo sería el relato si tuviéramos esa información del final sorpresa al inicio. Parece más difícil, pero siempre es más interesante.

Acostumbro a poner el ejemplo de *El bosque*. Creo que, a estas alturas, nadie se quejará del destripe que voy a hacer. La historia comienza en una aldea estadounidense del siglo XIX aterrorizada por unos seres monstruosos que viven en el bosque cercano, los innombrables, de quienes sabemos que comen carne y tienen garras enormes. Pero vayamos al final. Tras un suceso, una persona recibe la autorización para cruzar el bosque y traer medicinas, algo que no se había hecho en otros casos. Antes de hacerlo, su padre le confiesa que las criaturas son, en realidad, los adultos y, tras atravesar el bosque, también descubrimos que estamos en la actualidad. A través de unos recortes de periódico, conocemos la historia de un grupo de personas, todas víctimas de hechos violentos, que decidieron unirse al proyecto de un profesor de historia: crear una aldea —*The village* es el título original— que reprodujera el modo de vida de inicios del siglo XIX. Es decir, una versión extrema del suburbio segregado.

Si los recortes de prensa aparecieran al principio, la película, además de estupenda, sería una gran reflexión sobre la seguridad y la libertad, un tema de nuestro tiempo. Ni siquiera habría que tocar mucho el resto del filme porque todos los diálogos adquirirían una nueva profundidad. No habría necesidad de incluir reflexiones explícitas sobre si la seguridad es el origen del contrato social o un conflictivo complemento para protegerlo que puede acabar por devorarlo. Si la historia tiene una bomba, haz que estalle en las primeras páginas.

El proceso que realizan los padres de la película encaja dentro del concepto fuga blanca que vimos en el capítulo anterior, pero también se parece a los *countries* argentinos o a las urbanizaciones cerradas españolas. Y, sobre todo, a las utopías que veremos después. Es un modelo de segregación y homogeneidad. En las comunidades ideales, el fundador o alguna reunión previa establecía las leyes, que debían ser respetadas por todos para garantizar la convivencia, y se fijaban sanciones para quienes las infringieran. En las utopías antiguas, también suele aparecer la cuestión de la defensa. Se describen sistemas de protección y existen grupos de soldados, algo que desaparece en el XIX con las utopías socialistas. Quizá dejar de considerar la seguridad un bien público ha sido uno de los grandes errores de una tradición de la izquierda, mayoritaria hoy. Pero no nos desviemos.

El grupo dirigente de La Aldea, como se denomina el lugar donde viven los protagonistas de *El bosque*, considera que, para mantener el respeto a las leyes, es importante el miedo. En el bosque, lo desconocido, está el peligro, esas criaturas con garras enormes que en realidad son ellos mismos. Padres que asustan a sus hijos con disfraces fálicos, algo muy lacaniano, pero vamos a quedarnos con el miedo como elemento que promueve la fuga y que, posteriormente, cohesiona a la comunidad segregada y homogénea porque la seguridad es un elemento clave en la dispersión urbana. La seguridad siempre aparece como uno de los valores importantes del suburbio o de la urbanización cerrada. Sobre todo, cuando hay familia. Este es un lugar tranquilo para criar a los niños, dice el comercial de la película *Vivarium*. Protege lo que más quieres, sostienen los anuncios de alarmas.

En la película, las criaturas apenas se dejan ver. Son ruidos, formas lejanas y rastros en las casas. Es algo que sucede en todo el cine fantástico y de terror porque, ante una amenaza concreta, siempre se pueden establecer remedios concretos. Un peligro puede objetivarse a través de una evaluación técnica, un proceso que traduce lo abstracto en información. Por eso, lo mejor es convertir ese peligro en algo difuso, invisible, como los tártaros de Dino Buzzati o los bárbaros de J.M. Coetzee. El miedo se retroalimenta hasta convertirse en un estado permanente de vigilancia y temor. Para el filósofo Martin Heidegger, el miedo remite a algo concreto y pasamos a la angustia cuando ya nada responde a las expectativas ni puede inscribirse en un horizonte controlado por nuestros actos. El despido no depende de tu desempeño, sino de un informe externo. Sales un fin de semana de casa y se te mete alguien, dice el anuncio de alarmas. Hay que estar siempre atentos.

El repliegue es un intento de controlar la angustia. Como los fundadores de La Aldea, una solución es irse a una comunidad homogénea donde lo otro, lo confuso, lo oscuro, quede en el bosque, en la ciudad, dos territorios separados por mecanismos de alerta que no ofrecen tranquilidad, sino más vigilancia. Los dispositivos se transforman en puntos de control y autocontrol a los que hay que estar atentos: la alarma, la cámara, el sensor, el reloj inteligente que cuenta los pasos y mide la tensión. La existencia del miedo constante hace que queramos expulsar todo lo que puede significar amenaza, lo imprevisto, lo heterogéneo. En palabras de Rafael Miranda, director financiero de Securitas Direct, su empresa es líder gracias a haber creado una nueva categoría: «La necesidad de estar tranquilos». Es algo imposible, ya que requiere la detención de todos los flujos, incluido el tiempo. Los dispositivos se convierten en fetiches, lo mismo que las leyes o las instituciones: más presencia policial, leyes más duras. La seguridad es adictiva. Nunca hay bastantes cámaras.

Para expulsar, al menos psicológicamente, lo mejor es un producto de mayor éxito que las alarmas: los muros. Separar, segregar, clasificar, clarificar. El lenguaje higienista, que nunca se ha ido del todo, disfruta de un gran momento siempre que se añada al concepto seguridad. Hay que establecer unos usos autorizados del espacio público cuyo criterio suele ser el pago de la entrada: si hay mercado, está permitido. En los suburbios, los muros son un paso más, aunque no siempre son necesarios. Una carretera, una gran avenida o incluso un parque pueden tener la misma utilidad. Al norte de Madrid, la M-11, la M-40 y la A-1 convierten Sanchinarro en una isla. Las fronteras indican que vivo en un lugar en el que otras personas quieren entrar. Si desean vivir aquí, es que he elegido bien. He estado atento. Como en La Aldea, la vigilancia es una conducta que los sujetos productivos terminan por imponerse.

La comunidad cerrada o replegada tiene algo de lo que Lewis Mumford llama *idolum*, el sustituto del mundo exterior: un lugar al que escapamos cuando nuestros encontronazos con la realidad se hacen demasiado difíciles de sobrellevar. Un sitio donde todo el mundo es como yo, donde las incertidumbres son escasas. Dentro de ese refugio, los hechos del mundo exterior, extraños, imprevisibles y peligrosos, llegan condensados, clasificados y filtrados para configurar un nuevo tipo de realidad que se convierte en ajena. No es lo que me rodea, no es lo que veo, no es la realidad que construyo con mis experiencias. Es algo que se ve claro en la utopía digital, en la que es posible crear un mundo homogéneo donde todos los habitantes comparten nuestra visión del mundo, nuestra cultura en el caso de vivir en comunidades pluriculturales o nuestra lengua en el caso de vivir en comunidades plurilingües. El refugio contrasta con una realidad heterogénea en la que la coherencia con nuestro deseo no existe, el problema de Don Quijote.

Como dice el filósofo Michael Foessel, somos la sociedad de la vigilancia. Necesitamos estar siempre alerta porque el peor pecado es la improductividad, la obsolescencia, la falta de flexibilidad y adaptación. El mundo está lleno de riesgos que debemos gestionar individualmente porque las soluciones son personales. Somos un proyecto en busca de oportunidades dentro de un mercado que persigue el coste-beneficio. Hay que estar alerta, no perderse las novedades laborales, culturales o emocionales para no quedar fuera de la competición. Es necesario tener una mirada dispersa, atenta a todo, pero sin centrarse en nada porque la concentración en una sola cosa impide estar alerta.

Los muros son un proyecto político de enorme éxito. Desde la demolición del berlinés, han proliferado: entre Estados Unidos y México, entre Israel y Palestina, entre India y Pakistán, a los que cabría añadir las decenas de vallas y alambradas fronterizas que no hacen buenos vecinos, sino que marcan la alteridad. Para la filósofa Wendy Brown, nuestras sociedades se caracterizan por un deseo de muros. La comunidad replegada es tendencia en casi todo el espectro político porque, en la sociedad mercadista, las personas existen más como clientes que como ciudadanos. El mercado institucional abandona la vieja oferta, los derechos colectivos, y busca adaptarse a la nueva demanda, los deseos individuales, que no solo deben ser atendidos, sino también apoyados. Recordemos al directivo de Securitas Direct. La necesidad de estar tranquilos no solo es física, sino también psicológica: no recibir mensajes no deseados. De ahí el gran auge de la nostalgia, que no deja de ser otro tipo de muro.

La seguridad apuntala el discurso conservador. Es un deseo melancólico, ya que se refiere a una pérdida: un orden internacional regido por Estados nacionales fuertes, la vieja soberanía. La capacidad de protección frente a lo exterior ha desaparecido y el muro es un símbolo de la angustia. Una solución es el repliegue, por ejemplo, en la comunidad cultural o identitaria. Este tipo de proyectos tiene buena acogida en las viviendas unifamiliares, donde uno está solo frente a esos miedos, robos u ocupaciones. No existe la comunidad que vigila.

El muro separa y moldea. Nos hace refractarios a los cambios, a cualquier emancipación social generadora de incertidumbre. El mercado es injusto, pero es un mecanismo. Así, buscamos respuestas en los datos, que son conservadores dado que el algoritmo capta tendencias; es decir, transforma el pasado en futuro. Se cuestionan la presunción de inocencia o la reinserción porque la reincidencia es un mal análisis de mercado y lo que prima es el resultado. La tortura o el concepto de peligrosidad social disfrutan de una renovada vigencia. No tenemos la idea de vivir en un mundo inseguro por la variedad y profundidad de las amenazas, sino porque esperamos vivir en un mundo tranquilo y examinamos las amenazas de forma constante. Siempre alerta.

Fuera hay un peligro confuso que se concreta en precariedad e inestabilidad, y que toma cuerpo en personas diferentes que los medios de comunicación asocian involuntariamente con la inseguridad al colocarlo todo en la sección de sucesos. La imagen es más poderosa que la voz del periodista. Personas diferentes que quieren vivir en viviendas y trabajar en trabajos, dos bienes de alta demanda. Se han eliminado las fronteras en la Unión Europea, cierto, pero es que Europa es un suburbio, una comunidad replegada. Europa es el PAU del mundo.

FAMILIARISMO: LO MEJOR PARA ELLOS

> «Es el ambiente perfecto para una familia joven».
>
> GARRET SHANLEY, *Vivarium*

La derogación de la propiedad privada es una idea que comparten casi todas las utopías, desde el modelo autoritario de

Platón al cooperativismo social del falansterio. Muchas de ellas añaden la herencia y otras incluso incorporan la pareja al concepto de propiedad que debe ser abolida. «Por encumbrar con riquezas o dignidades al hijo, o por dejarle bienes en herencia, todos se convierten en depredadores de los bienes públicos», dice Tomás Campanella, cuya utopía describía un poliamor colectivo, pero selectivo, con un coito cada tres noches. Su idea era celebrar juegos públicos con todos los participantes desnudos para que la gente escogiera por afinidad física. Es decir, cabría atribuirle la invención de los clubs de intercambio, los festivales veraniegos de música o *La isla de las tentaciones*.

La idea de los utopistas es que la propiedad privada promueve el egoísmo y hace que prime la defensa del bien individual, la conservación de esa acumulación, frente al bien común, la pervivencia del colectivo. Además, la desigualdad que se genera crea envidia y división interna. Cuando esto sucede, hay que comenzar a protegerse igual tanto de las revueltas internas como de las amenazas exteriores. Eso es algo que entendió perfectamente el neoliberalismo: divide y vencerás. Una de las primeras medidas de Margaret Thatcher fue facilitar la compra de viviendas para concretar su programa basado en la desaparición del bien común, la sociedad, frente al interés individual. El mito del mercado necesita que pensemos que somos únicos y que nuestras decisiones son importantes.

El origen de esas viviendas estaba en el llamado espíritu del 1945, el programa social con el que el Partido Laborista ganó las elecciones tras la Segunda Guerra Mundial y que impulsó lo que conocemos como Estado del bienestar. El Plan Nacional de Vivienda británico, que casi enlazaba con el desarrollado tras la Primera Guerra Mundial, construyó millones de viviendas unifamiliares con dos pisos y jardín trasero. Entre ellas, por ejemplo, la de Billy Elliot.

Thatcher ganó las elecciones en 1979 y, un año después, lanzó la Ley sobre el Alojamiento, basada en el «derecho a la compra». Ya lo hemos visto: deseos, como la propiedad, que se convierten en derechos y derechos, como la vivienda, que desaparecen. Cartas sobre la mesa. En quince años, casi dos millones de casas pasaron a ser de propiedad privada, lo que quiere decir que muchas familias e individuos tuvieron que solicitar créditos. El modelo español: propiedad y deuda. Solo nos falta la herencia y tenemos el trío que devora el bien común en casi todas las proyecciones ideales de la sociedad, incluido el cristianismo. Podríamos decir que todos los modelos buscan una vida mejor para los descendientes; la cuestión es cómo se lleva a cabo esa aspiración, si como sociedad o de manera individual, compitiendo con el resto, como Billy Elliot, cuyo sueño particular convertía a su padre en insolidario con sus compañeros de trabajo.

Propiedad, deuda y herencia están en el corazón del modelo social y de nuestra dispersión urbana. Es un buen lugar para criar a los hijos, quiero que los chicos estén seguros, necesito estar tranquilo con los niños. Como hemos visto, irse de la ciudad a una comunidad replegada proporciona cierta seguridad, que nunca acaba de ser suficiente. Más que los muros, la segregación y la homogeneidad, la existencia de un universo cerrado, delimitado y predecible es lo que proporciona la confianza en el entorno dentro de esas comunidades, que suelen llamarse familiares.

Pero, claro está, la seguridad física es solo una parte. Históricamente, las clases altas siempre han utilizado dispositivos para perpetuarse, como la cooptación, la exclusión o la segregación. Respecto a esta última, la espacial es la más clara, pero la cultural o la escolar son más importantes y suelen ir relacionadas. Los obstáculos para entrar en el círculo se completan con la visibilización de los miembros de la clase como casos de éxito para justificar su posición de privilegio, algo que la película *Puñales por la espalda* explica bien: los herederos de un escritor millonario están plenamente convencidos de que han logrado todo por sus propios méritos y que los privilegios de su posición son irrelevantes, como todos los hijos de casa bien que aparecen en la prensa económica como emprendedores audaces. La fórmula se completa con los sistemas para garantizar la herencia y cambiar el ascensor social por la estratificación, algo que se consigue con la extensión del modelo individualista a través de la popularización de esos recursos de exclusión y segregación.

El modelo socioeconómico puede resumirse en el chiste del oso y los cazadores. Para salvarte, no tienes que correr más que el oso, sino que haya alguien que sea más lento. Esa es la idea. Aunque hay comunidades donde funciona la cooptación, al estilo de la aldea de Shyamalan, normalmente basta con elementos de clase: renta disponible, capacidad de ahorro y consumo o posición en el mercado de trabajo; es decir, tener un determinado esquema de ingresos o un círculo con posibilidad de avalar la inversión. La ciudad dispersa es hostil a los migrantes sin red familiar o a los modelos monoparentales porque precisa varias fuentes de inversión y estabilidad, además de flexibilidad para atender los horarios.

En esa comunidad, se ofrecen recursos para la perpetuación de la clase, como el capital escolar, social o cultural. Es decir, se puede pensar que la seguridad familiar de la comunidad es que los chicos no van a ser asaltados ni van a consumir drogas. La versión más realista es que no se trata tanto de garantizar que no se van a meter nada, sino que van a hacerlo con personas similares, de su misma posición, con las que crearán una futura red de contactos. La serie *Élite* sería la versión extrema. La cuestión educativa ha sido más estudiada. Sobre todo en Madrid, como vimos en la primera parte. Hubo una redefinición de los distritos escolares y se convirtió en una práctica habitual la cesión de suelo en los nuevos desarrollos urbanísticos para la instalación de empresas educativas privadas o concertadas, así como el retraso en la construcción de equipamientos públicos. Años después, abundan los informes o reportajes que hablan de la segregación escolar como si fuera un mal funcionamiento del modelo. Como la desigualdad o como el atasco en el caso del coche, no es un error, sino el objetivo buscado.

Esto es lo que podemos definir como familiarismo, la prevalencia de lo individual y la capacidad de legarlo. El ascensor social se gana en una competición donde hay que participar individualmente. Los padres son los preparadores. Hay que vigilarlo todo, el barrio, el colegio, la salud, la formación, las actividades extraescolares, etc. Cualquier error puede ser trágico y desbaratar el plan. Lo común, el espacio o el pensamiento, recordemos a Tony Judt, no disfruta de su mejor momento.

En el espacio público, sostiene la urbanista Jane Jacobs, «se aprende que otras personas, con las que no nos une un particular vínculo, amistad o responsabilidad formal, aceptan y practican contigo un mínimo de responsabilidad formal». Es la filosofía interior del PAU, las zonas comunes, donde esa gente se tirará a la piscina para salvar a tu hijo. Si salimos fuera, las zonas de competición, la cosa se oscurece: sálvese quien pueda. El filósofo Giles Lipovetsky sostiene que «el ideal moderno de subordinación de lo individual a las reglas racionales colectivas ha sido pulverizado. El proceso de personalización ha promovido y encarnado masivamente un valor fundamental: la realización personal, el respeto a la singularidad subjetiva, a la personalidad incomparable». El contrato social buscaba crear comunidad. Al nuevo acuerdo se le pide que facilite la creación de individualidades.

La segregación permite garantizar la homogeneidad y el legado, ya que suelen ser propiedades que tienen menos peligro de depreciación que las casas en la ciudad concentrada, donde hay flujos de degradación y gentrificación. El PAU no se va a poner de moda; puede tener más demanda, pero no es un sitio que mole. Y no solo eso, sino que permite un cierto refugio frente a la ciudad concentrada, donde se manifiesta la nueva ola de la revolución industrial: fondos de inversión y uberización laboral. La ciudad dispersa permite el entrenamiento desde la cuna. La familia, base de la transmisión del pensamiento religioso, realiza una misión parecida con el mercadismo. La ideología del individualismo competitivo se transmite desde el primer instante a través del deseo de la especificidad de los propios hijos, lo que podríamos resumir en los mensajes tipo «su hijo podría ser un genio».

La singularidad se transforma en competición porque, como nos dice la campana de Gauss, los extremos son estrechos. Hay que ofrecer a los hijos recursos de segregación individual frente al resto, como su propio horario de actividades. Hay que dotarlos de singularidad y personalidad para que su marca, la identidad, compita en los diversos mercados: laboral, emocional, intelectual o erótico, donde se establece una división entre ganadores y perdedores. Es importante abandonar el juego colaborativo y ponerlos a competir simulando los escenarios adultos para convertirlos rápidamente en sujetos de rendimiento. Al igual que se arrinconan los usos no mercadistas del espacio público, se busca evitar el juego sin consumo, sin control, no productivo. El juego debe servir para algo, luego ya no es un juego.

Existen categorías deportivas desde los cinco años. Es decir, es necesario un contexto oficial para el juego en lugar de la vinculación informal de la que hablaba Jacobs. Una de las formas de promoción del deporte escolar es la difusión de valores, como el esfuerzo o el compañerismo. Es algo engañoso. La función de la competición es convertirse en criterio; es decir, crear la situación de mercado donde todo debe entrar en competición y ser productivo. Entre otras cosas, los propios valores, que son aceptados mientras se conviertan en un producto que compita en su mercado. En este caso, el emocional. La competición se convierte en hegemónica. Es el agua donde vivimos. Es el principal formato de la televisión.

Este modelo de entrenamiento también suele requerir otro sacrificio: una carrera laboral. Cada oleada de reformulación urbana trae consigo una representación femenina vinculada al espacio doméstico: el ángel del hogar del siglo XIX, el ama de casa del siglo XX y la *soccer mom* del siglo XXI. Es una figura que lleva desde los años noventa en las campañas electorales estadounidenses: la madre que pide jornada reducida o teletrabajo para poder realizar los desplazamientos en el vehículo privado que requieren las actividades extraescolares, mientras no deja de atender las llamadas del trabajo. Es el modelo oficina-mundo, siempre disponible porque es cuestión de actitud, de motivación, como sus hijos están aprendiendo en esa actividad.

La ampliación del horario laboral requiere la ampliación del horario formativo, productivo y de consumo. Hay que estar ocupado, un robo del tiempo que se beneficia de la dispersión porque el mensaje llega individualmente y la decisión de prolongar el horario es personal. El teletrabajo es la versión digital de la colonia industrial del siglo XIX: vivir en la fábrica.

COCHISMO: DE GARAJE A GARAJE

> «Para salir de casa y estar a salvo, hay que ir en coche».
> YORGOS LANTHIMOS, *Canino*

Dos objetos cilíndricos oscuros se mueven sobre un fondo negro. Su rugosidad invita a pensar en el cuero. «El placer en la palma de tu mano», dice María L., justo antes de algo que parece un gemido. «Me pone a 80, 100 y 120», añade Cristina L., cuyo mensaje finaliza con un efecto de eco y la aparición, apenas perceptible, del logo de la empresa de automóviles. La cámara muestra que los objetos cilíndricos son de metal. «El toque definitivo en el sitio definitivo», indica Irene G. El coche aparece en la pantalla distorsionado en formas romboides, como si fuera un vídeo de Boney M. La voz en *off* añade: «Inspirado en las sensaciones que solo te produce el Toyota Yaris, este San Valentín descubre la nueva revolución del placer: Yarisfyer. Consigue una edición exclusiva para que triunfes sí o sí».

Toyota regala vibradores, cabe pensar. Lamento la decepción, pero es un perfume, algo que solo se podía descubrir entrando en la página del producto. El mensaje era este: «Llega San Valentín y todos pensamos en lo mismo: en pisar el acelerador y darle rienda suelta a nuestra pasión. ¿Pero cómo conseguir que todo sea perfecto? Inspirados en el deseo que despierta el Toyota Yaris llega... ¡el Yarisfyer! Una fragancia excitante para el coche que hará subir tu pasión y la de tu acompañante hasta la zona roja del cuentarrevoluciones». Como siempre, la decepción es mayor si nos ponemos frankfurtianos: tras usar el tabú del deseo sexual femenino autónomo, volvemos a un territorio tradicional, el cuidado para la evaluación ajena. Pero vamos a quedarnos en el momento anterior, el Yarisfyer.

Habitualmente, las campañas del sector enfocadas al público femenino hacen hincapié en la seguridad o la manejabilidad, pero el uso de los conceptos de triunfo, independencia, sexo y velocidad para vender coches es algo que la publicidad lleva décadas haciendo con los varones porque el coche no es solo un producto tecnológico para facilitar la movilidad, sino un símbolo, como también lo era el elemento al que sustituyó, el caballo. Es un espacio intermedio entre la casa y el trabajo. Quizá, el más íntimo y personal. Reyner Banham, creador del concepto *autopía*, señaló que el coche proporciona al ciudadano de la metrópolis «las dos horas más calmadas y reconfortantes de su vida diaria». Las diversas prótesis, como el aire acondicionado y todos los elementos antes dispersos y ahora concentrados en el móvil, hacen que conductor y vehículo formen un todo. La comodidad de la casa y las posibilidades de no estar en casa.

Como explica la filósofa Roxana Kreimer, le damos todo al coche. Le hemos dejado ocupar el espacio, marcar la planificación, ensuciar las ciudades, contaminar el aire, matarnos lentamente o matarnos deprisa. Es nuestro principal fetiche, como recuerda el anuncio, porque significa independencia y decisión. También, éxito y sexualidad, sobre todo a ciertas edades, e incluso el universo del vehículo privado forma parte de los ritos de paso. Pero también posee una simbología ideológica. El coche es una entidad privada que se desplaza por ámbitos públicos. Es la representación de la democracia entendida como suma de individuos que son libres de moverse y buscar su propio interés; es decir, la democracia de mercado. El atasco, como la precariedad laboral, no es un mal funcionamiento del modelo, sino el propio modelo. Así, los elogios a los embotellamientos o las manifestaciones de automóviles se entienden mejor.

Los medios de transporte están en la génesis de la ciudad dispersa. En los planes de Ebenezer Howard, Arturo Soria o los desurbanistas soviéticos, el ferrocarril ocupaba un lugar central. El automóvil privado logró que el ser humano se desligara de la vía y del vagón, de los horarios y de los billetes. Un tren para cada ciudadano que pueda pagarlo. El coche es un símbolo de independencia, de control sobre uno mismo y, aparentemente, sobre su tiempo y espacio: voy cuando quiero, como quiero y donde quiero. La movilidad privada es el centro en los planes de Le Corbusier o Lloyd Wright. El primero traza una ciudad con grandes vías entre los edificios verticales; el segundo diseña la dispersión. Cada ciudadano debía tener su propio automóvil para poder llegar a su casa, donde también debía tener su propia habitación: segregación hasta el último centímetro.

Es el modelo fordista. Producción en serie para resultados homogéneos: coche, casa y familia. Una uniformidad que compite internamente por su diferenciación particular, cabría precisar. Las ciudades comienzan a crecer como las capas de una cebolla, como una mancha de aceite o como sistemas sin centro. La movilidad suele ser el centro de la planificación. Cuantas más carretas, más tráfico y más carreteras. Es algo que sucede también con la vida pública, pero no se suelen contar peatones, sino coches. Lo que se mide es lo que importa.

Como explica la antropóloga María Jesús Buxó, el vehículo impone una geometría particular de avenidas, autovías urbanas, zonas de aparcamiento, corredores y cinturones que envuelven varias veces la ciudad y anexionan pueblos formando áreas metropolitanas, que también hay que conectar. Se crea una aglomeración de islas, un entramado donde es clave la cercanía a las redes. Es una ciudad desterritorializada hecha de flujos. Como hemos visto, si se hacen carreteras y aparcamientos, se usan. Si se diseña una ciudad pensando en la movilidad privada, esta acepta el regalo y se sitúa en el centro haciendo que todo gravite a su alrededor. Es algo paradójico en las urbanizaciones más lejanas, las *edge cities*, los enclaves rururbanos, donde las carreteras son sinuosas para simular las curvas de las montañas y evitar ver y ser visto. El coche permite la ilusión de retirarse a los bosques, como un nuevo Walden, después de haberlos destruido.

El coche se convierte en un depredador de espacio para circular o aparcar. Nunca tiene bastante. Marca el tamaño de las aceras, modifica las plazas para que contengan aparcamientos o las sustituye por rotondas. En Estados Unidos, la industria del automóvil incluso promovió la construcción de suburbios e infraestructuras. Las vías reciben nombres metafóricos como arterias para señalar su primacía. No se pueden colapsar y se diseñan nuevas rutas llamadas *bypass*. Las nuevas vías o los megaaparcamientos se justifican con informes que defienden su capacidad de descongestionar, algo que nunca se produce porque nunca hay bastante. Los resultados no se evalúan. Nadie es responsable. La solución es construir más infraestructuras de descarga, que tampoco serán suficientes.

En la ciudad dispersa, la calle no es un lugar para pasear o realizar actividades cotidianas, como hacer la compra o quedar con alguien. En la mayoría de casos, es un lugar de tránsito en el que el asfalto es más importante que la acera. No suele haber plazas, pero sí hay rotondas, que facilitan la circulación. Los espacios forman un conglomerado de áreas, cada una con un uso: vivienda, trabajo, ocio, consumo, escuela o actividades extraescolares. De garaje a garaje, en la mayoría de los casos. Es más importante la capacidad de llegar a un lugar que estar en ese lugar. Hay que moverse siempre, lo que también es ideología. A todo esto, 2020 ha añadido la seguridad sanitaria: mi coche, mi burbuja.

Por eso, son causa de conflicto las restricciones selectivas al coche. Constituyen una castración simbólica. La movilidad es un elemento de socialización y la restricción supone quedar fuera. Significa no poder vivir en ciertos lugares o no poder acceder a ciertos trabajos o no poder realizar ciertos actos. Hay que depender de otros y aprender a esperar, un verbo que tiene un marcado carácter de clase. El coche es transporte público establece un espacio y un tiempo común, estaciones y horarios, además de unas normas cívicas. Es un elemento de distinción y desigualdad. Los datos ganan profundidad cuando se introducen otros factores, como la sostenibilidad o la salud. En la Comunidad de Madrid, las localidades donde más se usa el transporte individual coinciden con las de mayor renta, Boadilla del Monte, Pozuelo de Alarcón o Las Rozas, todas en el noreste. Sin embargo, las zonas más afectadas por la contaminación están en el sur, barrios como Villaverde o localidades como Leganés o Getafe.

El coche es un recurso de selección y segregación. Tener uno o más vehículos es casi obligatorio porque no hay transporte público que abarque ese conglomerado de espacios con la frecuencia necesaria, lo que afecta a la capacidad de movimiento de quienes no pueden acceder a él, como los ancianos o los menores de edad. Las empleadas de hogar deben exprimir la escasa capacidad del transporte público y pertenecen a los colectivos que pierden la vida en una espera. En el caso de los menores de edad, su ocio debe ser intramuros o, si es exterior, depende de la movilidad de los padres. Normalmente, de la madre. La mujer puede no ser ya el segundo sexo, pero sigue siendo el segundo coche. Recordemos la figura estadounidense de la *soccer mom*. Es un símbolo del familiarismo. Por eso, el vehículo compartido o alquilado pertenece a la ciudad, donde viven las personas que no tienen nada fijo, donde todo, desde la comida a las relaciones, debe poder dividirse en lotes pequeños que se puedan modificar, distribuir y desechar fácilmente. Productos con un ciclo corto para adaptarse al estilo de vida, que es el propio movimiento: la congestión.

En el sistema atasco, el tiempo nunca es suficiente y se convierte también en una mercancía privada que debe competir en el mercado desregulado básico: las personas.

Atención, concentración y emoción hacia hechos históricos, contenidos culturales y experiencias sociales o personales, territorios cada vez menos diferenciados. El mercado personal debe estar siempre alerta para no dejar pasar ninguna oportunidad. Participar, posicionarse, reformular el hecho, transformarlo en nuevo contenido o experiencia. Ser productivo. Quedarse fuera del flujo es quedarse obsoleto. La congestión crea ansiedad, pero menos que la desconexión.

El movimiento frente al territorio. La fábrica tenía un horario fijo. La oficina requiere flexibilidad, estar siempre disponible, algo que proporcionan los flujos analógicos y digitales, la capacidad de moverse, de reaccionar. La ciudad dispersa lanza cada día millones de coches a las carreteras. También, cada día, se mueven datos, paquetes, contenedores, textos, fotos. Las grandes ciudades están rodeadas de grandes plataformas logísticas, un sector en alza por los cambios en la demanda provocados por la pandemia. Hay más consumo que interacción. Hace falta flexibilidad en la legislación, la organización del trabajo, la gestión del capital o la localización. Todo debe poder moverse sin trabas. Todo lo que tenga la capacidad económica de hacerlo.

Capital y trabajo no necesitan estar juntos, sino conectados en la oficina-mundo, que puede estar en el gimnasio o en las actividades extraescolares. El trabajo se dispersa y su capacidad de negociación decae. También porque no hay tiempo. Se produce un robo extendido porque las horas extras provocan ampliar el horario comercial, algo que también suele incluir la palabra *libertad*; de nuevo, unida a mercado. Asimismo, se añaden los términos *flexibilidad* y, por tanto, *movilidad*. El estatismo o la inmovilidad son conceptos negativos; todo debe ser rápido e inmediato. Para el sociólogo Manuel Castells, el poder fluye, se mueve, carece de lugar, mientras que la política, vinculada a la antigua noción de soberanía, es incapaz de controlarlo. Es un poder que no establece leyes que se puedan cumplir, sino que crea incertidumbre, ambigüedad, ya que aprovecha tanto los momentos de estabilidad como los de crisis. Necesita la ansiedad para que la política piense siempre a corto plazo e intervenga sobre el modelo económico sin cuestionarlo.

La palabra *experiencia* muda de sentido, de la creación de conocimiento a lo largo del tiempo a la explosión emocional en un único instante. Por eso pueden debilitarse los lazos. Nada nos debe atar, nada a largo plazo; hay que acumular para simular aceptar el poder fluctuante; hay que acumular novedades, participar en las competiciones. Por eso, como explica Richard Sennett, la comunidad cultural conservadora se convierte en un refugio. Hace falta un sitio en el que aparcar el coche y descansar: el PAU.

NO MÁS HÉROES

«Whatever happened to Leon Trotsky?
He got an ice pick that made his ears burn».

THE STRANGLERS, *No More Heroes*

«Cuando los Dodgers se fueron del barrio» es una frase cinematográfica que los europeos no entendemos bien. Nueva York tiene cinco distritos que nos suenan: Brooklyn, Queens, Bronx, Manhattan y Staten Island. Los cuatro primeros tenían equipo de béisbol: Dodgers, Mets, Yankees y Giants, este último vinculado a Harlem y que también acabó en California. Es fácil imaginar la rivalidad. En los años cincuenta, los Dodgers pasaban por una tremenda mala racha y buscaron un impulso que nos resulta familiar: construir un nuevo estadio. El propietario del club, Walter O'Malley, pidió ayuda a la ciudad para una cesión de terreno, pero el todopoderoso planificador de la ciudad, Robert Moses, se negó. El tira y afloja duró una década e incluso hubo un proyecto de última hora dirigido por Nelson Rockefeller que no salió bien. Finalmente, el tipo decidió buscar otra ubicación para la franquicia. Para dimensionar la herida, hay que imaginarse que el Betis o el Athletic se establecen en Londres o, aún peor, que el Joventut deja Badalona. En 1958, O'Malley anunció que los Dodgers se iban a Los Ángeles, donde sí pudo construir su estadio en una interesante operación urbanística e ideológica. A estas alturas, creo que está claro que son sinónimos.

A principios de los años cincuenta, el Ayuntamiento de Los Ángeles diseñó un plan para construir 10.000 viviendas públicas en Westlake, en la zona norte, la zona mayoritariamente blanca. Concretamente, en Chavez Ravine, el barranco de Chávez, un barrio justo encima de Chinatwon en el que familias de origen mexicano llevaban generaciones viviendo. Con la promesa de una nueva casa, se desalojó a cientos de personas, con violencia en ocasiones. El proyecto de realojo tuvo numerosos detractores y su promotor, Frank Wilkinson, el encargado de vivienda pública de Los Ángeles, era acusado de comunista por la prensa local, algo que, en aquel entonces, no era ninguna broma. La solución para los enemigos de las 10.000 viviendas llegó con los Dodgers. Según la leyenda, Walter O'Malley se encaprichó del terreno al verlo en un vuelo en helicóptero, pero es más verosímil pensar que todo fue dirigido. La propuesta de levantar un nuevo estadio acabó con aquel proyecto y las viviendas se acabaron construyendo en la zona este, donde hoy casi la totalidad de la población es latina, y en Watts, al sur, donde se concentran los afroamericanos. En esta última zona, tuvieron lugar los disturbios raciales del verano de 1965. Pese a su imagen publicitaria, Los Ángeles es una de las ciudades con más segregación de Estados Unidos, algo que solo parece advertirse en los estallidos de violencia.

Veamos una historia parecida a la de Chavez Ravine, pero con final feliz. *Show me a hero* (Muéstrame un héroe) es una miniserie de David Simon, un tipo en cuyas narraciones siempre aparecen casas. La trama se basa en una historia real, la construcción de viviendas sociales en Yonkers, uno de los suburbios más antiguos de Nueva York, y la evolución personal y política del alcalde Nick Wasicsko, inicialmente contrario al plan. En español, *suburbio* tiene connotaciones negativas, al igual que *extrarradio* o *periferia*, porque procedemos de un modelo en el que el poder es muy territorial: capital, avenida y palacio; pero, en otras partes del mundo, ya hemos visto que son los nombres que reciben las aglomeraciones urbanas fuera de la ciudad concentrada. Para entendernos, Neguri, Valldoreix o La Moraleja son suburbios, aunque Yonkers se parece más a Coslada o Santa Coloma de Gramenet. Es una zona mayoritariamente trabajadora y cercana al barrio neoyorquino del Bronx, que se quedó con dos barrios de la ciudad antes de que esta decidiera segregarse de Nueva York a finales del XIX.

La acción comienza en 1987, cuando un juzgado estatal decide dar un ultimátum a la ciudad: tienen que cumplir el plan de desagregación y construir viviendas sociales en los barrios con mayoría blanca. Aunque con un éxito limitado, la idea de evitar los guetos está presente en la legislación estadounidense desde antes de que finalizara totalmente la segregación racial, y la educación es el campo en el que más lucha ha habido. De hecho, aunque suena a años setenta, es una batalla que continúa. En 2016, un fallo del Departamento de Justicia de Estados Unidos obligaba a la ciudad de Cleveland a fusionar sus comunidades escolares. La junta del distrito escolar alegó que era una cuestión práctica: las familias escogían los centros más cercanos a su casa. La clave está en la vía del ferrocarril que divide la ciudad en dos: el este, para los pobres; el oeste, para los que no lo son. Las infraestructuras como un elemento de segregación.

Yonkers también tenía una división: la comunidad blanca de clase media se situaba en la parte este, mientras que, en otras zonas de la ciudad, había barrios conflictivos. También existía algo parecido a un centro urbano y urbanizaciones con chalets. Ante el juez, el urbanista a cargo de la planificación, Oscar Newman, insiste en que las nuevas viviendas se tienen que construir evitando las zonas fronterizas para que no se formen islas. Dentro de los barrios, dice, significa dentro de los barrios.

Sin embargo, evitar las zonas fronterizas no impide que estalle el efecto frontera. Los vecinos de las posibles ubicaciones se movilizan y, pese al aroma racista, los argumentos que recoge la serie son, sobre todo, económicos: nuestras propiedades, que tanto nos ha costado adquirir, van a perder valor o queremos vivir con gente como nosotros que pueda pagar las casas en las que vivimos. El mercado organiza la sociedad. La pérdida de valor recoge la idea principal de los movimientos Nimby (*not in my backyard*, «no en mi patio trasero»), que aglutinan a comunidades contra cualquier enclave heterogéneo o equipamiento conflictivo. Son argumentos que pueden leerse en los foros de nuevosvecinos.com cuando se habla de promociones sociales o de realojo.

La cuestión de las viviendas condiciona la política local durante años, pero la serie también se detiene en el planeamiento urbanístico y su ejecución. Oscar Newman es conocido por su teoría del espacio defendible, que podríamos situar dentro de la tradición protestante: todos los lugares deben tener dueño para que cada familia se haga responsable de ellos. Apuesta por viviendas unifamiliares sin zonas comunes porque, en los grandes edificios, acaban siendo sitios de nadie, lugares sin mantenimiento que inciden en la sensación de abandono, además de facilitar actividades como el tráfico de drogas. Su idea es crear sensación de territorialidad, la idea de que existe un espacio seguro y vigilado por todos y del que cada persona es responsable. Las características de la casa, unifamiliar y a escala humana, permiten que los vecinos estén atentos a lo que sucede por la calle, algo que suena mejor en los libros de Jane Jacobs, donde la idea de vigilancia comunitaria se vincula, por ejemplo, al cuidado vecinal. Usando un concepto que hizo fortuna hace unos años, las ideas de responsabilidad o vigilancia son significantes vacíos que pueden llenarse de distintas formas.

El delegado del departamento de vivienda de la ciudad desarrolla un programa de integración entre comunidades con reuniones y visitas, lo que ahora se llamaría despectivamente *buenismo* o *paternalismo*, dependiendo de dónde venga la crítica, derecha o izquierda. Su idea es mitigar el efecto frontera, la tensión entre dos comunidades diferentes e incomunicadas; es un factor que, en ocasiones, explica el voto ultra. Si cada comunidad se repliega, se crea una división nosotros-ellos y, por tanto, un enfrentamiento, explícito o no. Más que defender, los muros crean más temor. La propuesta es que haya diferentes grados de nosotros; es decir, diferentes comunidades con distintos grados de pertenencia. Nadie tiene que hacerse amigo de quien no quiere; se trata de ser cívico. El programa de integración también tiene medidas que Foucault llamaría disciplinantes, como mantener el césped o tirar la basura en el horario permitido, y que son más efectivas cuando son bidireccionales; es decir, cuando también hay nuevas obligaciones para los antiguos vecinos. Lo compartido crea comunidad.

La serie muestra bien la idea central de este libro: el urbanismo crea ideología. El mapa físico influye en el mapa mental. Tener la puerta abierta o no poder salir a la calle de noche influye en la manera de relacionarse con el mundo, al igual que en las expectativas sociales para uno mismo y, sobre todo, para los hijos. Desconfiar del espacio porque te puede pasar cualquier cosa o desvincularte de él porque esto es así, no tiene remedio y nadie va a hacer nada condiciona la manera de ver el mundo. Cuando se ofrecen los datos de participación electoral de ciertos barrios, es fácil elaborar discursos como «si quieren algo, ¿por qué no se mueven?», pero estaría bien pensar que esos verbos no significan lo mismo en todos los lugares. Es fácil creer en Santa Claus si viene todos los meses. No recuerdo la película donde oí esta frase.

Construir comunidades ajenas al espacio común, urbanizaciones cerradas o chalets, también forma una mentalidad, lo mismo que potenciar el uso del coche, el consumo en grandes centros comerciales o la incomunicación entre espacios urbanos. La acumulación de fronteras internas también crea un mapa mental concreto en el que es fácil que crezcan los muros y las alarmas. Se habla mucho de las burbujas digitales, pero apenas se valora la influencia de las analógicas. El urbanismo crea comunidad y puede disolverla. Instalarse en una zona aislada, un suburbio no periurbano, sino rururbano, era una solución para eludir los planes de integración. Si quieres evitar que Oscar Newman te plante unas casas en el barrio, te vas al pueblo de las Gilmore Girls.

El héroe de la historia es Nick Wasicsko, el alcalde que llevó a cabo el plan a pesar de oponerse inicialmente a él. David Simon nos presenta a alguien que, tras llegar al poder en una oleada populista, acaba asumiendo que la comunidad tiene unas normas que deben cumplirse frente a los intereses particulares y, por eso mismo, se queda solo, algo que acaba provocando el desenlace que da sentido al título: muéstrame un héroe y te escribiré una tragedia. Es una frase de Scott Fitzgerald.

En las leyendas clásicas sobre la creación de ciudades, suele haber héroes. Teseo y Atenas, Perseo y Micenas, Cadmo y Tebas, Dánao y Argos, Eneas y Roma. Para relacionar a este último con Rómulo y Remo, se llegó a establecer un parentesco. A finales del siglo XVI, Madrid se inventó una fundación mítica. Bianor, héroe de la guerra de Troya, había acabado en Albania y su descendiente, Ocno Bianor, fue conducido por la diosa Cibeles hasta la ribera del Manzanares, donde fundó una ciudad para los carpetanos. Según cuenta Homero en la *Odisea*, Nausítoo, hijo de Poseidón, condujo a los feacios hasta la isla de Esqueria, Corfú. Allí construyó un muro alrededor de la ciudad, edificó casas, erigió templos a los dioses y repartió las tierras. En la obra de Esquilo, Prometeo, también proveedor del fuego, la escritura o el calendario, dice que los humanos habitaban agujeros antes de sus enseñanzas: «Ni siquiera tenían casas de adobes cocidos al sol ni construcciones de madera». En Babilonia, el proceso se hizo sin subcontratación. Tras crear el mundo, Marduk fundó la gran ciudad y le entregó al rey Hammurabi el código que debía regirla. La idea de unir leyes y divinidad ha sido muy copiada desde entonces.

El espacio urbano es el principal espacio ético y moral porque obliga a los individuos a no centrarse en sus propios intereses y necesidades, y a vivir en comunidad. La ciudad es un lugar restringido y delimitado de mucha densidad donde es habitual interactuar con personas desconocidas con las que no tenemos lazos y quizá tampoco queramos tenerlos. Es necesario establecer unos usos y costumbres que, en ocasiones, no están explícitamente recogidos en ningún lugar ni reciben sanción. Así, se entiende mejor la insistencia de algunas administraciones, como la Comunidad de Madrid, en huir del espacio urbano para fijar sus medidas contra la pandemia y asociarlas a otras segmentaciones. Dividir la ciudad, deshacer la comunidad. Los recursos de segregación permiten salvar a ciertos grupos sociales.

La ciudad es la civilización, nos dice Esquilo. Es un territorio seguro, lejos de la naturaleza hostil y peligrosa, el lugar del progreso, de la integración social y cultural. En la ciudad, se encuentran las universidades, los mercados, los teatros y los museos, y también, se dan las innovaciones. Los estudios del físico Geoffrey West indicaron que, a pesar de las aglomeraciones y las distracciones, el pecado y las epidemias, los espacios urbanos son más creativos, un factor que crece exponencialmente. Cuanta más gente diversa, muchas más ideas. Quizá la dispersión urbana es una forma de combatir la velocidad de ese avance. Es interesante recordar esto al leer el capítulo siguiente y pensar en la reurbanización, los ensanches, como el deseo de impedir este proceso de hibridación para limitarlo, por ejemplo, a ciertos escenarios, como los espacios de formación y de ocio. O, a través de los recursos de segregación, como la ciudad dispersa, reducirlo aún más y que el proceso histórico vaya más despacio. Es una cuestión delicada, pero ya hemos visto que los procesos de integración racial están relacionados con la difusión de los modelos urbanísticos. La mejor forma de no ser incluido en un distrito escolar complicado es huir de la aglomeración a una comunidad homogénea, una no ciudad para Aristóteles.

La ciudad es todo eso y más. Entonces, ¿qué pasa cuando el espacio urbano se dispersa? Es interesante hacer el recorrido anterior con esta idea y pensar que, si la ciudad como idea se diluye, lo hacen también todos los conceptos derivados. Es decir, se dispersa el pecado hasta convertirse en un producto más del mercado emocional del gusto; pero también lo hace la civilización. La ciudad dispersa no es una ciudad de diferentes porque establece recursos de segregación que garantizan la homogeneidad; el más importante, el poder adquisitivo, pero también se podría añadir la movilidad o la capacidad de disponer de cuidados para ascendientes y descendientes. Si el espacio urbano es el principal espacio ético y moral porque obliga a los individuos a no centrarse en sus propios intereses y necesidades y vivir en comunidad, ¿qué sucede cuando se diluye en un mar de islas sin centro? Aunque no todos tengan murallas privatizadas, sí se da una sensación de repliegue. Volvemos a la cita de Tony Judt: si dejamos de valorar más lo público que lo privado, seguramente estamos abocados a no entender por qué hemos de valorar más la ley que la fuerza.

Si se quiere mitigar o detener el proceso de dispersión, es importante salir del examen de los comportamientos concretos y devolver el debate a lo común: la política, las leyes, las instituciones. Es decir, establecer marcos comunes que promuevan la integración y la conexión, aunque no sean ideales. No necesitamos héroes que funden ciudades —tampoco en el sector sanitario o educativo—, sino personas que hagan su trabajo, como el urbanista, que diseña las casas adecuadas para la situación, o el delegado del departamento de vivienda, que elabora un código de conducta para facilitar el respeto entre ambas comunidades. Quizá tenían planes más ambiciosos, pero los adaptaron a la situación concreta.

Seguramente sea buena idea intervenir en el planeamiento, pero no desde la utopía, sino desde la realidad: si la diversidad de un barrio puede devaluar las viviendas, no será bien recibida, y descalificar moralmente a las personas que tienen ese temor no nos acercará a la solución. El establecimiento de unos usos y costumbres que promuevan el respeto es probable que necesite de ciertas intervenciones coercitivas, comunes para todos. Si no hay esa posibilidad, la solución para no oír la música del vecino es huir a un sitio que él no pueda pagar. Nada ha promovido el individualismo competitivo tanto como el espíritu de la frontera, la necesidad de buscar soluciones particulares provocada por el abandono institucional. La dispersión se atenuará haciendo comunidad. Ese es el dilema de nuestro tiempo.

4

BREVE HISTORIA DE LA DISPERSIÓN

FUGA MUNDI

«Dios hizo el campo, y el hombre, la ciudad».

WILLIAM COWPER

Según la Biblia, la primera ciudad fue Enoc y nació del pecado. Recordemos la historia. Abel y Caín preparan un sacrificio y Dios elige los corderos del primero en lugar del saludable menú vegetariano del segundo, que, al quedarse solos, mata a su hermano con una quijada de burro. Con sus matices, Stanley Kubrick recreaba este último suceso en la primera parte de *2001: Una odisea del espacio*, titulada «El amanecer de la humanidad». Cuando Dios regresa, Caín confiesa tras un breve interrogatorio y, además de una marca para no ser castigado por otros, recibe una maldición: ser siempre extranjero. Poco después, al este del Edén, conoce a una mujer de la que no sabíamos nada y con la que tiene un hijo, Enoc. Como cualquier persona con una familia, decide establecerse y funda una ciudad, a la que le da el nombre del chaval. Es decir, la ciudad está ligada a la violencia, el pecado, la emigración, la familia y el concepto de extranjero. Y también, a una pregunta que es pertinente al hablar de la dispersión: ¿soy acaso el guardián de mi hermano? Veremos que Frank Lloyd Wright lo tiene claro: no. Cada uno en su casa y Dios en la de todos; es decir, en el planeamiento.

Roma también tiene un crimen fundacional; Rómulo mató a Remo por unas lindes, pero son más habituales las historias donde la ciudad entra dentro de los elementos civilizatorios que los dioses regalan a los humanos o estos les escamotean, normalmente con ayuda de otro ser mítico. Ya los hemos visto. Ahora vamos a hablar de ciudad y pecado, ya que es complicado entender la dispersión sin el movimiento antiurbano y sin el prestigio que, de Virgilio a Henry David Thoreau, tiene alejarse del bullicio y el peligro para refugiarse en el campo, tomar contacto con la naturaleza y encontrarse con uno mismo. Haremos un pequeño recorrido por los movimientos de huida del espacio urbano y la creación de lo rural como un escenario idílico de refugio y reflexión. Es algo que encontramos en movimientos espirituales, literarios o políticos. Las utopías sitúan sus sociedades ideales fuera de la ciudad y hacen lo mismo muchos urbanistas, que utilizan en sus proyectos ideas de orden y limpieza que viajan desde los ascetas cristianos de la Tebaida a los higienistas del siglo XIX.

Los argumentos se repiten. La ciudad es peligrosa. Los edificios y las calles dejan lugares en penumbra: esquinas, portales, recodos, túneles y parques donde nadie sabe lo que puedes encontrarte. Sales un momento y alguien entra en casa, como nos recuerdan los anuncios de alarmas y los programas de televisión matinales. En la ciudad, puedes divertirte, pero no es un lugar para criar a un niño. No se puede estar seguro. La ciudad es el sitio de la ambición, la hipocresía, las conspiraciones, la velocidad, el peligro, las enfermedades transmitidas por el aire viciado, el agua estancada, las ideas revolucionarias o la gente disoluta. Las calles son un agujero negro que devora física y moralmente a todo el mundo, donde nadie existe realmente porque solo hay multitudes que engullen a los individuos. Todos somos extranjeros.

En la novela del siglo XIX, es habitual la historia de una persona de provincias que acude a la gran ciudad para buscar un sueño y acaba dándose un tortazo. Pero, incluso si triunfa, la ciudad logra doblegarlo porque lo convierte en una persona áspera, cínica y descreída. «Ciudad grande, soledad grande», sostenía el geógrafo Estrabón y el escritor Valerio Máximo desarrollaba su idea: «Las ciudades son un miserable recinto donde se contienen todas las humanas derrotas». Incluso Jean-Jacques Rousseau, creador de la idea de voluntad popular, desconfiaba de las urbes: «Las ciudades son el abismo de la especie humana». En la tradición judeocristiana, la ciudad está ligada al pecado desde su fundación por Caín y son muchas las que han ocupado el lugar de la «Gran Ramera» del Apocalipsis: Babel, Sodoma, Babilonia, Jerusalén, Roma, Venecia, París, Nueva York o Los Ángeles. Ninguna se ha librado de ser calificada como nido de vicio, perversión e hipocresía.

Además de ser pecaminosa y estar llena de riesgos, la ciudad limita al ser humano y diluye su personalidad, que solo puede desarrollarse extramuros. Hay que seguir ciertas normas, consensos prácticos y cotidianos relacionados con la vida en común, la urbanidad y el civismo. Solo fuera de su área de influencia, de las miradas curiosas de la gente desconocida, es posible relajarse, ser uno mismo y encontrar lo trascendente, algo que los románticos recogerán de los monjes. La ciudad está corrupta, controlada por una burocracia feroz, no tiene salvación, hay que abandonarla, cruzar sus límites y fundar una nueva comunidad, como los protagonistas de *El bosque*. No es complicado encontrar alguno de estos conceptos en la publicidad de chalets de principios de siglo, con especial énfasis en la tranquilidad, la seguridad y, sobre todo, la crianza de los niños.

No se trata de los arrabales o las aglomeraciones periurbanas de los grupos sociales, laborales o religiosos que se establecían junto a la ciudad para poder desarrollar ciertas actividades, como ferrerías, hornos de cerámica o burdeles, dar servicio a los conventos extramuros o pagar menos impuestos. Tampoco, de los enclaves estacionales, normalmente famosos por la calidad del aire o el agua, sino de la *fuga mundi*, los movimientos que defendían abandonar la ciudad como ideología. Algunos de ellos, por motivos religiosos; otros, como un elemento de distinción. Como hemos visto, siglos después de la caída de Roma, las familias nobles de las ciudades-Estado italianas tenían sus palacios en la ciudad y sus casas de campo a varios kilómetros, a modo de villas, para huir en caso de complicaciones, como epidemias o luchas por el poder.

Por poner un punto de partida, comencemos en Grecia, donde las ciudades son fundadas por dioses o héroes. Allí hay una vida pública (*polis*), donde se discuten y acuerdan las cosas comunes (*ta koiná*), y una vida privada en la casa familiar (*oikos*), en cuyo enfrentamiento algunos pensadores sitúan el origen del teatro trágico, la mirada privada, el dolor o la duda sobre la imagen pública. Es algo que adquiere más sentido si pensamos que esas palabras están en el origen de los términos *política* y *economía*, cuya lucha es la tragedia de nuestro tiempo. Hay personas a las que esos espacios, la ciudad y la casa, no les sirven. Necesitan huir para liberarse de las obligaciones o buscar cierta trascendencia.

La religión oficial proporcionaba orden, calendario y ritos, pero dejaba muchas incógnitas sobre qué sucedía tras la muerte. Los diversos misterios vinculados a lugares fuera de la ciudad sí ofrecían esperanza, un destino feliz al otro lado. A los que fueran justos en esta vida, a los que siguieran ciertas reglas, les esperaba un premio en la siguiente. En las nuevas prácticas, que hermanaban a la comunidad espiritual, había una parte ritual y otra normativa, como el cuidado del cuerpo o una cierta austeridad en las costumbres; incluso, el vegetarianismo o la abstinencia sexual. Es un hilo que llega hasta nuestra época.

Partiendo del amor a las matemáticas, las comunidades pitagóricas llegaron a un punto parecido, pero, en su caso, segregándose definitivamente de la ciudad. Eran importantes la *díaita*, el régimen de vida, palabra que está en el origen del término *dieta*, y el ejercicio, *áskesis*, que no solo se refería al cuerpo, sino a la *areté*, la virtud, que estaba compuesta de valentía, justicia y moderación. La ciudad estaba llena de discusiones políticas, teatros, juegos, mercados, tabernas y otros entretenimientos que promovían las pasiones o el intercambio más o menos exaltado de pareceres. La relajación, la desconexión, el encuentro con uno mismo, solo eran posibles fuera.

En Grecia, con Teócrito, también comienza la mitificación de la vida campesina y sus personajes, algo que en Roma consolidan Ovidio, Horacio y, sobre todo, Virgilio, con las *Bucólicas* y las *Geórgicas*. En el caso de este último, había una cuestión personal. Suele haberla. En el deseo de recogimiento y tranquilidad, así como en su elogio de la sencillez y la inocencia, estaba el temor de alguien que había estado a punto de perder su patrimonio por la tercera guerra civil romana, provocada por el asesinato de Julio César. La ciudad es un lugar peligroso, escenario de conspiraciones; por lo tanto, hay que separarse de ella y volver al campo, donde el espíritu humano aún no ha sido corrompido. Es gente que no me va a fastidiar la vida. Los poetas romanos construyen lugares idílicos (*locus amoenus*) alejados de la ciudad y simulan envidiar la tranquilidad de sus habitantes (*beatus ille*): «Dichoso aquel que vive, lejos de los negocios, como en tiempo remoto los mortales; y, con sus propios bueyes, labra el campo paterno, libre del interés y de la usura», escribe Horacio, del que no consta que guiara la yunta. Los tres poetas romanos inician la tradición secular de admirar el campo y sus labores desde lejos, apoyados en el árbol, cerca de la villa de descanso y con fecha de regreso a la ciudad.

Retirarse es cuestión de clase, recuerda Juvenal. Como un columnista de cierta edad, se queja en las *Sátiras* del «ruido ensordecedor de los carros atravesando esas estrechas y serpenteantes calles, las blasfemias de los carreteros atrapados en un atasco», antes de decir que «el insomnio causa más víctimas entre los romanos enfermos que cualquier otro factor o dolencias más comunes». Para él, dormir toda la noche de un tirón es «privilegio de los ricos», que no tienen que vivir hacinados, e insta a la gente que pueda a comprarse una casa en el campo. El coche hará esto accesible a casi todos, Juvenal, pero no corramos.

La vivienda rural, la villa, es clave en la sociedad romana, ya que constituye el centro de las explotaciones agrarias y ganaderas. Podían ser pequeñas haciendas o, si la explotación era extensa o la familia era importante, residencias aristocráticas a las que huir en el caso de que el ambiente en Roma se enrareciera, como sucedió a partir del siglo III, cuando se convirtieron en un espacio de refugio ante la inseguridad, las revueltas, las epidemias y los recaudadores. Son conceptos que volverán a salir varias veces.

Esta huida conecta con la extensión del cristianismo, que también odia las ciudades, pese a que las utiliza para su difusión. No solo son los espacios del pecado, el fornicio, la ciencia o el comercio, sino que también son territorios controlados por los paganos, donde están sus templos, teatros, academias o instituciones. Todos serán destruidos. Si queda alguno en pie, no será por falta de ganas, sino por desidia o reaprovechamiento. En las ciudades, habrá una disputa por el poder muy concreta, con asaltos, linchamientos y saqueos, pero nos interesa la decisiva contribución del primer cristianismo al movimiento anticiudad. Es una religión que no es de este mundo y, por tanto, no tiene ciudad sagrada, sino una ciudad espiritual. Roma lo será, pero cuando Dios comience a morir.

El cristianismo establece una dicotomía entre la ciudad visible, insustancial, pecaminosa e hipócrita, pero donde se organiza la vida cotidiana y la ciudad invisible, la verdadera, construida con la fe de los creyentes y la comunión con los santos. San Agustín dará cuerpo a esta idea con la creación de una comunidad espiritual ajena al poder político y la elaboración de una utopía espiritual: la ciudad de Dios, que el protestantismo situará dentro de la casa.

La aspiración de huida del mundo que propone el cristianismo se concreta en dos figuras: el anacoreta y el monje. Aunque había cristianos refugiados en el sur de Egipto desde el siglo II por las persecuciones, el movimiento de huida del mundo se extendió en los inicios del siglo IV tanto en esa zona como en Siria. El anacoreta, el que se retira, busca una vida solitaria y austera para no tener entretenimientos ni tentaciones y, además de encontrarse con Dios, postularse para el futuro premio. «Y todo el que por mi causa haya dejado casas, hermanos, hermanas, padre, madre, hijos o terrenos recibirá cien veces más y heredará la vida eterna», dice Mateo, recordando que la austeridad no es una creación marxista, sino cristiana.

El anacoreta y el eremita practican el ascetismo, que recordemos proviene de *áskesis*, «entrenamiento», a través del ayuno o la mortificación, desde subirse a un árbol a la inmovilización total, pasando por el silencio o la reclusión en celdas. Algunas de estas prácticas se han recuperado en las publicaciones sobre estilos de vida y no sería extraño que, con el nombre de *estiliting*, volviera a ponerse de moda pasar unos días subido a una columna. Se trata de forjar la virtud a través de una norma de vida, una *díaita*. El cuerpo debía ingerir lo mínimo porque lo importante, el alma, era invisible. Las tentaciones solían estar relacionadas con la ciudad: el hogar, la familia, el dinero, la comida o el sexo. «Cuán a menudo fantaseaba rodeado de los placeres de Roma», dice Jerónimo. En sus textos, este santo hace el cálculo de las personas que había en la Tebaida, región desértica situada al sur de Egipto. Le salen 50.000. Más que en Roma dos siglos después. En el siglo VI, la ciudad, que había llegado a albergar un millón de personas, contaba con unos 40.000 habitantes.

No hay desierto para tanta gente y, por eso, no todos pueden vivir aislados. La palabra *monje* proviene del griego *monachós* («solitario») y, en un principio, era otro nombre que recibían las personas que optaban por la retirada. Según la tradición, tanta gente visitó a Antonio en su retiro para pedirle bendición o consejo que terminaron formando varias comunidades. Otro ermitaño, Pacomio, antiguo soldado, estableció una regla para ordenar la vida de los monjes que decidían vivir en común, es decir, ser cenobitas. A través del latín (*coenobium*), la palabra *cenobio* proviene del griego y significa «vida (*bios*) en común (*koinós*)». En unos siglos, la idea de vida en común ha pasado de ser política a espiritual, del ágora al monasterio. De la plaza al PAU.

Pacomio estableció una regla, una jerarquía y un tipo de construcción ortogonal, basada en los campamentos romanos que conocía por su antiguo oficio. Orden y claridad. Los monasterios crecieron, se extendieron y pasaron a ser centros de producción económica y simbólica. Cuando el Imperio se desmorona, los monasterios se unen a las villas como lugar de repliegue, un sitio seguro. Los bárbaros saquean las ciudades, pero muchos de ellos son cristianos y respetan los lugares de culto. Benito, un monje a quien su padre, un noble, había enviado a estudiar a Roma, huye de la nueva Babilonia, la nueva Sodoma, la nueva Babel, y establece una regla para los monasterios. La norma se aleja un poco del ascetismo, pero ordena la rutina de los monjes, desde el horario a la vestimenta, pasando por el comportamiento o la dieta. Podemos pensar en san Benito como el padre de la frase «lo personal es político». Siempre hay algo que hacer y la Santa Regla dice cómo hay que hacerlo, un intento de domar el espacio y, sobre todo, el tiempo para disminuir la presencia del azar. La dispersión suele ir acompañada de recursos de control, cámaras, alarmas o agendas para hacer la vida segura y previsible, como en los monasterios.

CATEDRALES Y MONASTERIOS

> «Esta, mis hermanos, es la ciudad de Babilonia, la ciudad de los impíos, la ciudad que el Señor quiere destruir».
>
> FRAY GIROLAMO SAVONAROLA

En los cursos de iniciación a la narrativa, hay una cuestión que siempre se atraganta: mostrar sin decir. No me expliques que el personaje está triste, enséñamelo. Lo primero es solo información y, como lector, me la puedo creer o no. Lo concreto nos toca, nos hace recrear. Uno de los ejemplos que uso en los talleres es la discusión teológica que tuvieron con piedras Suger de Saint-Denis y Bernardo de Claraval en el siglo XII. Ambos explicaron su visión de Dios con un determinado tipo de edificio; mejor dicho, trasladaron su idea de cómo imaginaban el efecto de la presencia divina a través de las sensaciones físicas que provocaban sus construcciones: la catedral gótica y el monasterio cisterciense. Es decir, el lugar urbano y la comunidad replegada.

Como el protagonista de *Marcelino, pan y vino*, Suger fue entregado por su madre a la abadía de Saint-Denis; al menos eso dice la leyenda. Además de abad, fue consejero de varios reyes e incluso regente durante la participación de Luis VI el Gordo en las cruzadas. Como cualquier alcalde español de finales del siglo XX, a Suger no le gustaba el edificio emblemático a su cargo, la iglesia de la abadía, y soñaba con hacer uno que representase mejor la grandeza de la divinidad. Según la versión de Erwin Panofsky, su inspiración fue un texto atribuido al propio Saint-Denis, la *Theologia mystica*, cuya idea central es que Dios es luz: todo lo creado es una corriente luminosa que desciende en cascadas y, de esta luz inicial, increada y creadora, participan todas las criaturas. La idea central conecta con la descripción que, en el Apocalipsis, hace Juan de la Ciudad Celeste, la ciudad invisible que sustituirá a la visible, la Nueva Jerusalén que bajará del cielo tras el Juicio Final, «de un oro puro tan transparente que se parecía a un vidrio». Por último, a nivel más práctico, Suger también se inspiró en algunas reproducciones del Templo de Salomón, donde el edificio aparecía con grandes aberturas, muy distinto a las sobrias construcciones románicas.

Suger quería una construcción amplia y hecha de luz para promover la admiración, la revelación y el éxtasis; el sol no solo tenía que entrar por las ventanas, sino también reflejarse en los objetos de oro, en los acabados y en las reliquias, que debían ser expuestas. Todo fuera, como en la Ciudad Celeste, donde las murallas estaban hechas de piedras preciosas. También deseaba un edificio amplio en el que no se produjeran los problemas de aforo que se daban en otros templos. Todo el mundo debía poder contemplar la grandeza de la religión, unida después a la del trono. El urbanismo crea ideología, como es también ideológico que no nos haya llegado el nombre de los maestros de obra que participaron en la construcción de la basílica de Saint-Denis, el primer templo gótico, y que las anotaciones sobre la construcción se atribuyan al abad Suger. Recordamos a las personas que encargaron, pagaron o disfrutaron de las construcciones, decía Bertolt Brecht, pero no sabemos nada sobre quienes las hicieron.

Bernardo de Claraval tiene un origen más claro. Hijo de un caballero, la protección de su madre le permitió dedicarse al estudio en lugar de seguir los pasos belicosos de sus hermanos. La muerte de esta le provocó una crisis emocional que terminó en una vocación religiosa. Entró en la orden monacal del Císter, de la que se convirtió en reformador e impulsor. Bernardo entroncaba con una tradición diferente a la de Suger, el ascetismo. La vida monacal se había relajado y Bernardo propuso un regreso al desierto. El camino para llegar a la unión con Dios era la austeridad, la pobreza, el silencio, la mortificación o la meditación; es decir, seguir los pasos de Jesucristo, la imitación de su calvario. El elogio del sufrimiento personal es algo muy cristiano y su influencia perdura en la narrativa centroeuropea o en la política económica de la UE.

No hay una Nueva Jerusalén, sino una unión personal con Dios, lo que se conocerá como misticismo. No hay Ciudad Celeste, sino seres celestiales en comunión con la divinidad, seres que la sienten después de pasarlas canutas o, en ocasiones, de ingerir ciertas cantidades de opiáceos, como el láudano. El cuerpo teológico de Bernardo también se concretó en piedra. Por ejemplo, en la abadía de Fontenay: muros gruesos, columnas breves, nada de adornos y celdas austeras. Las esculturas y ornamentos, además de suponer un gasto inútil, distraían la atención de los monjes. Uno quiere luz y bullicio, el otro propone sombra y recogimiento. La urbanización es un monasterio civil, arquitectura replegada frente a la ciudad pecaminosa: espacios individuales con zonas comunes. Vida recogida y la versión neoliberal del misticismo, la autoayuda, completada con la vigilancia personal de la dieta y el ascetismo del deporte. Siempre, de forma aparentemente positiva. Satanás trató de conseguir el alma de Job mediante el sufrimiento y la de Fausto, el ser humano moderno, a través de los deseos.

Suger y Bernardo dieron inicio a una fiebre constructora que, además de los diversos enfoques teológicos y estéticos, enfrentaba claramente a la ciudad con el campo, a la ciudad concentrada frente a la ciudad dispersa. La segunda, basada en la economía autárquica, con el castillo en el lugar de la villa, había prevalecido desde la decadencia del Imperio romano gracias a su irresistible oferta: seguridad. También, homogeneidad y segregación. Las ciudades padecían sitios y saqueos, sufrían epidemias o revueltas. Los enclaves dispersos eran un microcosmos homogéneo que lograba ordenar el tiempo y el espacio frente al caos de la ciudad, el lugar donde siempre hay gente en la calle; aún más, el lugar donde la calle existe, un espacio que no tiene dueño. Eso dejó de ser importante porque las oportunidades que ofrecía la ciudad merecían la pena. Ganó Suger, aunque Bernardo tenía razón. Suele pasar.

La basílica de Saint-Denis supuso el inicio de la época de las catedrales góticas y, por extensión, de la reurbanización de Europa. Todas las ciudades, todos los obispos mejor dicho, querían un templo luminoso como el de Suger, que, sin embargo, no fue consagrado como catedral hasta 1966. El título era —y aún es— poder, ya que indicaba que esa era la sede del obispo y, por lo tanto, el templo principal de la diócesis, concepto administrativo heredado de

Roma. La autoridad de la ciudad concentrada se enfrentaba a la de la ciudad dispersa, señores feudales y abades. Los dominios militares necesitaban ser también políticos y, por tanto, requerían capitales y palacios. Cabe pensar qué sucede cuando la ciudad dispersa, el mundo disperso, cuestiona esa autoridad concentrada o cuando las estructuras estatales centralizadas tratan de dominar los modelos globalizados, como Silicon Valley.

La construcción de las catedrales góticas atrajo a mucha gente a las ciudades, maestros de obra y ayudantes, carpinteros, canteros, cordeleros y, sobre todo, agricultores o artesanos expulsados de la economía familiar, jornaleros sin tierra, que recibían sustento y la promesa de pasar menos tiempo en el purgatorio a cambio de su fuerza de trabajo. Además del material del edificio, hacen falta alimentos, ropa o diversión. Hay múltiples oficios que atienden a los constructores y se promueven los avances técnicos. En esas ciudades donde se construyen catedrales, surgen más mercados, talleres o tabernas.

Vuelven a ser el espacio fundamental de la interacción humana, el lugar donde personas diferentes se miran, se tocan, hablan y realizan intercambios, un espacio con un horario distinto al agrícola y donde no está claro lo que puede suceder porque lo mismo acabas construyendo una catedral que haciendo zapatos, echando un polvo o formando parte de una turba. Es el lugar donde se compran y se venden cosas o la fuerza de trabajo de las personas. Es el lugar del intercambio de bienes y de conocimientos. Tras los mercados, los talleres y las tabernas, llegarán las universidades, las librerías y los teatros. También es el centro del poder. Se establecen administraciones, instituciones y cortes. Los castillos y los monasterios no pueden competir con esa oferta cuando la seguridad deja de ser tan relevante. Para que la ciudad dispersa pueda ser atractiva, necesita comunicaciones analógicas y digitales. O, mejor aún, que los mercados —económicos, sociales o políticos— dejen de estar vinculados a un lugar físico. Estamos en ello.

Hay que precisar que la reurbanización aún es muy débil y tiene fluctuaciones derivadas de las epidemias o las guerras. Asimismo, a partir del siglo XVI aparece otra oferta interesante para los europeos: el resto del mundo. Tenemos la idea de la ciudad medieval como un lugar terrible lleno de barro, basura y excrementos, con la gente hacinada en casas diminutas, sin ventilación ni iluminación. La imagen se acerca más a la ciudad a partir de finales del siglo XVIII, cuando el mercado comienza a ser la ideología predominante; es decir, a ocupar el altar y el trono. La migración rural masiva, provocada por las leyes que terminaban con el Antiguo Régimen y promovían la industrialización, sí desbordó la capacidad de asimilación. Los servicios e infraestructuras, canalizaciones o recogida de basuras, que existían en muchos lugares, no estaban preparados para asumir la vida cotidiana de tanta cantidad de personas ni el flujo de mercancías provocado por el nuevo modelo, que precisaba de intercambios constantes. Ni siquiera había sitio dentro de un espacio que, en ocasiones, aún estaba amurallado.

Volvamos al debate ideológico. La catedral, la Ciudad Celeste del abad Suger, es el imán que resucita la ciudad del hombre. Los predicadores cargan contra los vicios urbanos, el contacto, la promiscuidad, los gritos, la desinhibición, el vestuario, el maquillaje, el teatro o la música. Tienen más éxito en los momentos vinculados a catástrofes, guerras o epidemias, cuando, como decía Juvenal, los ricos huyen de la ciudad. «A las quintas se retira mucha gente poderosa», se cantaba durante una epidemia en el siglo XVII. También lo han hecho en el siglo XXI.

Bernardo de Claraval tenía razón. Dios se diluye en las ciudades. Para percibirlo, hay que alejarse de la sociedad y buscar el recogimiento, algo que cuajará en la Reforma protestante, donde cada persona debe convertirse en un monje. Calvino intentará convertir Ginebra en un monasterio; es decir, un laboratorio de la ciudad no urbana, el espacio sin experiencias donde cada casa alberga una iglesia: el suburbio. La Nueva Jerusalén no tiene luz, sino que viste de negro. Un año antes de que Lutero clave sus tesis en la iglesia del Palacio de Wittenberg, Tomás Moro publica *Utopía*, otra huida de la ciudad. Ambos pueden ser considerados los padres de la dispersión urbana moderna, más anglosajona que latina.

Durante siglos, otras obras propondrán comunidades delimitadas de calles rectas y gobiernos justos y las visiones de la ciudad ideal, concretada en algunos casos, se fijarán en los modelos clásicos, la forma en damero de la planta hipodámica o el campamento romano. Sobre todo, tras el redescubrimiento de la obra del romano Vitrubio. Por ejemplo, las bastidas francesas, las ciudades coloniales españolas o las nuevas poblaciones de Andalucía. Las propuestas de modelos ideales, en obras artísticas o en libros políticos, parten de ese deseo de orden, equilibrio y limpieza, conceptos que no debemos perder de vista. La mayoría de ciudades buscan un cierto orden, normalmente vinculado a la defensa, con sistemas de baluartes y murallas. Palmanova (Italia) es el modelo extremo.

En ocasiones, se modifica la ciudad en busca de la separación de grupos sociales o para evitar la propagación de enfermedades, como el gueto y el lazareto, ambos venecianos. Sin embargo, la ciudad es complicada de domesticar. En los seis siglos que pasan entre el inicio de la época de las catedrales góticas y el nacimiento de las primeras intervenciones urbanísticas, la mayoría de ciudades crecen por acumulación, sin un planeamiento claro, salvo la distribución de barrios por gremios u otros usos y la fuerza de polos como las iglesias o los mercados.

En ese tiempo, diversos pensadores reflexionarán sobre la vida en las ciudades como un espacio ético porque el individuo necesita moderar sus intereses y apetencias para crear una cultura colectiva, una cultura cívica, política o urbana. La ciudad es la representación del pacto social o del paso del estado de naturaleza a la civilización, como ya sostenía la mitología babilónica o griega. En las ciudades de la Edad Moderna comienzan a surgir espacios deliberativos e instituciones representativas. En algunos casos, se recuperan. Precisamente, la idea de replegarse solo renacerá con fuerza cuando, siglos más tarde, la ciudad se vuelva incontrolable y las personas que la habitan quieran gobernarse a sí mismas.

LIMPIAR LA CIUDAD

> «El objeto final de la Higiene es la perfección orgánica».
> *Curso elemental de Higiene Privada y Pública*, 1874

Uno de los libros que mejor representan la rebelión contra el principio de autoridad que se produjo a partir del Renacimiento es *Don Quijote de la Mancha*. El hidalgo ha leído todos los libros posibles; pero, cuando sale al mundo exterior, nada encaja. No es capaz de comprender la realidad a través de los libros antiguos, que también eran los soportes de la mayoría de disciplinas. «Se equivoca el cadáver, que no Galeno», fue la respuesta que tuvo Andries van Wesel cuando sus investigaciones sobre el cuerpo humano mostraron que los textos clásicos estaban equivocados. Su respuesta fue una revolución, en la que, de momento, aún vivimos: «No reconozco otra autoridad que mis propios ojos. Debo tener la libertad de comparar los escritos de Galeno con los hechos observados». Ahí están el método científico, el pensamiento autónomo y la creación artística. Aunque el Romanticismo suele interpretarse como la exaltación de esta última, fue un regreso al principio de autoridad al unir autoría y obra, y elevar el primer concepto sobre la segunda. Es un camino que nos ha llevado a la idea de que es arte todo lo que lleve la firma de un artista y pueda ser comercializado como tal. Es decir, no importa el cadáver, sino Galeno. Pero no nos desviemos.

La palabra griega *miasma* significa «contaminación» y era un maleficio en forma de vapor enviado por algún dios que solo podía repararse con un sacrificio. La palabra también dio nombre al primer intento científico de detectar el origen de las enfermedades. La historia es apasionante, pero nos interesa llegar a las conclusiones. Una de las zonas más afectadas por la epidemia de peste que sufrió Londres en 1665 fue el área portuaria y los barrios que la rodeaban, donde se hacinaban los trabajadores. Los estudios actuales deducen que el origen del brote estuvo en los barcos procedentes de Ámsterdam, ya que la peste había afectado a los Países Bajos desde 1654, pero los estudios de la época vincularon el brote con las condiciones higiénicas de la zona: suciedad, agua estancada, aire viciado. Poco después, Viena, ciudad que no contaba con alcantarillado, también sufrió otro brote. Por la misma época, el italiano Giovanni Maria Lancisi desveló el misterio de las terribles Marismas Pontinas, de donde venía una enfermedad llamada malaria, es decir, «mal aire». La causa de las epidemias que habían asolado y defendido Roma estaba en el mosquito que vivía en esa combinación de agua estancada y aire viciado. Había que drenarlas y, si no se podía, evitar la presencia del agua estancada en la ciudad mediante canalizaciones.

Todos estos estudios y medidas prácticas dieron lugar a la teoría miasmática, que defendía que las enfermedades proceden de las emanaciones de aguas impuras, el aire viciado y los suelos sucios, tres elementos que eran bastante habituales en las ciudades y no solo en los barrios populares. Sin embargo, estos últimos quedaron casi exclusivamente bajo el foco por varias cuestiones. Algunas eran reales, como el hacinamiento de la población, la menor presencia de servicios públicos —como la recogida de basura— o la construcción de casas en zonas descartadas por insalubres —pantanosas, sin alcantarillado o cercanas a vertederos—. Poco hemos cambiado. Tampoco en otras cuestiones más políticas o sociales, como la falta de representación de estos grupos en las instituciones. Las clases acomodadas sufrían menor densidad de población, podían no tocar la calle gracias a los carruajes y tenían la capacidad, ya recogida por Juvenal, de huir en caso de epidemia y encargar el abastecimiento al servicio. La difusión de los contagios se cebaba en ciertas zonas porque, en otras, había habitaciones suficientes para pasar la cuarentena o, simplemente, no había nadie porque estaban en la segunda residencia, algo que volvimos a ver en la primavera de 2020.

En el siglo XIX, la teoría miasmática de las enfermedades fue una de las bases de los movimientos anticiudad más sólidos, cuyo eco llega hasta nuestros días, aunque haya perdido su nombre: el higienismo. Podríamos considerarlo una versión burguesa de muchas de las tradiciones que hemos visto y le debemos mucho. Por ejemplo, la idea de que es necesario cuidar el cuerpo mediante la práctica del deporte, los cereales del desayuno o el contacto con la naturaleza en viviendas rurales, sanatorios o balnearios. Esto último conectaba con la vieja idea, recuperada por el Romanticismo, de que fuera de la ciudad se encontraba la verdadera vida, la auténtica condición humana. También, aunque de esto no participaron los románticos, que hay que cuidar el alma mediante la renuncia al placer, la bebida o el sexo, o la instauración de una disciplina rígida familiar y laboral que debe ser vigilada por el resto de la sociedad. Es decir, el puritanismo, del que tampoco nos hemos librado.

Además de en campañas contra el alcohol o la literatura erótica, las ideas del higienismo podían utilizarse sin problemas para culpabilizar a la clase trabajadora de sus pésimas condiciones de vida, otra idea que se mantiene. Enferman porque no se lavan o no tienen una dieta variada. O por «sus estilos de vida», como se dijo en la Asamblea de Madrid en septiembre de 2020. Son pobres porque no se esfuerzan lo suficiente y se despreocupan de la educación de los hijos. Son frases que pueden leerse en la prensa de hoy y en la de hace dos siglos. También para atacar cualquier tipo de heterogeneidad, como la emigración o la diversidad racial. La Escuela Positivista de Cesare Lombroso sostenía que, además del aspecto físico, había cuestiones genéticas o culturales en la predisposición a la delincuencia. Son ideas que aparecen más explícitamente cuando hay movimientos migratorios o intentos de integración, pero son una corriente subterránea que no desaparece. De hecho, Lombroso vería los programas de prevención policial basados en algoritmos como la culminación de su trabajo.

Los emigrantes o las personas de otras etnias traían enfermedades, concepto en el que convivían la viruela, la promiscuidad o el marxismo. En la década de 1870, Buenos Aires sufrió varios brotes de fiebre amarilla cuyo origen estaba en los soldados que habían servido en la guerra de la Triple Alianza contra Paraguay. Sin embargo, los señalados fueron los barrios de emigrantes, recién llegados del sur de Europa, y las personas de raza negra. Estas últimas fueron incluso cercadas por el ejército en el barrio de Montserrat y prácticamente murieron todas. Tras la epidemia, se produjo una reforma urbanística que, además de alcantarillado, provocó movimientos clásicos. La población de mayores recursos abandonó su tradicional emplazamiento en la zona sur de la ciudad y construyó sus nuevas residencias en el norte, los barrios con amplias calles de Retiro o Recoleta. Alejarse del peligro, separarse, segregarse.

El diagnóstico no difería a nivel político. Al igual que se pensaba que las epidemias procedían del aire viciado o el agua estancada, la delincuencia o las revoluciones también eran enfermedades sociales que se podían eliminar con tratamientos que siempre incluían las palabras *extirpación*, *limpieza* o *purificación*. A finales del siglo XIX, la estadística Adna Ferrin Weber propuso la vida suburbana como el mejor remedio para alejar a los trabajadores de los sindicatos e impedir la conflictividad social, el virus del socialismo, algo que ya habían hecho algunas empresas construyendo colonias fabriles. Sus propuestas visionarias iban desde facilitar las comunicaciones o reducir los horarios a la creación de asociaciones laborales que promoviesen la edificación de viviendas en propiedad lejos de la ciudad concentrada. De hecho, la chispa de la revolución urbanística no fue una epidemia, sino un levantamiento; es decir, el miedo a la ciudad incontrolable.

París lo había hecho en 1789, 1830 y 1848. Tras esta última revolución, el barón Haussmann modificó la ciudad para que dejase de ser un laberinto de callejuelas donde se podían levantar miles de barricadas. También para que el centro, donde vivían familias trabajadoras hacinadas, dejase de ser terreno propicio para las epidemias, como el cólera, que había afectado a la ciudad en 1832 y 1848. Su plan afectó a más de la mitad de las viviendas. La transformación del trazado medieval al moderno se llevó a cabo a través del modelo clásico: las líneas rectas y las grandes obras, ideas con las que ya Nabucodonosor el Grande había reconstruido Babilonia. Grandes avenidas y bulevares, redes para gestionar flujos y desplegar a las fuerzas de seguridad, imponentes edificios para mostrar la grandeza. Para él, la ciudad no era algo emotivo. En sus memorias, dice que el nuevo París es, para sus habitantes, «un gran mercado de consumo, una inmensa oficina laboral, un campo de ambiciones o un simple lugar de citas placenteras».

La reforma también buscaba la desactivación del conflicto a través de la sensación de prosperidad. Como sostiene el geógrafo David Harvey, hay una «conexión íntima entre el desarrollo del capitalismo y la urbanización». Tanto las infraestructuras como la vivienda son productos perfectos para reactivar las economías y absorber el capital excedente de esos momentos ascendentes de la curva. Además de asfalto, cemento y ladrillo, se crean nuevos instrumentos crediticios, ya que el gasto público y privado se financia a través del endeudamiento, y se comercializan nuevos productos y estilos de vida vinculados a la propiedad, la deuda y la herencia. En el París del II Imperio, la decoración, los cafés, los grandes almacenes, los teatros, la industria de la moda, el turismo de balneario y las grandes exposiciones. Después viene el tortazo, que pilla a los capitalistas desprevenidos y, sobre todo, a la mayoría de la población que, a la inestabilidad económica, precariedad o desempleo, suma las deudas contraídas en la época de bonanza.

El modelo Haussmann se extendió usando el lenguaje del higienismo. A veces, de forma agresiva. La ciudad es un cuerpo y detectar los elementos perniciosos permite aplicar soluciones drásticas, como el saneamiento, la regeneración o la extirpación. Limpiar las calles es un lema que aún disfruta de buena salud electoral. Hay que promover la circulación; en especial, la del aire, el agua y los desperdicios para evitar los efluvios miasmáticos; pero también la de los coches de caballos, con la nueva burguesía que quiere ver y dejarse ver y los carros con las mercancías que ya no son de subsistencia. Asimismo, dividir bien la ciudad para evitar el contacto entre clases y estar lejos de lo contaminado. Sigue habiendo viviendas con familias hacinadas, pero ya no están en el centro. Los mataderos o las industrias tienen que desplazarse fuera; quizá, cerca de los que trabajan. Eso no importa. Si no progresan es que no se esfuerzan bastante.

Los ensanches tienen calles rectas y amplias para que circule el aire y el ejército pueda actuar. En Barcelona, el plan de Antoni Rovira i Trias, una semicircunferencia alrededor de la ciudad antigua con barrios segregados, se descarta frente al de Cerdà porque no abre suficientemente las calles. También, porque Rovira es menos cercano al gobierno. Pese a que Cerdà quería un barrio para los trabajadores, estos se quedan fuera. Los nuevos barrios, los ensanches, solo acogen a un determinado tipo de población. La ciudad se reordena para que deje de haber chabolas rodeando los palacios y la burguesía pueda pasear y tomar café. Cada uno, en su sitio. Las personas con más capacidad económica se quedan en el centro de la ciudad. Mejor dicho, crean uno nuevo, segregado del centro histórico a través de infraestructuras, con calles ajedrezadas y edificios homogéneos. Si es necesario, se derriban barrios para dejar paso a esta reordenación, que tiene uno de los mejores fundamentos ideológicos: la seguridad. Hay que evitar la propagación de enfermedades; también, sociales. Y entre estas, la idea que propone la gestión colectiva de la vida en comunidad. Hay que establecer fronteras interiores dentro de los barrios, de las calles.

La influencia del protestantismo, para quien cada persona es un monje, llevará este repliegue hasta la introspección personal y creará dos ideas. La primera, el hogar, que une iglesia y empresa, a cuyo frente se sitúa una nueva construcción mítica: el ángel del hogar, la mujer que cuida de su familia, educa a sus hijos, complace a su esposo y mantiene el buen nombre a través de una vida social intachable con emoción, sensibilidad, altruismo y espíritu de sacrificio, cualidades que se determinan como femeninas. En los países católicos, se extiende la devoción al Sagrado Corazón y, en 1854, se establece el dogma de la Inmaculada Concepción con la misma idea: venerar a la mujer abnegada que se sacrifica por su familia. La ciudad tiene dos espacios, público y privado. Al igual que en Grecia y Roma, la mujer queda relegada al segundo.

La otra idea, difundida por el Romanticismo, es el concepto de individuo como ser dotado de elementos propios: deseo, voluntad o placer. La narrativa comenzará a mirar hacia dentro: de la introspección a la autoficción, del diario al selfi. Si Vesalio decía que no reconocía otra autoridad que la de sus propios ojos para observar los hechos, los románticos dirán que cada uno tiene su mirada emocional y, por lo tanto, sus hechos. Los ojos se vuelven hacia el interior y el artista comienza a hablar de sí mismo, a llamarse creador, a confundirse con la obra. Su divinización, el regreso de los héroes, es una respuesta a lo que Max Weber llamaba el desencantamiento del mundo, la desaparición de Dios y, en general, del mundo mágico, lo que dejaba al ser humano en una enorme soledad espiritual y moral. Immanuel Kant propone un criterio, unas normas para la vida en comunidad, que ya no se queda en la *polis*, sino que nos alcanza a todos. Los románticos dirán que cada ser humano debe encontrarse a sí mismo y crear sus propias normas. Animo a pensar en la escuela austriaca, antecesora del neoliberalismo, como un liberalismo romántico donde el emprendedor es un nuevo héroe o poeta.

Como ya habían hecho los pitagóricos y los eremitas, la mejor manera de conseguir este encuentro con uno mismo es la naturaleza. De la vida descansada de fray Luis de León a Thoreau: «Me fui a los bosques porque quería vivir sin prisa. Quería vivir intensamente y sorberle todo su jugo a la vida». La solución: sacar el ensanche de la ciudad y situarlo en el campo como un nuevo monasterio. Lo mejor de los dos mundos. Una utopía realizada.

PLEGARIAS ATENDIDAS

«En cuanto a sus ciudades, quien conoce una las conoce todas».

TOMÁS MORO, *Utopía*

En 1992, Marc Augé creó el concepto de «no lugar» para referirse a esos espacios de tránsito impersonales y casi iguales entre sí. Por ejemplo, aeropuertos, centros comerciales o estaciones. Rodeado de franquicias de tiendas de ropa, franquicias de cadenas de cines con películas franquicia y cadenas de franquicias alimentarias con empleados con uniforme y sabores franquiciados, es complicado saber si uno está en un centro comercial de Zaragoza o Málaga y, en los últimos años, también comienza a no ser fácil distinguir si uno está en Zaragoza o Málaga. Quizá esa es la idea: estar en un sitio familiar, igual a otros, donde sé cómo tengo que comportarme. Los centros comerciales recogen el espíritu de la catedral, pero con el mercado ocupando el altar psicológico.

Los no lugares no son sitios marginales o vacíos, sino de tránsito. Es decir, son espacios que las personas usan el tiempo imprescindible para consumir o trasladarse. Al ser modelos impersonales y diseñados desde arriba, no se crea teóricamente un vínculo emocional. Son segregados y homogéneos, conceptos muy repetidos en este libro. También, homeostáticos, que no aparece tanto para evitar erratas. Es decir, las nuevas catedrales mantienen un ecosistema estable, con la misma iluminación y temperatura durante todo el año, y disponen de sistemas de discriminación, control y vigilancia que reducen la posibilidad de que sucedan cosas inesperadas. En esta lista, hay características que, para ser positivas, solo necesitan otro sistema de valores donde no exista la comunidad, sino comunidades o, mejor aún, individualidades. El centro comercial es un lugar seguro que está siempre disponible y donde se pueden hacer un montón de cosas. Para una generación, no es diferente de ir al campo a merendar para que los niños jueguen.

Habitualmente, el no lugar se ha opuesto al lugar antropológico o social, el espacio significativo donde se desarrolla la vida, el sitio con historia y vinculación emocional, la plaza, el mercado, el teatro o el parque. El centro comercial es todo eso, pero sin los inconvenientes de la ciudad y no es feo porque ya no existe el criterio estético, ahora considerado una imposición autoritaria y antigua. No llueve ni te mueres de frío o calor, puedes pasear sin miedo a ser asaltado o importunado y tienes la seguridad de que la mayoría de gente que te rodea se parece a ti. El centro comercial es una utopía.

El creador del concepto, Tomás Moro, utilizó un juego de palabras a medio camino entre *outopos* (no lugar) y *eutopos* (buen lugar). Además, la obra tenía al inicio un determinante posesivo que desapareció para dar paso a algo general. Podemos considerar a Moro el precursor de los conceptos que crean realidad, esos nombres que bautizan cuestiones sociales que, hasta ese momento, eran etéreas. Aunque en una división inferior, territorial y amateur, no oculto mi deseo de unirme a esta lista con el término *Pauers*.

Algunas de las características que Augé atribuía a esos no lugares, como ser segregados, homogéneos, impersonales y diseñados desde arriba, pueden encontrarse en las comunidades replegadas; pero también, en muchos de los proyectos ideales que se han planteado a lo largo de la historia. Las utopías son no lugares o, mejor dicho, no ciudades. La construcción de una nueva sociedad demanda la separación de la existente y la creación de nuevos asentamientos alejados de los problemas y vicios de la ciudad. Se trata de un diseño desde arriba, una planificación social y moral que comienza por salir fuera del entramado urbano para que el nuevo espacio sea un folio en blanco. El orden frente al desorden, la claridad frente a la confusión: líneas rectas, casas iguales para sociedades homogéneas, una ciudad limpia, aunque esa palabra no se use siempre.

La ciudad dispersa es un triunfo de la utopía. De hecho, para la historiadora del urbanismo Françoise Choay, el fin de la tradición utópica está relacionado con la concreción de sus posibilidades en los proyectos del siglo XIX, de la ciudad jardín a la ciudad radiante. Merece la pena detenerse un poco en el movimiento utópico como una de las bases intelectuales de la dispersión para comprobar que el modelo ha querido aproximarse a nuestros sueños y que el PAU, el suburbio, es una plegaria atendida.

Platón situaba su república en una montaña. Moro escoge una isla de perímetro recortado y rocoso que cuesta poco identificar con Gran Bretaña. Para criticar la sociedad en la que vive, construye un espejo ideal basado en el orden y la virtud. Es decir, matemáticas. Un espejo segregado, cabe puntualizar, ya que Utopus, el fundador mítico, tuvo que dedicar tiempo y esfuerzo para eliminar las quince millas de tierra que unían la península de Abraxas con el continente. La posibilidad de una isla se convierte en real. Al contrario que Platón, Moro no pretende restablecer ningún orden perdido, sino crear algo nuevo y diferente. No hay una edad de oro, sino un momento fundacional, el planeamiento, la recalificación, cuando el fundador construye una nueva estructura que sustituye a la cansada y decadente ciudad antigua, de la que apenas queda rastro. Los PAU también son lugares sin historia donde la planificación crea una nueva sociedad a partir del diseño urbanístico y apenas quedan huellas de lo que había antes, huertos o chabolas. La continuidad temporal aparece, si acaso, en las denominaciones, El Cañaveral o Rabasa. Como en Utopía, son rastros de las ruinas.

Aunque hay pequeñas imperfecciones, la planificación se ha impuesto a los accidentes geográficos para ofrecer una red perfecta. Los límites están claros y dejan fuera lo bárbaro, lo extraño. Las ciudades, divididas en cuatro distritos iguales, están separadas por veinticuatro millas y tienen una planta reticular idéntica, tamaño reducido y una configuración estandarizada de calles, mercados, templos y casas. En el centro de cada distrito, hay un mercado público donde se encuentra de todo. A cada lado de la calle, viven quince familias y hay jardines en la parte trasera de las casas. Vista una, dice Moro, vistas todas. Desde arriba, todo es geométrico y jerárquico. La comunidad se acomoda al proyecto y el mapa físico ajusta el mental. El proyecto urbanístico está al servicio del modelo social e incluso, del moral, ya que recuerda simultáneamente que todos los habitantes son iguales, pero que cada uno de ellos tiene su lugar y misión. Libertad y fraternidad a través de la introspección.

Situada en una montaña, la Ciudad del Sol de Tomás Campanella es redonda y tiene una estructura radial en la que sus calles nacen del también circular templo del sol. Kilómetro cero. La Cristianópolis de Johann Valentin Andreae también tiene un templo circular en el centro, pero su proyecto de ciudad es cuadrado. Tras un muro, hay cuatro baluartes concéntricos y, dentro, los edificios de tres pisos están dispuestos en dos filas con una única calle pública. Todas las viviendas también son iguales (tres habitaciones, cocina, dormitorio, baño, jardín y bodega; solo falta el garaje) y la ciudad, para cuatrocientas personas, está dividida por el tipo de industria de cada gremio, un antecedente de la zonificación. Orden, limpieza, geometría.

La utopía se relajó con la posibilidad de descubrir y categorizar el mundo que ofreció el inicio de la globalización. Más que soñar con ciudades ideales, las nuevas tierras ofrecían la posibilidad de imaginar que las urbes ideales existían, como el reino del Preste Juan o las siete ciudades de Cíbola. La revolución industrial y, sobre todo, la entrada del capitalismo y sus consecuencias sobre las vidas humanas provocaron la principal oleada de utopías, encabezadas por el proyecto de Charles Fourier, el falansterio. El pensador francés tenía claro que la arquitectura era un elemento del cambio social y su edificio tenía que ser la concreción de la armonía social. Siguiendo el hilo que va del monasterio al puritanismo, Fourier describe cómo debe desarrollarse la vida en común, los horarios, la indumentaria o el mobiliario del edificio, donde no hay domicilios particulares. Socialismo benedictino. Su idea sirvió de inspiración a empresarios paternalistas y, quizá, a otros modelos menos edificantes, como las colonias industriales, donde el control era más estricto.

Cuadrada, con un aire a la Cristianópolis de Andreae, la ciudad Victoria de James Silk Buckingham es uno de los modelos más detallados, con barrios delimitados para los diversos usos y viviendas de diferentes tipos y precios, casi todas con jardín, ya que cualquier persona podía integrarse en su proyecto adquiriendo acciones de la ciudad, algo que recuerda a los *countries* argentinos. El contrato explicitaba, además de la prohibición higienista del alcohol u otro tipo de drogas, la adhesión al arbitraje particular, excluyendo los tribunales ordinarios. Un Estado dentro del Estado, como dice el urbanista Bernardo Secchi de las comunidades cerradas, algo que, con matices, también planteaba Theodor Hertzka con Freiland, donde un tribunal decidía dónde y cómo se debían construir las casas con mil metros cuadrados de jardín que formaban la ciudad. El sueño era el contacto con la naturaleza, aunque fuera simulada, en contraposición a la contaminada e irrespirable ciudad industrial. Ebenezer Howard lo cumplió con la ciudad jardín.

Étienne Cabet también vio cumplido su proyecto. Al menos, en parte, ya que el pensador francés fue de los primeros en imaginar un país entero. Icaria se divide en cien provincias, iguales en extensión y en número de habitantes, que contienen diez comunas. Sus ciudades tienen forma circular y, atravesadas por un río, optan por la forma reticular con calles rectas y anchas: cincuenta avenidas paralelas al río y cincuenta perpendiculares. Las manzanas están dispuestas en torno a plazas y cada una de ellas tiene quince casas, con un edificio público en medio y un jardín entre las hileras. El planeamiento se completa con la ubicación en la periferia de los establos y mataderos. Cabet influyó en la vida intelectual de Barcelona a través de Narcís Monturiol y Josep Anselm Clavé, y una avenida lo recuerda, pero fue en Estados Unidos donde su proyecto se concretó en seis ciudades. Todas acabaron mal.

Las últimas utopías tienen un poso nostálgico, como si el recuerdo del mundo previo a la Revolución Industrial pudiera enfrentarse a ese sistema que destruye los bosques, contamina los ríos y envuelve las ciudades en una niebla densa y oscura. En Spensonia, el reformador Thomas Spence proponía volver a un sistema de parroquias similar a los pueblos ingleses preindustriales, algo muy parecido a la Edad de Cristal de W.H. Hudson, que describe un mundo en el que las grandes ciudades se han abolido; las personas viven en grandes mansiones y trabajan la tierra o se dedican a los oficios artesanales. Es también el mundo de las *Noticias de ninguna parte*, de William Morris, fundador del movimiento Arts & Crafts (artes y oficios). Crítico con el modo de producción industrial donde el trabajador es una máquina, proponía regresar a la manufactura. En su libro, las grandes ciudades han desaparecido del valle del Támesis y solo queda un conglomerado de pueblos entremezclados con bosques y praderas, donde vive una comunidad centrada en el arte. Será una de las influencias de la ciudad jardín. Como puede verse, la izquierda nostálgica no es una cuestión del siglo XXI.

Las utopías languidecieron al dejar de ser imposibles. En primer lugar, cuando lograron influir en las ciudades reales a través del planeamiento urbano: ensanches, ciudad jardín, ciudad lineal, ciudad radiante, ciudad dispersa, etc. En segundo lugar, cuando la globalización permitió a cualquier grupo, normalmente europeo, desplazarse con cierta facilidad por otros continentes para establecer su propio proyecto, como los icarianos. En muchas ocasiones, como explica el documental *Wild wild country*, con idéntico resultado. Por último, cuando la ciencia ficción —literaria o, sobre todo, cinematográfica— permitió poner en marcha las utopías para comprobar que ese orden perfecto era todo menos humano. Es decir, que eran distópicas, algo que quizá ha afectado a la capacidad de imaginar cómo puede transformarse el mundo.

Las posibilidades tecnológicas del siglo XXI nos han traído el regreso de la utopía en versión tecnológica. El proyecto de Google para Quayside, la zona portuaria de Toronto, incluye zonas verdes y espacios abiertos dentro de un área inteligente donde todo estará cerca para poder ir andando. La clave es la perversión del concepto inteligencia aplicado a objetos. La ciudad recopilará datos de sus habitantes para adaptarse a sus usos, desde las carreteras, que pueden pasar a ser peatonales, a los parques o el clima. Como en la mayoría de proyectos que hemos visto, todo es perfecto porque no hay vida. La clave de la comunidad no es la adaptación constante a los deseos, sino la gestión concreta del conflicto.

DOMAR LA CIUDAD

«Aislarse del mundo como un monje y vivir como un príncipe».

LEWIS MUMFORD

La historia de cómo los estudios de un geógrafo afiliado al partido nazi acabaron diseñando la construcción de una región del Estado de Israel merece un libro de Michael Chabon. Nadie lo va a contar mejor. El inicio puede ser su huida en 1933. Walter Christaller era socialdemócrata y, tras la toma del poder por parte de Hitler, decidió escapar de Alemania en su bicicleta. Ese mismo año publicó su trabajo, en el que presentaba la teoría de los lugares centrales. Básicamente, establecía patrones que explicaban la distribución y jerarquización de los espacios urbanos e industriales: lugares de producción, almacenamiento y distribución. Hay polos de atracción que organizan el espacio alrededor de ellos y puntos más pequeños que ofrecen recursos para el central y servicios, para la población que los habita. Existen productos que tienen un mercado amplio y pueden concentrarse, pero otros tienen que estar muy accesibles. Es decir, las personas pueden hacer trayectos largos para ir a un hospital o conseguir un bien exclusivo, pero quieren ir andando a comprar el pan o tomar una cerveza. Pásate por Arroyomolinos y busca una panadería, Walter Christaller.

Los nuevos gobernantes alemanes, que tenían el proyecto de conseguir mucho espacio libre para repoblarlo, lograron repatriar a Christaller, que trabajó en el departamento de las SS encargado de la germanización de Polonia. Acabada la guerra, giro de guion, Christaller trabajó en la República Democrática de Alemania y para la administración comunista de Polonia, pero sus trabajos se utilizaron en todo el mundo, desde la República Federal de Alemania a Israel, donde se aplicaron en la región de Lakish. Del interesante trabajo de Christaller, muy complejo para este libro, nos interesa su representación: una hermosa y perfecta red de hexágonos que se combinan en intercambios de personas, bienes y servicios, una red de flujos jerarquizada para ser eficiente. Nos encantan las matemáticas por la misma razón que amamos las conspiraciones: ordenan el mundo.

Esa ha sido la idea del planeamiento desde su inicio: clarificar el espacio urbano. Abramos un paréntesis. No hay nada malo en ello, por supuesto. Este no es un libro en contra de la malla hipodámica o el espacio abierto; ni siquiera cuestiona la rotonda como faro del urbanismo español. Sería absurdo refutar las conclusiones de miles de personas que han reflexionado sobre cómo construir las ciudades, pero sí creo que hay que pensar, como la urbanista Jane Jacobs, que una ciudad es más que un planeamiento: «Cuando los diseñadores buscan el armazón de la ciudad, la estructura mágica que ordene todos los elementos, se equivocan. Buscan algo que no existe». La clave está en el verbo *ordenar*, la sensación de que hay una situación nociva que requiere ser corregida. La cuestión delicada aparece cuando las palabras y los conceptos se unen en un mismo campo semántico: orden, claridad, limpieza, seguridad, predictibilidad o productividad, ya que es algo que crea el campo contrario y, por ejemplo, sitúa lo imprevisible al lado de lo inseguro. Así, los usos no normativos, las vidas no normativas o los cuerpos no normativos se asocian al desorden, la suciedad, la improductividad o la delincuencia y la solución pasa por conceptos como clasificación, segregación o, como hemos visto, extirpación.

Es interesante comprobar que el orden o la dispersión son ideas defendidas desde muchos puntos de vista como los remedios ideales para los diversos problemas de la ciudad. La distribución y jerarquización de los espacios ya estaba en la cabeza de Hipodamo de Mileto, el padre del planeamiento urbano y que da nombre a la construcción en retícula, tan típica de los ensanches y las urbanizaciones, y que ya se había usado en el Antiguo Egipto, Babilonia o Persépolis. Nos gustan las matemáticas. Como en el caso de Christaller, las guerras permitieron a Hipodamo desarrollar sus ideas y reconstruyó varias ciudades, como Mileto o Rodas, además de diseñar el Pireo ateniense. Para Hipodamo, en línea con Platón, la ciudad ideal tenía que estar dividida en tres zonas (sagrada, pública y privada), que acogerían respectivamente a las diversas clases. De nuevo, volvemos a tener funcionalidad y claridad unidas a clasificación y segregación.

El romano Vitruvio, cuyos textos recuperados influyeron en el Renacimiento, también creía en la línea recta y la ciudad proporcional y jerarquizada con diferentes calles y edificios. Su ciudad ideal era redonda, y estaba muy atento a las condiciones medioambientales para evitar los malos aires. El famoso dibujo de Leonardo da Vinci el *Hombre de Vitruvio* se ajusta bastante a su proyecto, con los órganos vitales en el centro y las extremidades extendiéndose. Esta imagen se convertirá en una de las metáforas preferidas cuando los flujos de personas y vehículos se conviertan en el principal elemento urbano. Tampoco es difícil encajar al *Hombre de Vitruvio* en el hexágono de Christaller y pensar en los proyectos centralizadores de ciertos Estados-nación: París, en el siglo XIX; Madrid, ciento cincuenta años después. Las infraestructuras también son ideología.

Quedémonos en el siglo XIX. Como hemos visto, la circulación higiénica era la idea de los ensanches, el primer gran movimiento de planificación. El plan original de Cerdà, acuñador del término *urbanismo*, abría las manzanas para facilitar la ventilación y ofrecer un espacio público, normalmente un jardín, a los nuevos habitantes. Como socialista utópico que había elaborado informes sobre la clase obrera barcelonesa, su idea era que las casas las ocuparan estas personas, pero la cosa no salió bien. Otros grupos se hicieron con el barrio. La ejecución del plan amplió la edificabilidad y cerró las manzanas, permitiendo a la burguesía, mediana y pequeña, huir del centro de Barcelona, hasta entonces amurallada.

Haussmann o Cerdà son los primeros nombres modernos de una larga lista de diseñadores urbanos que buscan ordenar el espacio; es decir, distribuir y jerarquizar. Es una función necesaria, y lo que nos interesa, de nuevo, es señalar que todas las decisiones tienen consecuencias porque afectan a la vida cotidiana y, por tanto, a la mentalidad. Suger de Saint-Denis y Bernardo de Claraval tenían claro que la mentalidad se define por el espacio. La luz de la catedral despierta fascinación y elimina las dudas del feligrés; el monasterio no solo provoca recogimiento, sino que transforma al novicio en monje. La fe no es lo que hay antes de la procesión, decía un cante, sino lo que queda cuando los pasos se han recogido.

Los ensanches crean ideología, lo mismo que un parque, una plaza o atravesar la ciudad con una autovía que establece una frontera interna. La ciudad es un todo. No son los edificios o las calles, sino la vida que se desarrolla en ella. Es decir, la práctica del espacio en el que nos movemos y habitamos. Si la movilidad está en el centro de todo, como sucede en las grandes ciudades, no solo es necesario tener un vehículo para evitar quedarse fuera, sino que cambia nuestro mapa mental. Hay que ser rápidos y flexibles, no quedarse quietos nunca. La experiencia del movimiento se confunde con la propia vida.

Habitualmente, se señala a Le Corbusier como el destructor de las ciudades a escala humana por su apuesta por la movilidad, todo para el coche, pero es un elemento que está en la base de casi todos los proyectos; sobre todo, los que buscan disolver lo urbano. La única manera de domar la ciudad es dispersarla y, para lograrlo, es fundamental la movilidad. Ferrocarril, tranvía, ómnibus o carreteras aparecen en todos los proyectos de huida de la ciudad del siglo XIX que, además, ya pueden ser reales.

La ciudad jardín de Ebenezer Howard reúne la utopía, reformista y socialista, y la planificación, pero también, la devoción por la naturaleza y la idea, romántica y ascética, de que necesitamos replegarnos y alejarnos de los demás para ser nosotros. Es decir, si no hay instrumentos que desarrollen la idea de comunidad, se trata de la construcción protestante del individuo y la privacidad, que nadie ha explicado mejor que el wéstern: el hogar son cuatro estacas defendidas por un rifle y una Biblia. El sálvese quien pueda del neoliberalismo tiene mucho que ver con el espíritu de la frontera: yo decido, yo tomo las mejores soluciones.

Amigo de los poetas Ralph Waldo Emerson y Walt Whitman e influido por el socialista utópico Edward Bellamy, Howard lanza una propuesta que parece sencilla. La ciudad tiene virtudes y el campo, también. Busquemos, por tanto, un punto medio, un modelo urbanístico que una las ventajas de ambos conceptos, algo que presentaba con su teoría de los imanes. Para él, la ciudad ofrece oportunidades de empleo, salarios más altos y perspectivas de progreso; pero, en esos espacios, existe la contrapartida del precio de la vivienda, la peligrosidad y la contaminación. En el campo, uno puede relajarse o hacer vida en familia. Poco ha cambiado desde entonces. Los anuncios de promociones en Bormujos, Vallirana o Navalcarnero solo dan una vuelta a las ideas de Howard.

Su ciudad tiene una estructura clara: el espacio se ordena y jerarquiza en círculos concéntricos. En los interiores, 5.500 viviendas, todas con jardín, para no más de 30.000 habitantes. En los exteriores, fábricas, granjas, mercados y almacenes, todos alimentados con energía eléctrica y bajo el control de una organización local, conectados mediante ferrocarril con otras ciudades, jardín o tradicionales. La movilidad es clave. Rodeando la zona económica, un espacio verde, propiedad de la comunidad, que impediría tanto las ampliaciones futuras como la conexión con otros espacios, es decir, un cierre. La idea era impedir las ampliaciones futuras y, en general, la actuación de especuladores inmobiliarios, pero un muro verde sigue siendo un muro. Por ejemplo, el bosque de la película *El bosque*.

Como en el caso de Cerdà, un proyecto con influencia del socialismo utópico acabó en manos de la burguesía. Bueno, no exactamente. Howard fundó una asociación para crear sus ciudades y la primera, Letchworth, donde se construyó la primera rotonda de la historia, fue ocupada por profesionales liberales, intelectuales y artesanos del movimiento Arts & Crafts. Así, podríamos decir que la ciudad jardín es una de las primeras solidificaciones de la clase media, dos conceptos que no dejarán de estar unidos. La élite tiene sus propios territorios y, pese a las buenas intenciones, la dispersión no es un modelo accesible para los trabajadores fabriles. Lo será.

El modelo se extendió, aunque no siempre fuera del espacio urbano. Terramar, en Sitges, o la Ciudad Vergel de Torrelavega. En España, Pedro Oña recoge ciudades jardín en Vitoria, Huelva, Bilbao o Cartagena. Muchas de ellas, al amparo de la Ley de Casas Baratas de 1911, aunque no fueran finalmente zonas populares. En Málaga, la ciudad jardín de Guadalmedina fue impulsada por la élite local y tuvo como beneficiarios a los empleados de sus empresas: Tabacalera, Ferrocarriles Andaluces, Hidroeléctrica del Chorro o la empresa local de tranvías. Conscientemente o no, ahí estaban las enseñanzas de Adna Ferrin Weber sobre cómo usar el urbanismo para evitar el choque social. Siguiendo el modelo de Howard, se crearon barrios de clase alta como Neguri o El Viso y Madrid fue uno de los lugares que más empleó el modelo de Howard a través del sistema de colonias: la Guindalera, Madrid Moderno, Cruz del Rayo o Prosperidad. También hubo colonias corporativas o sindicales, como la promovida por la Casa del Pueblo del PSOE.

Madrid desarrolló un proyecto propio: la Ciudad Lineal de Arturo Soria. Nos interesa por la claridad ideológica del diseñador, que habla en su exposición de motivos de «la tendencia al aislamiento de cada familia en su casa, que instintivamente se dibuja con diversos aspectos en todas las grandes capitales». Habla de la higiene, la tranquilidad pública y las conveniencias egoístas. También es importante por el peso de la movilidad, ya que las casas se situaban en torno a la línea del ferrocarril, una anticipación del sistema de corredores que, por ejemplo, articulan Zaragoza. Su proyecto distribuía y jerarquizaba por clase. Todas las viviendas estaban bien ventiladas y, además de jardín, tenían canalización de agua, pero había zonificación por renta: las más caras, más cerca; las más baratas, más lejos. Su apuesta por la organicidad social recuerda a los textos franquistas.

Un sitio para cada persona será la clave de los dos proyectos que terminan de definir la ciudad dispersa. La ciudad vertical de Ludwig Hilberseimer, profesor de la Bauhaus alemana, tiene un aire a la Metrópolis de Fritz Lang. Su idea jerarquizaba el espacio urbano en niveles dependiendo de la privacidad: los inferiores concentraban las funciones públicas y comerciales, mientras que los superiores estaban destinados a las zonas residenciales. Para entendernos, no se trata de dividir las partes de los edificios, sino de construir varias ciudades, unas encima de otras. Era algo que solo se podía hacer en zonas limpias, algo que encontró en Estados Unidos, donde tuvo que exiliarse. Allí, gracias a la disponibilidad de espacio, su concepto pasó a ser horizontal, lo que permitía una mayor privacidad. Incluso, un camino por cada casa.

Su concepto urbano conecta con la visión ideológica de Max Weber. El modelo económico promovía la acumulación de capital y poder en la metrópolis, donde también se concentraba la mano de obra, y un fallo del modelo, como la Gran Depresión, podía provocar una situación de conflicto. Desconcentrar a los trabajadores, sacarlos de la ciudad y unirlos a la vida en el campo, podía diluir el problema. «La crisis nos demostró con claridad que los errores presentes en nuestra estructura urbana pueden llevar a un mayor peligro para la totalidad del tejido social», sostenía Hilberseimer, que también hacía hincapié en la privacidad: «La sociedad debe ofrecer, al menos, a cada individuo una habitación propia». La creación del «yo», concepto clave en nuestro modelo, es complicada sin un soporte físico.

El diagnóstico de Frank Lloyd Wright ya lo hemos leído varias veces: la ciudad es un tumor y hay que extirparlo. Su propuesta, Broadacre City, es una utopía protestante que desarrolla muchas de las cuestiones ya vistas: el contacto con la naturaleza, el repliegue, la claridad, la seguridad, la limpieza, etc. Se veía a sí mismo como un reformador y su proyecto no solo es urbanístico, sino también, político. En línea con los utopistas, su ciudad quiere ser una solución a los problemas sociales. Su principal característica es la omnipresencia del concepto frontera. Es una ciudad sin centro, extendida en todas direcciones y con una bajísima densidad. Es una ciudad que recupera el modelo de los asentamientos de la colonización estadounidense y su espíritu de la frontera, pero donde cada casa es también una pequeña barrera entre la familia nuclear y el resto del mundo, lo mismo que lo será la puerta de la habitación. Las casas unifamiliares se distribuyen en parcelas de un acre, casi media hectárea, enlazadas por carreteras con los equipamientos y los centros de trabajo. Cada casa también estaría conectada con la radio y el teléfono para tener que moverse lo menos posible. Internet habría hecho muy feliz a Lloyd Wright.

DE LA CEBOLLA A LA NEBULOSA

> «[...] i com m'agradaria de fotre'n el camp formigó enllà,
> on ens venen que la gent és rossa natural
> i silenciosa —o negra, catxes, rítmica i aeròbica—,
> en qualsevol cas, milionària, benfollada i feliç!».
>
> MIQUEL DE PALOL, *Assaig de palla a l'urinari*

En 1807, Nueva York nombró una comisión para establecer un poco de orden en la ciudad, que estaba comenzando a recibir un número desmesurado de migrantes. Se buscaba acabar con los focos miasmáticos, el aire viciado y el agua estancada, donde se localizaba el origen de las epidemias de fiebre amarilla, además de evitar el alcance de los numerosos incendios. El topógrafo John Randel Jr. trazó la malla hipodámica de Manhattan, con menos buen rollo que el inglés que subió una colina pero bajó una montaña. Los granjeros que aún había en la zona norte le lanzaban objetos y le amenazaban, pero el tipo no solo colocó pacientemente los mojones, sino que dirigió el movimiento de tierras para nivelar la isla. Es fácil imaginárselo con el rostro de Hugh Grant o, mejor aún, Tom Hanks, el ciudadano impasible.

La reforma de 1807 provocó alguna de las primeras fortunas inmobiliarias del país, pero no solucionó el problema. O sí, ya que lo concentró y delimitó. La malla tenía que ser la representación de una ciudad democrática e igualitaria, pero la realidad no encajó en el símbolo y Nueva

York se convirtió en un modelo de desigualdad. Durante el siglo XIX, pasó de tener alrededor de 500.000 habitantes a más de tres millones y la mayoría se situaron en la parte sur de la isla, que comenzó a tener una desmesurada densidad de población. En esa zona, también se concentraban las industrias urbanas y los almacenes.

Las favelas neoyorquinas se conocían como *tenements*. Las familias que llegaban de Europa se hacinaban en habitaciones pequeñas, sin luz ni agua corriente, y mal ventiladas. También ocupaban edificios abandonados, como fábricas o almacenes, e incluso hubo un porcentaje relevante de personas viviendo en sótanos o zulos excavados en el suelo. Además de las enfermedades o los incendios, que no desaparecieron, la violencia entre migrantes y nativos era habitual, lo mismo que la delincuencia. Es la ciudad que aparece en *Gangs of New York*. Cada grupo importó o desarrolló su propio crimen organizado, dentro o fuera de las estructuras oficiales. Los problemas eran los mismos, pero dejaron de ser tan importantes porque estaban delimitados a una zona concreta. Más arriba, en el centro de la isla, vivían Newland Archer, May Welland y el resto de personajes de *La edad de la inocencia*. Dos mundos separados por unos kilómetros. La segregación no es nueva. La ciudad mestiza y diversa solo ha existido en las narraciones. Lo interesante es que regresemos a ese modelo de ciudad dual e incomunicada.

Para conseguirlo, un factor clave es la huida. Ya hemos visto que los primeros proyectos concretos de dispersión urbana, como la ciudad jardín o la ciudad lineal, están estrechamente vinculados a la movilidad, y la facilidad de desplazarse será lo que saque a la gente de las ciudades, que comienzan a tener capas como una cebolla. Esta primera estructura aparentemente definida pronto dejará de ser tan clara y habrá otros modelos, como el sectorial. De la ciudad salen corredores temáticos, normalmente vinculados a la movilidad, pero también a la zonificación. Esta idea importada de la agricultura supone dividir el espacio en secciones reservadas para usos específicos. Por ejemplo, el modelo de los lugares centrales de Christaller o la mayoría de ciudades utópicas. A nivel más práctico, se trata de situar las fábricas y las viviendas de los trabajadores en un lugar y reservar otro para la gente bien. Es algo que se puede hacer a través de la mano invisible del mercado o de la mano visible del planeamiento. Los PAU del este de Madrid saben que no son lo mismo que los del norte.

Nueva York fue uno de los primeros ejemplos del triunfo de la dispersión. Tras establecerse y prosperar, los migrantes comenzaron a ocupar otros lugares, como los pueblos de Long Island que dieron origen a los distritos de Brooklyn o Queens, conectados por ferrocarril a partir de 1836. La parte oriental de la isla quedó reservada para la clase alta y allí tenían sus mansiones Rockefeller o Vanderbilt. En el siglo XX y, sobre todo, tras la Segunda Guerra Mundial, la zona central de Long Island acogió a la nueva clase media y, por ejemplo, fue uno de los lugares escogidos por William Levitt para desarrollar un *levittown*. Está justo al lado de la famosa Amityville. Los condados de Long Island (Nassau y Suffolk) suelen aparecer entre los de mayor renta, menos delincuencia y más homogeneidad. La zona, salvo la parte más oriental, donde están los Hamptons o el Montauk de *The Affair*, es un mar de viviendas unifamiliares con jardín prácticamente idénticas. La uniformidad se defendió incluso con barreras, como los puentes en las carreteras que comunicaban con Nueva York, cuya altura impedía el paso de autobuses y solo dejaba pasar vehículos particulares.

A mediados del siglo XIX, también se abrió el servicio de ferrocarril con Boston, que permitía la expansión urbana hacia el norte, el barrio del Bronx, la ciudad de Yonkers y, más aún, el condado de Westchester, que se convirtió en otro mar de casas unifamiliares un poco más heterogéneo. Algunas, en forma de barrio con interminables mallas rectas; otras, más cercanas al modelo de la ciudad jardín; otras, en carreteras llenas de curvas que, además de imitar los caminos de montaña, evitaban el contacto visual. Cochismo puro.

En las películas estadounidenses, suelen hacerse bromas sobre mudarse a Westchester porque indica dejar el bullicio y la vida social de la ciudad por la calma y la estabilidad de los suburbios, pero hay muchas más sobre Nueva Jersey. Jersey City y Newark, la ciudad de las novelas de Philip Roth, ya eran un centro industrial en el XIX, pero el ferry a vapor y el ferrocarril provocaron aumentos de población sostenidos, que seguían el curso del Delaware hasta llegar a Filadelfia. El estado pasó de medio millón de personas en 1850 a cuatro millones en 1930. Era un buen lugar para formar una familia. La ciudad se convierte en un pulpo cuyos tentáculos, más o menos gruesos, se extienden gracias a la movilidad. La imagen también sirve para describir el crecimiento de Londres tras la Primera Guerra Mundial.

El desmesurado crecimiento de los enclaves urbanos hace que la idea de ciudad ya no sirva, y se comienza a hablar de áreas metropolitanas. Las ciudades incorporan otros municipios a su zona de influencia y, en muchas ocasiones, a su propio término municipal en forma de barrios o distritos. A medida que la ciudad se desarrolla, hay que marcar mejor las barreras o huir más lejos, algo que permitirá el vehículo privado. Las ciudades se adaptan en un pacto diabólico, ya que nunca hay bastante asfalto.

Las ciudades crecen y crecen con las diversas oleadas industriales que demandan más mano de obra. Aunque ya lo había usado Lewis Mumford, Jean Gottmann lanza en 1961 el primer término contundente: *megalópolis*. Habla del corredor urbano de la Costa Este, lo que se conoce como BosWash por las ciudades de sus extremos, Boston y Washington DC, y que incluye también Nueva York, Filadelfia o Baltimore. Gottmann describe una estructura de nebulosa para la que ya no sirven teorías como las de los lugares centrales. Es un sindiós caótico en el que se combinan enclaves superpoblados con suburbios de diverso tipo, comunidades cerradas ricas y espacios depauperados, enclaves agrícolas y zonas industriales o comerciales.

Es un modelo que come territorio y nunca tiene bastante porque el vehículo privado siempre llena todos los carriles disponibles en busca de nuevos lugares que estén más cerca de la naturaleza. De hecho, a partir de los setenta, el suburbio extremo, la *edge city*, gana prestigio y se emplea el término *rururbano* para hablar de la presencia de formas urbanas en entornos rurales, que eran zonas de prestigio psicológico. Los pueblos, como el Stars Hollow de *Las chicas Gilmore*, eran sitios tranquilos y seguros respecto a las ciudades, donde aumentaban los problemas: desempleo, delincuencia, disturbios o drogas.

La sociedad posindustrial facilita la deslocalización hacia el espacio casi rural con nuevas zonas económicas vinculadas a nuevas tecnologías o a sectores como la salud. Es la contraurbanización de Brian Berry. Muchas ciudades estadounidenses (Boston, Chicago, Filadelfia, Baltimore, Detroit, etc.) sufren un proceso de disolución a partir de los setenta. Algunas mantienen distritos financieros, zonas de comercio de lujo o actividades culturales no deslocalizables. El resto de la ciudad es problemática y los procesos de intervención suelen ser para promover la huida, como más infraestructuras, o la gentrificación de ciertas zonas.

Es interesante pensar que la hegemonía del concepto de espacio urbano más presente en las narraciones, la ciudad que nos aparece en la cabeza cuando oímos la palabra *ciudad*, dura poco más de un siglo o siglo y medio, el espacio que va desde las grandes migraciones de expulsados del campo hasta las pequeñas migraciones hacia los suburbios. En España, el proceso es incluso más rápido y es probable que, en la comida de Navidad, se encuentren la generación que abandonó el mundo rural para instalarse en una gran ciudad con la que abandonó ese espacio para comprarse un chalet en un nuevo desarrollo. Quizá damos por hecho la ciudad, como tantas otras cosas vinculadas al espacio común: convivencia, ley o democracia, conceptos que no tienen que morir con un estallido o con un aplauso. Más bien, lo hará con unas risas, pero puede bastar un algoritmo y las palabras *seguridad*, *libertad* o *gestión*.

Houston es un buen ejemplo de disolución urbana. La primera autopista, que conectaba la ciudad con Galveston, en la costa, provocó unos pelotazos enormes. La Southwest Freeway fue la segunda y, sin perder el patrón especulativo que acostumbran a tener las infraestructuras, comenzó a dar forma a la ciudad, ya que creó el primer corredor temático. En el Energy, se instalaron empresas como Shell, BP o Conco. Después llegaron el aeroespacial o el sanitario. A finales de los cincuenta, se construyó el primer cinturón de la ciudad, el Loop 610, que delimitó el *downtown*, una palabra que allí tiene poco sentido. Ya en los setenta, se construían tres veces más edificios de oficinas fuera que dentro del centro urbano. En la actualidad, hay otros dos cinturones.

Como ya hemos visto, si hay carreteras, la gente las usa. La clase media, que también podríamos llamar clase trabajadora, comenzó a dispersarse hacia los nuevos suburbios, algunos con nombres tan sugerentes como Sugar Land o Pearland. En muchas ocasiones, los nuevos desarrollos estaban situados oportunamente en sus respectivos corredores, donde también se construyeron centros comerciales o de ocio, con nuevas oportunidades laborales y que proporcionaban la posibilidad de moverse en un espacio delimitado y, por tanto, seguro. El centro de la ciudad desaparece.

La agricultura primitiva se basaba en el proceso de tala y quema. Es decir, se deforestaba un pedazo de tierra para convertirlo en terreno de cultivo usando las cenizas como fertilizante. Cuando la tierra dejaba de ser productiva, se buscaba otra. Este es el proceso de los cinturones y corredores. Los viejos suburbios dejan de ser fértiles y hay que buscar otros, más alejados de la ciudad concentrada. A partir del primer cinturón, hay islas urbanas que son asimiladas por la ciudad que crece, crece y crece. Ya no hay una forma urbana, dice el arquitecto Albert Pope, un espacio con formas construidas, como edificios, calles o plazas, sino un territorio donde se añaden esos fragmentos sin conexión.

El modelo es el que se intuye tras la desregulación urbanística propuesta por algunos gobiernos autonómicos como respuesta a la crisis económica provocada por la pandemia. Los instrumentos urbanísticos tradicionales están en manos de los promotores, que son los que deciden qué y cómo se urbaniza, ya que los poderes del ayuntamiento son escasos y se acercan más a la mera gestión. Cuando un grupo de inversores se interesa por una zona, crean una entidad privada que, en ocasiones, se encarga de elaborar incluso una normativa interna, al estilo de las utopías del XIX. En First Colony, está regulado hasta el tipo de carteles que puede haber en el exterior de las fachadas, capitalismo benedictino. Este modelo de comunidad cerrada o semicerrada, con regulación propia, es aún extraño en Europa, pero encaja con el actual desprecio de la política.

First Colony pertenece a Sugar Land. No hubo ningún publicista loco enamorado del escritor Roald Dahl. La ciudad recibe ese nombre porque, antes de ser uno de los mejores suburbios de Estados Unidos, fue una colonia empresarial de la Imperial Sugar Company y, previamente, una plantación de algodón. En 1959, la colonia se convirtió en una ciudad y comenzó la urbanización. En este modelo, una empresa se interesa por un terreno, lo planifica, lo desarrolla y no solo lo vende, sino que se queda con la gestión y establece criterios de entrada para empresas y particulares. Sugar Land funciona con un ayuntamiento no político. El concejo, elegido sin afiliación partidista, designa a un gerente municipal, que es el que ocupa el poder ejecutivo y ante quien responden los funcionarios, como el jefe de policía. *Gestión*, palabra muy usada en las campañas electorales, es la versión sin calorías de la antipolítica, pero no es inocua. Desaparece la ciudad, la comunidad urbana como realidad y como sujeto político. El neoliberalismo hizo reales las utopías y los elegidos que pueden entrar son felices. Sugar Land pertenece al condado de Fort Bend, que tiene el mayor número de comunidades planificadas de Estados Unidos y suele aparecer en las listas de mejores sitios para vivir. Y más seguros. Ya no tiene refinería; pero sí, una zona veneciana junto al lago Eldridge.

Estas comunidades cerradas ofrecen todos los servicios: seguridad, educación, sanidad, ocio, consumo y calidad ambiental. O una simulación a través de zonas verdes, bosques y lagos. Las *edge cities* se distribuyen por los corredores, dedicados cada uno de ellos a un sector económico: energético, aeroespacial, sanitario, etc. Cada comunidad es diferente. Hay urbanizaciones con casas geométricas tipo Bauhaus, mientras que otras tratan de evocar el modelo sureño. Hay zonas duras con muros de dos metros y otros enclaves tipo Walden, con casas rodeadas por árboles. A la cultura Nimby (*not in my backyard*, «no en mi patio trasero»), los promotores responden con Banana (*build absolutely nothing anywhere near anyone*, «no construir nada cerca de nadie»). Los recorridos son de garaje a garaje.

El dinero público va a las infraestructuras, centradas en el vehículo privado, que provocan grandes operaciones especulativas. Houston está considerada como la ciudad estadounidense que peor trata a sus habitantes en materia de movilidad: casi el 90 % de ellos va en su vehículo a trabajar y a otras actividades. El distrito cultural, con una importante oferta de cine, teatro, ballet u ópera, está situado oportunamente junto a un nudo de comunicaciones, lo mismo que los centros comerciales, como The Galleria, que tiene una enorme pista de patinaje sobre hielo. La insostenibilidad suele ser un criterio de distinción. También puede serlo la sostenibilidad, pero debe ser cara y crear mercado.

El planeamiento en la sombra ha recuperado zonas de la ciudad concentrada que han logrado atraer a jóvenes profesionales vinculados al desarrollo económico y que no pueden o no quieren vivir en los suburbios. La ciudad también tiene importantes comunidades afroamericanas, latinas o asiáticas, y, para el escritor Lawrence Wright, es un ejemplo de la diversidad: una ciudad hípster. Es cierto que hay nuevos parques, carriles bici, tranvías y los siempre caricaturizados huertos urbanos, pero Houston también suele estar en los primeros puestos de violencia y desigualdad.

Es interesante reflexionar, sin recurrir a distopías catastrofistas, sobre el futuro de las ciudades. Como hemos visto, no siempre han sido el modelo hegemónico. La pandemia y sus efectos nos pueden llevar a una nueva oleada de dispersión. Volvamos a Nueva York. Según un informe de la inmobiliaria Douglas Elliman, en el verano de 2020 había 13.000 apartamentos vacíos en Manhattan y 16.000 residentes se habían trasladado a las zonas residenciales de Connecticut. Según su previsión, la ciudad podría perder unos dos millones de habitantes. Siempre hay que tener cuidado con los augurios nefastos, ya que tienen un especial prestigio, pero el portal de empleo Indeed añadía una caída de las ofertas laborales superior al 30 % en varias ciudades; entre ellas, Nueva York. En general, la pandemia tuvo una especial incidencia de contagios en las zonas con más densidad de población. El panorama se completa con una subida de los niveles de delincuencia en los entornos urbanos y las tensiones sociales relacionadas con las movilizaciones antirracistas de ese verano. Para algunas personas, la ciudad se vuelve hostil y, aunque el suburbio esté lejos de los servicios de salud, se considera una opción más segura.

Parece complicado pensar en este modelo extremo en Europa o España, ya que el peso psicológico de los centros urbanos es enorme y, sobre todo, porque los ayuntamientos siguen siendo políticos. Pero es importante no dar nada por sentado. Antes de 2020, las viejas ciudades dormitorio sufrían ya una doble presión: los minipisos de la ciudad y las urbanizaciones con piscina del PAU. Los jóvenes de estos lugares tenían dos fugas, dos direcciones de la misma carretera, lo que provocaba un envejecimiento de la población solo solventado por el aporte migratorio. La voluntad política de recuperar el centro de las ciudades, desolado tras la desaparición del turismo, y a los sectores económicos vinculados a este, aumentará la presión sobre estas zonas intermedias, lo mismo que el deseo de huir.

Es interesante reflexionar sobre el futuro de esas ciudades de islas, espacios con comunidades replegadas a las que el desarrollo les proporciona los recursos para segregarse aún más. Quizá, como propone Richard Sennett, tenemos que hablar de un choque ciudad-no ciudad o de la ciudad contra la nación. El conflicto que provocó la extensión del capitalismo, la conversión de todo en mercancía que compite en un mercado desregulado, aún no se ha resuelto, y sigue existiendo esa confrontación entre un modelo que defiende la economía de la casa y la primacía de cuestiones como la familia, el territorio o la tradición frente al individuo, el flujo o la globalización. Es un proceso complejo que no admite bien las fronteras claras y que, dentro de interpretaciones polarizadoras, es fácil que acabe en una caricatura.

En España, la crisis sanitaria provocó tanto un gran interés por las viviendas fuera de la ciudad concentrada como un reducido movimiento. El precio de la vivienda cayó en la mayoría de las grandes ciudades, pero no se dispararon las cifras del extrarradio. En Madrid, hubo una ligera subida en su corona metropolitana, liderada por una localidad tradicional de segunda residencia, Alpedrete. No solo hay que querer irse, sino poder hacerlo y, como vimos en el primer capítulo, las decisiones inmobiliarias en España precisan de una notable estabilidad. Si normalmente es algo que se adquiere mejor a través de la red familiar, en una situación de crisis se convierte casi en el único camino. La cooptación es una forma de mantener la homogeneidad y se añade a los recursos clásicos, como el precio de la vivienda, la necesidad de vehículo privado o el coste recurrente del modelo.

Para los que puedan, el modelo de baja densidad seguirá creciendo. Andalucía y Madrid presentaron sendas leyes sobre urbanismo con la excusa habitual: reactivar el sector y eliminar barreras burocráticas. En el caso andaluz, además de promover el crecimiento de Málaga, uno de los objetivos era facilitar los proyectos turísticos de chalets, hoteles, piscinas y campos de golf cercanos a la costa. Por ejemplo, los que ya tienen Trebujena, Chiclana, Barbate, Tarifa, Marbella o Nerja. El declive del modelo de apartamentos nos indica cuál es el nicho al que se dirige esta oferta: los que no temen por su estabilidad.

En el caso madrileño, es probable que la principal motivación sea que no se paralicen los numerosos proyectos en marcha tras el colapso del turismo. Es interesante la aparición dentro de la ciudad —los desarrollos de la Operación

Chamartín, Méndez Álvaro o el Vicente Calderón— de modelos que imitan al condominio en altura latinoamericano: grandes torres con servicios interiores que permiten no tener que salir a la calle. Incluso hubo una propuesta para que las viviendas pudieran pasar fácilmente de uso residencial a comercial: un restaurante en el primero derecha, por ejemplo.

La baja densidad sigue siendo hegemónica. El PAU resiste y, en los próximos años, se completarán los desarrollos pendientes en la zona este de Madrid: El Cañaveral, Los Berrocales, Los Ahijones o Los Cerros. Todos, islas dibujadas por el modelo corredor-circunvalación y atravesadas por una zona de asentamientos irregulares, la Cañada Real. Al norte, la Solana de Valdebebas; al sur, Campamento. En la Comunidad, La Carrascosa y Los Carriles (Alcobendas), Retamar de la Huerta (Alcorcón), El Olivar, La Pellejera, Primera Corona y Ensanche Sur (Brunete), ARPO y Montegancedo (Pozuelo de Alarcón), Cristo de Rivas (Rivas), Los Pocillos (Villanueva de la Cañada), Cerro de la Condesa (Villaviciosa de Odón) o el PAU 5 (Parla).

Más piscinas. Más infraestructuras. No todas se harán, pero hablamos de más de 100.000 viviendas nuevas en una comunidad que tiene más de un cuarto de millón sin habitar. Perdón por el centralismo, pero es interesante hablar de Madrid porque es el agujero negro cuya capacidad de atracción devora al resto del país y crea un desequilibrio que ha empezado a dejarse ver con claridad. Es probable que los creadores y gestores del gran Madrid tengan como imagen Londres o París, pero también deberían pensar en la posibilidad de que el proyecto acabe en Buenos Aires o México DF. El agujero negro corre el riesgo de devorar a la propia ciudad. Al menos, en su forma urbana tradicional En los procesos electorales, cada vez queda más clara la contraposición del eje urbano-rural, que no tiene en cuenta el espacio suburbano intermedio.

La incomunicación de las islas disuelve la idea de comunidad, algo que quedó claro en 2020. La gestión de la pandemia mostró las costuras sociales y reveló, especialmente en Madrid, una sociedad dividida, producto de años de apuesta por la segregación urbana, escolar y sanitaria. Quizá comenzamos a necesitar planes de viviendas desegregadas y autobuses que trasladen alumnos de unas zonas a otras, como en Estados Unidos. Con los suburbios, hemos importado también ese modelo social en el que lo colectivo, los intereses y las necesidades comunes deben someterse a las preferencias particulares y el beneficio individual. Así, como decía Tony Judt, «una vez que dejamos de valorar más lo público que lo privado, seguramente estamos abocados a no entender por qué hemos de valorar más la ley —el bien público por excelencia— que la fuerza».

EPÍLOGO
DISPERSIÓN O COMUNIDAD

«Elige un empleo. Elige una carrera. Elige una familia. Elige un televisor grande que te cagas. Elige lavadora, coches, equipos de compact disc y abrelatas eléctricos. Elige la salud, colesterol bajo y seguros dentales. Elige pagar hipotecas a interés fijo. Elige un piso piloto. Elige a tus amigos. Elige ropa deportiva y maletas a juego. Elige pagar a plazos un traje de marca en una amplia gama de putos tejidos. [...] Elige tu futuro». Es *Trainspotting*. Irvine Welsh la publicó en 1993 y este monólogo, con el que comenzaba la adaptación cinematográfica, era un grito de cabreo contra el único-modo-de-vida-posible: el apalancamiento de la clase media aspiracional. Aceptemos ese nombre.

En esa época, hubo muchas historias sobre la necesidad de escapar. Renton usa las drogas, Lester Burnham cambia de trabajo, comienza a hacer deporte y se enamora de una adolescente. El matrimonio Harford, de *Eyes wide shut*, también intenta escaparse a través del sexo, mediante el sueño o los disfraces, pero sin llegar a la esquizofrenia del narrador de *El club de la lucha* o Neo, el oficinista que descubre que todo lo que le rodea es una mentira. Los movimientos identitarios del siglo XXI están llenos de Tyler Durden, gente que cree que vivimos en un mundo artificial políticamente correcto al que hay que enfrentarse con proyecciones hipermasculinizadas. Provoco, luego existo. Todo el pack de la clase media, la vivienda unifamiliar, los horarios, el trabajo fijo, el consumo, la ausencia de riesgos, etc., era insoportable.

Dieciocho años después del monólogo de Renton, miles de personas se juntaron en las plazas españolas para reivindicarlo. Se reclamaba el derecho a elegir un empleo, una carrera, una familia, un televisor grande que te cagas, un piso piloto e hipotecas a interés fijo. Y, sobre todo, elegir el futuro. De hecho, la organización hacía referencia a esto último. Los hijos de Renton querían ser como los padres de Renton y trabajar mucho para comprar cosas que no necesitaban. Lo que Welsh, en línea con una parte importante del pensamiento crítico y las narraciones de la segunda mitad del siglo XX, había definido como un modo de vida gris, conformista y alienante se había convertido en la principal reivindicación del siglo XXI. En dieciocho años, la trampa casposa que se debía evitar pasó a ser el gran proyecto transformador.

Las personas congregadas en las plazas pedían a sus representantes el derecho a envejecer sentados delante de la tele en una casa propia. Pensaban que, por lo menos, eso estaba garantizado. No había un modelo económico alternativo ni ningún asomo de violencia, aunque fuera simbólica. Se recogía el lema de los electroduendes de *La bola de cristal*: «No somos revolucionarios, solo queremos que nos impongan un horario». ¿Cómo pensar que también querrían eso, los horarios, los sábados por la noche de Tony Manero o los domingos por la tarde viendo una peli? Lo querían todo porque lo que había sucedido entre 1993 y 2011 sí había sido una revolución.

Desde arriba, lenta y silenciosa, aparentemente incruenta, pero una revolución: un cambio de modelo para cerrar el paréntesis abierto en 1789 y, poco a poco, regresar a la situación previa y reducirla a una anomalía histórica. Es decir, corregir el error de la Revolución francesa y regresar a la ordenada jerarquía. Es un análisis que puede sorprender, pero que no es tan extraño en textos religiosos, donde se piensa en siglos. La fe disfruta de un nuevo momento dulce, con amplia presencia en la política, desde Kabul a São Paulo, pasando por Washington DC o Ankara. Los análisis sobre la situación del espectro de la izquierda suelen olvidar que, aunque fría, hubo una guerra en la que los modelos económicos y sociales basados en la redistribución fueron derrotados en 1989 por la alianza del neoliberalismo (Reagan y Thatcher) con el neoconservadurismo (Juan Pablo II y la casa de Saúd). En los noventa, las tropas civiles de los vencedores realizaron su desfile de la victoria por todo el mundo, un acto difuso que algunos pensadores confundieron con el fin de la historia.

Con la clausura de la época del contrapoder, ya no era necesario promover la estabilidad social y se podía cambiar por la competición. Es decir, el concepto de clase media, con su modo de vida gris y predecible, ya no era necesario tras la caída del Muro. Ya no era ineludible integrar a todo el mundo o simular hacerlo, como hacía el capitalismo fordista. Se podía evolucionar hacia estructuras con más desigualdad, ya que el conflicto está descartado por la ausencia de un modelo económico alternativo. Es la teoría de los tres tercios: una élite estable al mando y diversos grados de precariedad hacia abajo, con un grupo excluido en la parte final para recordar cómo pueden acabar las cosas. La desigualdad no es una consecuencia perniciosa del modelo o un error producto de ciertos excesos. La desigualdad es el modelo.

La clase media terminó con la dicotomía de la narrativa del XIX, burguesía y trabajadores, creando al protagonista del siglo XX. El relato puede cambiar, las películas de Frank Capra, las novelas de Siri Hustvedt, las comedias de situación o las románticas, pero el tipo de persona es el mismo. Incluso cuando se presenta su derrota o se realiza una caricatura, la clase media es el sujeto del gran relato colectivo sobre el que se asienta la continuidad, la cotidianeidad, la normalidad. Homer Simpson tiene cierta formación, un contrato, un horario, una casa, una familia, unas rutinas. Tiene una vida que la Escuela de París llamaría gris, conformista y alienante porque es predecible, que es justo lo que ha desaparecido en el siglo XXI. Ha habido una desamortización de la estabilidad.

La clase media fue el armisticio social tras la primera mitad del siglo XX. El capital renuncia a la acumulación y acepta compartir cierta cantidad de recursos a través de un modelo de redistribución. A cambio, el trabajo asume un papel secundario y renuncia a la posibilidad de hacerse con el gobierno. La mayoría de sus miembros disfrutarán de los beneficios de la redistribución y sus mejores especímenes podrán abandonar el grupo para integrarse en el de arriba. Cuando se reanudaron las hostilidades, el segundo grupo desconocía el lugar que ocupaba o la fuerza que podía tener porque ya no sabía lo que era.

Cuando se realizan encuestas en países occidentales, hay poca gente que se considere de clase alta o de clase baja. Los mileuristas se consideran clase media y los diezmileuristas, también. Incluso, cuando se proponen tasas para los cienmileuristas, también se clasifican como un ataque a la clase media. El nombre es un gran acierto semántico. En el medio está la virtud. Quién no quiere pertenecer al grupo mayoritario, al sujeto principal del que, de momento, sigue siendo el gran relato. De hecho, uno de los primeros signos del fin del armisticio fue el regreso de la palabra *rico*, casi tabú durante décadas. Después llegó el lógico regreso de la palabra *pobre*. En ocasiones, a través de eufemismos bastante usados por la izquierda como *humilde*, *vulnerabl*e o *desfavorecido*, conceptos con los que es lógico que nadie quiera identificarse y que nos sitúan en un modelo asistencial.

El concepto de clase media asume la división del mundo en clases sociales, pero también la desactiva al eludir el conflicto a través de varias vías. La primera, la más obvia, es el ascensor social. Si se puede subir fácilmente, no hay enfrentamiento porque la pugna puede impedir el desarrollo del proceso en el que voy a participar directamente o a través de mi descendencia. Margie Simpson sabe que Bart acabará trabajando en la central con Homer, pero Lisa tiene posibilidades de mejorar. Esto es clave porque indica la pervivencia de una idea de continuidad temporal, una narración colectiva que se proyecta hacía un futuro posible. Es algo que necesitamos para existir. La aspiración de mejora para la descendencia no es algo nuevo, pero el concepto de clase media crea un espacio difuso en el que moverse parece más sencillo. Frente a la rígida estructura que pervivía del Antiguo Régimen, las oportunidades de subir. Frente a los inaccesibles bailes de Sissi, era posible colarse en las fiestas de Gatsby e, incluso, tener una casa parecida fuera de la ciudad.

El consumo es otro tipo de ascensor social más inmediato, concreto y adictivo. Comprar algo parecido a lo de la clase inmediatamente superior crea la simulación de pertenecer a esta o, por lo menos, de poder hacerlo. Si es una casa, la simulación no es efímera. Es algo que podría explicar el adjetivo aspiracional si no se hubiera depreciado hasta el nivel de la caricatura o la descalificación. Lo interesante del simulacro de consumo es cómo opera a través de los recursos de segregación y exclusión para crear distinción en grupos aparentemente homogéneos. Es decir, cómo el chalet, el colegio concertado o el seguro médico actúan como simulacros de ascensor social y provocan una dispersión social que se muestra, por ejemplo, en debates como el de los impuestos, donde amplios grupos sociales respaldan políticas que benefician a porcentajes ínfimos de población. Sentirse concernido por el impuesto de sucesiones es una muestra de distinción.

La conversión de la clase trabajadora en clase media tuvo otro efecto: la disolución del trabajo. En su lugar, dibuja un mapa difuso en el que la autopercepción llega a ser más importante que los elementos materiales, lo que beneficia a la dispersión. Es el paso del modelo fordista al mercadista. En el primero, capital y trabajo están ligados en la fábrica o en la oficina, donde es importante la estabilidad para marcar objetivos a largo plazo. La rutina puede alienar, pero también protege. En el segundo, lo importante es la flexibilidad, los flujos, la capacidad de adaptación. Nada a largo plazo, ni siquiera el yo. Capital y trabajo dejan de estar ligados en un espacio concreto, con lo que el segundo pierde su capacidad de presión. Apenas tenemos contacto con la producción, y cada vez menos, con la distribución. Somos niños que escriben su carta a los Reyes por el móvil y reciben su regalo en una caja sonriente.

Como hemos visto, el nuevo modelo pide flexibilidad respecto a la financiación o la organización de la producción, que puede externalizarse, subcontratarse o deslocalizarse, lo que provoca una enorme competición de marcos legislativos que pelean por ofrecer las mejores condiciones: desregulación laboral, impositiva y social. «Al final, el trabajo no valdrá nada», decía un músico en el conflicto sobre la piratería. Me gustaría recordar su nombre para pedirle perdón.

Es algo que sucedió, por ejemplo, en la industria audiovisual para adultos. Una única empresa, Manwin, logró hacerse con el mercado mundial gracias a saturar el mercado con una oferta masiva gratuita. Harían falta unos 200 años para ver todo el contenido disponible de una sola de sus webs. La pérdida de valor del producto final provoca un efecto monopolio porque los competidores no son capaces de seguir su ritmo si carecen de músculo financiero. Al final, el resto de productoras cerraron, fueron compradas por Manwin, ahora MindGeek, o se adaptaron a la nueva situación y cedieron sus contenidos. Solo hay algo peor que estar en sus *tubes*: no estar. A nivel laboral, se pasó de un modelo industrial, regulado, previsible y tendente al equilibrio a otro que se parece demasiado a la servidumbre: una red centralizada que promueve precariedad, desregulación y sumisión. Es decir, que acaba con la clase media.

Esa es la economía de plataforma, donde se tiende a la acumulación de recursos y poder, pero sin nada sólido. Todo es flexibilidad. Amazon es una página, un medio de pago, un algoritmo y una red logística. Nada más. Otras, ni eso. Tan solo una aplicación que ofrece jornales. En algunas, el simulacro de participación se crea con la posibilidad de contribuir a través del contenido propio, que, sobre todo, crea un capital emocional llamado visibilidad. Podríamos decir que estamos construyendo las pirámides voluntariamente.

Una de las claves del triunfo de este modelo mercadista es precisamente el simulacro del consumo. A través de una oferta de bajo coste, se crea la ilusión de pertenecer solo a la demanda, los que disfrutan de los diez minutos de porno gratis, los que piden comida a un señor en bicicleta o los que escuchan música sin límites, pero todo es también oferta porque todo es susceptible de convertirse en mercancía. La oferta de bajo coste necesita y crea una demanda de bajo coste, en un proceso de retroalimentación: ofertas y precariedad. De hecho, solo hay una cosa peor que eso: no poder convertirse en mercancía, porque eso quiere decir que estás fuera, la obsolescencia. De ahí, la necesidad de estar siempre atento, siempre disponible, siempre produciendo algo para saturar el mercado.

Si en los siglos XVIII y XIX hubo cambios en las formas de propiedad de la tierra o la fabricación y comercialización de los productos para preparar la entrada de un modelo económico, el capitalismo, y empujar a los desposeídos del campo a las fábricas, ahora también existen cambios en la estructura de las decisiones políticas sobre los procesos de fabricación y comercialización para facilitar la evolución de ese modelo económico y empujar a los nuevos desposeídos a las aplicaciones. Individualmente, por supuesto.

La ciudad dispersa parece un refugio momentáneo frente a esta oleada, ya que la uberización laboral se muestra con más claridad en los entornos urbanos concentrados. En la ciudad dispersa, la clase media resiste a un modelo con el que también colabora porque lo peor es quedarse fuera del flujo, de la competición. La segregación y la homogeneidad permiten a ciertos grupos sociales reconocerse como vieja clase media y pensar que aún están en el siglo XX. La ciudad dispersa, retícula ordenada, calles amplias y propiedad privada, proporciona cierta tranquilidad y ofrece tiempo para preparar a la nueva generación.

Pero allí también atardecerá, como apuntó el año 2020. El simulacro del consumo y la ideología mercadista permiten creer que uno está entre los que pueden aprovechar el momento y que las propuestas igualadoras pueden hacerle perder la ventaja. La ideología adopta diferentes discursos: la meritocracia, la autoayuda o la cultura del esfuerzo. Todos se basan en la confianza de las opciones individuales en la competición y las soluciones personales y biográficas para cuestiones colectivas, como la seguridad o la educación. Si se degrada la educación pública, se eleva el precio de la educación universitaria y se precariza el empleo de los padres, es probable que el ascensor social deje de funcionar.

Ese era el objetivo. La solución no es esforzarse más, encontrar un colegio con educación alternativa o buscar otra academia de inglés, sino cambiar el modelo hacia la solución colectiva, la comunidad. La dispersión evita planteárselo como algo posible.

Esa es la clave. En 2011 se popularizó un lema: «Somos el 99 %». Era falso. En ese grupo, no solo deberían estar las personas que empalman cien contratos en un año, sino toda la gente que vive de su esfuerzo laboral, independientemente de su salario. Es decir, las personas que viven en pisos sociales y los habitantes de los adosados dúplex con piscina y jardín. *Riders* y Pauers. Es obvio decir que no todos se reconocen como miembros del mismo grupo. Si no hay una base ideológica que lo sustente, la división socioeconómica no es un factor decisivo en las decisiones políticas ni tampoco es mayoritariamente reconocida en la elaboración de la propia identidad. Por lo tanto, tiene una articulación política complicada. Los identitarios son los únicos discursos que interpretan e interpelan a todas estas personas como un posible grupo y ofrecen recursos de identificación y articulación colectiva. Miles de nadadores no forman una isla ni miles de islas forman un continente, como bien saben MindGeek o Amazon.

Además, la división socioeconómica, ser parte del 99 %, nos recordaría que estamos en la parte amplia de la campana de Gauss, que somos iguales a todas las personas con las que compartimos el vagón del tren, el andén del metro o el atasco de vehículos. El modelo ideológico no lo admite. Nada a largo plazo, sin vínculos. No hay nadie igual a nadie. Soy así, pero a mi manera. La única ideología es la competición. La clave es ser diferente. La división socioeconómica muestra una realidad desagradable que tratamos de ocultar con el capital social o cultural, con esa distinción que nos separa de los demás. En cada grupúsculo, no solo existe la tentación de mirar hacia arriba, sino también la obviedad de mirar hacia los lados. La urbanización dispersa, segregada y homogénea es un buen recurso para disolver la comunidad. Tenías razón, Edna Ferrin Weber.

La comunidad también se disuelve a través de lo que podríamos llamar la sociedad dispersa, basada en el discurso de la autenticidad, el ser uno mismo, la transformación del yo en un producto. En *Trainspotting*, el único modo de escapar a la trampa burguesa era situarse fuera del sistema productivo, convertirse en un paria, tener un mundo propio con fronteras propias y moral propia, indiferente al exterior, ajeno a los compromisos, los proyectos y los placeres, algo entre el solipsismo y el onanismo, el mejor de los orgasmos multiplicado mil veces. La única manera de no elegir ese único-modo-de-vida-posible en el que había que elegir y elegir y elegir era elegirte a ti mismo. Estupendo, dice el siglo XXI, pero no dejes de ser productivo. Haz de ese mundo propio una mercancía y ponla en circulación.

Nos movemos entre el singular y el plural. Es decir, usted es especial, pero coloque su identidad personal al lado de todas las demás sin hacer mucho ruido, por favor, salvo que quiera usted irse al desierto o a la montaña. La clave es que nunca hemos tenido tantos recursos a nuestro alcance para alejarnos de la especificidad sin tener que abandonar el espacio común. Es decir, podemos crear nuestro propio monasterio individual sin movernos de casa gracias a plataformas que permiten desarrollar esa particularidad a cambio de nuestro trabajo gratis. Construimos las pirámides voluntariamente a cambio de que cada piedra que cargamos lleve nuestro nombre.

Es algo que entra en confrontación con conceptos colectivos como comunidad o progreso, donde cada aportación es una más en el conjunto de la historia humana. La idea romántica de que todo es importante, cada opinión, cada prenda de ropa, cada mirada, siempre que sean una manifestación del yo, encaja mejor. El culto a la autenticidad o a la honestidad queda claro en las personalidades, más tautológicas que narcisistas: yo soy fiel a mí mismo. Es algo que ha llegado al discurso político, donde la clave no es la organización, sino la fe en el líder, y lo importante es ganar el relato; es decir, imponer una sucesión determinada de hechos, construir una realidad. Obviamente, el concepto de verdad queda obsoleto.

Al igual que en el urbanismo disperso, todo lo común se ve como un problema que impide la flexibilidad, la circulación de flujos o la creación de mercados. La existencia de la verdad impide la creación de un mercado dinámico de realidades y el canon también encaja mal si todos los gustos tienen que ser importantes. Deben serlo porque todos pueden convertirse en comercializables. La ciencia, también. En los debates, el conocimiento se sustituye por el propio pensamiento, que se asocia a la dignidad personal como sistema de defensa: si me rebates, me estás atacando. Así, la ignorancia, real o impostada, adquiere un nuevo prestigio, siempre que se presente como atributo de la personalidad, como parte de la honestidad. Es un mensaje político de cierto éxito.

El cuestionamiento de esos elementos comunes suele hacerse con el discurso romántico de la libertad, siempre individual: liberarse de pautas, romper las conductas impuestas desde afuera, decir lo que nadie se atreve a decir. Para hacerlo más digerible, cualquier elemento común recibe el nombre de imposición. Es decir, el civismo no es un consenso social, sino una imposición de la que hay que liberarse para encontrarse a uno mismo. Esto, que antes precisaba de una huida a los bosques, ya puede hacerse en cualquier sitio. Incluso es recogido por opciones políticas que antes se movían en el conservadurismo. La derecha acepta casi todo bajo el paraguas de su modelo económico; la izquierda carece de ese lugar de encuentro.

Todo se transforma en una competición de esas individualidades, no solo la formación o el trabajo, llamado mercado laboral. La mayoría de actividades, desde las artes a la mera convivencia, se presentan en los medios bajo el formato de la competición. Incluso, la pobreza. Todo tiene que ser un concurso en el que alguien pierda porque no se ha esforzado bastante, un aprendizaje vital para todos los espectadores para cuando sean expulsados de la sociedad. Como sostiene el periodista Manuel Ligero: «Lo que se persigue es que se peleen entre ellos. Si los concursantes colaboran, el programa no funciona tan bien como si se insultan». Todo se transforma en un mercado competitivo. Las aplicaciones de citas son una estantería de supermercado en la que se puede tener la ilusión de ser mejor que las personas descartadas.

El individualismo competitivo de la dispersión convierte en personales todos los problemas colectivos, como el urbanismo o el mercado de trabajo, que deja de verse como una cuestión social que debe tener un análisis amplio.

La ausencia de servicios es una oportunidad para optar por las mejores soluciones. Se produce un cambio de relato y la precariedad se convierte en libertad de elección. Si no hay colegios en el barrio, no es una falta de inversión, como en los setenta, sino una oportunidad para elegir un centro que permita a tu hijo descubrir y potenciar sus capacidades. Si alguien se queda sin empleo, es que no se ha esforzado, no ha sabido adaptarse, y todos los efectos que pueda tener esa situación también son personales y se pueden solucionar con ganas y actitud positiva. Además, puede aprovechar ese momento de libertad para reinventarse, para encontrarse a sí mismo y descubrir el talento que todo el mundo tiene, algo que no habrá podido hacer por las rigideces de su vida anterior, en la que todo era estable.

Es clave pensar qué quiere decir libertad. Si hay que buscar la esencia de uno mismo, ya sea de forma gozosa o de forma austera, las normas colectivas son un impedimento. Hay que romperlas, hay que desvincularse de lo común para completar la introspección, que sí requiere la vigilancia de uno mismo: controlarse, inspeccionarse, entrenarse. La regla de Bernardo. Para desligarse de lo común, nada como la resignificación de la libertad: nadie puede decirme cómo vivir, una frase que impugna el concepto de comunidad, donde precisamente se establecen unas normas básicas. Los derechos se transforman en imposiciones y los deseos ocupan su lugar.

La ciudad y, dentro de esta, el espacio público me convierten en uno más y hacen que tenga que adaptarme a las normas: civismo y urbanidad. Si la libertad es la ausencia de vínculos y obligaciones, el hombre libre es Robinson Crusoe, al que hay que dotar de islas urbanas para que pueda encontrarse a sí mismo y buscar las soluciones que decidan su vida. Esta visión olvida que tanto él como Chuck Noland, el personaje de Tom Hanks, buscan mantener la comunidad en su entorno, establecer unas normas básicas que les permitan mantenerse dentro de la civilización, de la ciudad. Si rompemos los vínculos, cortamos el desarrollo porque somos un animal social. Nos queda una foto fija, algo que explica el éxito de la industria de la nostalgia y la repetición. Quizá por eso la comunidad cultural, la exaltación de ser uno mismo, tiene tanto éxito en la dispersión urbana. Pensar en el yo como un alma inmortal que no se construye con la interacción, sino como solidez. Mantenernos, resistir. Una trinchera infinita hacia dentro. El conflicto solo se maneja como competición, la imposición de una idea sobre otra. La negociación obliga a cambiar y revela confianza en lo común.

El urbanismo crea ideología. La dispersión urbana en la que no hay servicios ni equipamientos, donde primero va la vivienda y después el planeamiento, si es que llega, es una forma de crear una estructura competitiva, lo mismo que la dispersión laboral. Los nuevos modelos en los que no hay unas normas claras, donde las tareas, los horarios o los sueldos son flexibles, promueven la competición, el estar alerta, y dificultan la creación de espacios comunes. No existe un vínculo sólido ni vertical ni horizontal. No hay nadie igual a nadie. Marca personal. Todos compiten.

Para el sociólogo Richard Sennett, ese marco de competición, flexibilidad y fugacidad hace casi imposible una narración estructurada de la propia vida. No se trata tanto de una biografía, una crónica de los acontecimientos vitales, sino la forma que tenemos de dar forma al avance del tiempo y explicarnos qué queremos, de dónde venimos y dónde querríamos o podríamos llegar. Es decir, quiénes somos. El relato vital es un *collage*, una colección de accidentes, de cosas encontradas e improvisadas que debemos poder desechar en cualquier momento si las circunstancias nos obligan. Es importante ver cómo ese marco penetra en las personas hasta recomponer la esfera íntima, que también asimila esos conceptos: competición, flexibilidad o fugacidad. No hay nada a largo plazo. Debemos estar en tránsito. Las redes físicas y emocionales desaparecen.

No es algo nuevo, sino un modelo. El filósofo Karl Polanyi explica en *La gran transformación* cómo la Revolución Industrial pudo disponer de abundante mano de obra sumisa a través del desarraigo cultural. Campesinos expulsados por los cercamientos, pobres perseguidos por las reformas legales o artesanos superados por el nuevo modelo eran fácilmente digeribles. En sus palabras, «la causa de la degradación no es la explotación económica, como suele suponerse, sino la desintegración del ambiente cultural de la víctima. Naturalmente, el proceso económico podría proveer el vehículo de la destrucción y casi invariablemente la inferioridad económica hará que el débil se rinda, pero la causa inmediata de tal rendición no es por esa razón económica, sino que reside en el daño letal causado a las instituciones donde está incorporada su existencia social».

Estamos en otra transformación. No servirá de nada recuperar temporalmente las viejas instituciones si no entendemos que la clave es la desintegración general. No es una cuestión solo del modelo urbanístico o laboral, sino del modelo de sociedad. No se trata de piscinas o alarmas, sino del concepto de prosperidad o seguridad. El mercadismo no es un modelo económico, sino una ideología, un sistema de relaciones, un modo de estar en el mundo. La construcción de espacios comunes, instituciones donde incorporar la existencia social y una estructura que facilite la narrativa personal e impida la sensación de vulnerabilidad, es más importante que los movimientos políticos concretos. La clave de cualquier cambio no es ganar, sino abandonar la competición.

Dispersión o comunidad. No somos el 99 %, sino millones de porcentajes insignificantes luchando entre sí. No somos distintos de los campesinos, artesanos o mendigos del XVIII superados por el nuevo modelo. Podemos crearnos la ilusión de estar dentro gracias a pedir un coche alquilado con chófer con traje o a la visión tranquilizadora de la piscina, pero nos devorará cuando quiera, cuando sea necesario. Lo hará en nombre de la competitividad o la productividad, pero también podría hacerlo en nombre de la sostenibilidad. No lo vamos a saber controlar. No podemos ser el 99 % porque no somos nada.

LECTURAS

Me encanta Foster Wallace, pero odio las notas a pie de página. Supongo que eso es el amor. Hay algo que te atrae mucho y no lo dejas pese a las pequeñas gilipolleces con las que te encuentras cada poco tiempo porque ninguna sombra es comparable al disfrute que te produce el texto principal. Así que, como en una sección de tomas falsas, vamos a juntar todas las interrupciones. Si me he olvidado de alguien, cosa que no sería extraña porque leo desordenadamente, pido perdón.

Cuando comencé a interesarme por el urbanismo, pedí ayuda a Sabrina Gaudino, arquitecta y colaboradora de varias iniciativas; entre ellas, un club de lectura llamado Leer la Ciudad, promovido por la editorial El Caminante. Si alguien se ha quedado con ganas de más, lo mejor es darse una vuelta por el canal de Youtube de esta editorial. Además de este club de lectura, escuché conferencias de Saskia Sassen, Manuel Delgado, José María Ezquiaga o Zaida Muxí. Gracias a los cuatro.

Gaudino me recomendó *La ciudad de los ricos y la ciudad de los pobres*, de Bernardo Seechi (Catarata), que aparece citado en varias ocasiones. También, *Muerte y vida de las grandes ciudades*, de Jane Jacobs (Capitán Swing), a quien se suele acusar de idealista. A mí, en cambio, me fascinó por su realismo, por su visión a pie de calle de todos los elementos que componen una ciudad. Otro libro que aparece citado en varias ocasiones es *Urbanalización. Paisajes comunes, lugares globales*, de Francesc Muñoz (Gustavo Gili). Es más denso que los anteriores, pero no tanto como *Postmetrópolis*, de Edward Soja (Traficantes de Sueños). Aunque centrado en Los Ángeles, es un libro revelador que sirve para entender cosas como los asentamientos del mar de plástico o el poder segregador de las infraestructuras que parecen comunicar. No hay citas del libro de Soja, como tampoco de *El derecho a la ciudad*, de Henri Lefebvre (Capitán Swing), *Urbanismo y desigualdad social*, de David Harvey (Siglo XXI), *Construir y habitar*, de Richard Sennett (Anagrama) o *Sociedades movedizas. Pasos hacia una antropología de las calles*, de Manuel Delgado (Anagrama). Aunque no se ven, están ahí. Espero.

Buscando información, llegué a un libro clave. *Sociología e historia de la ciudad desconcentrada*, de Raimundo Otero Enríquez (Centro de Investigaciones Sociológicas), es un texto académico bastante claro que he recomendado en varias ocasiones porque tanto los conceptos como la historia del fenómeno están bien explicados. No me quiero olvidar de otros textos que encontré por la red: «La ciudad dispersa. Suburbanización y nuevas periferias», de Francisco Javier Monclús (CCCB), y «Suburbanización y periurbanización. Ciudades anglosajonas y ciudades latinas», de Giuseppe Dematteis (CCCB); «La ciudad dispersa: cambios recientes en los espacios residenciales de la Comunidad de Madrid», de Juan Carlos García y Javier Gutiérrez (Departamento de Geografía Humana. UCM); «La ciudad del todo urbanizable: estrategias del sector inmobiliario y nuevas e insostenibles formas de urbanización», de Basilio Calderón (Ciudades. UVA); «El proceso de urbanización dispersa de las metrópolis españolas en el contexto del desarrollo urbano europeo», de Mª Victoria Azcárate et al. (UNED); y «Una metrópoli real sin planeamiento territorial ni cultura metropolitana», de Manuel Valenzuela Rubio (Boletín de la RSG).

Vamos por partes. La cita de Tony Judt de la introducción pertenece al libro *Algo va mal* (Taurus) y la de David Harvey del primer capítulo es de *Espacios del capital. Hacia una geografía crítica* (Akal). La de Ramón Betrán es de su trabajo *De aquellos barros, estos lodos: la política de vivienda en la España franquista y postfranquista* (Acciones e Investigaciones Sociales). Es un trabajo académico, accesible en la red, breve y clarificador. Otro libro sobre los orígenes de nuestro modelo es *Capitalismo y turismo en España*, de Iván Murray (Alba Sud). Sobre el boom, el trabajo «La "década prodigiosa" del urbanismo español (1997-2006)», de Eugenio Burriel (*Scripta Nova. Revista electrónica de Geografía y Ciencias Sociales*), y el documentadísimo y demoledor *Playa Burbuja*, de Ana Tudela y Antonio Delgado (Datadista), sobre todo porque no se ve una alternativa al modelo. Acerca del caso concreto de Madrid, es recomendable el libro *Madrid, ¿la suma de todos? Globalización, territorio, desigualdad*, del colectivo Observatorio Metropolitano (Traficantes de Sueños). Sobre la segregación escolar, ha escrito mucho Ángel Munárriz en *Infolibre*: «La escuela cae en el círculo vicioso de la selección clasista», «La batalla legal contra la segregación se abre en Madrid, Barcelona y Navarra a la espera de la "ley Celaá"» o «El pegamento para los pactos PP-Cs-Vox: la sanidad y la educación privadas unen a la derecha». También recomendable: «El elefante en el sistema educativo de la Comunidad de Madrid», de Lucas Gortazar y Jesús Rogero, publicado por *Politikon*.

El dato de que «casi siete millones de viviendas construidas entre el año 1951 y 2015 con dinero público acabaron finalmente en patrimonios privados» aparece en muchos sitios, pero recomiendo la lectura del artículo «Vivienda, España y libertad», de Jorge Moruno, en *eldiario.es*. Este y todos los demás textos son localizables poniendo el título y el nombre en un buscador. Me enteré de la historia de la familia Cort gracias al artículo «Lo que la bandera más grande de España oculta sobre el urbanismo madrileño», publicado por el arqueólogo social Carlos Prieto en *El Confidencial*. Del mismo medio, he leído varios textos de Héctor G. Barnés; en especial «Una rotonda, tres Españas». Además del artículo citado en el apartado «El laboratorio madrileño», es interesante el artículo de Analía Plaza «Aquí votan todos, pero allí no vota nadie», en *eldiario.es*, donde se habla de urbanismo, participación y el efecto frontera. Además del revelador artículo mencionado, Fernando Caballero Mendizábal tiene otros igual de interesantes en la web theurbanaffairs.org.

El dato sobre las segundas residencias sale de «¿Cuántas segundas residencias hay en España y dónde están?», publicado en *El País* por Cristina Suárez. La misma autora y el mismo medio publicaron «¿Cuántas piscinas hay en tu municipio?», origen del índice Ned Merrill, que venía acompañado de un estupendo mapa desarrollado por Borja Andrino y Daniele Grasso. He consultado mucho la web Foro-ciudad, que sistematiza los datos del INE para que la gente que no nos llevamos bien con la estadística podamos sacar algo en claro. Las aplicaciones de mapas son entretenidísimas y, por cuestión de accesibilidad, pasé muchas horas con las de *eldiario.es*: «Los resultados del 28A por partido y por bloque izquierda-derecha, calle a calle» (Raúl Sánchez y Héctor Figueroa); «¿Qué votaron tus vecinos el 10N? Los resultados de las elecciones generales, calle a calle» (Raúl Sánchez, Héctor Figueroa, Andrea Pardo, Fernando Barrio y Pablo J. Álvarez); «¿De qué viven tus vecinos? Los datos de renta por fuente de ingresos, calle a calle» (Raúl Sánchez); y «Radiografía de la población española: la brecha generacional, de origen y género, calle a calle» (Raúl Sánchez y Pablo J. Álvarez).

Sobre la historia urbana de Zaragoza, leí «Metamorfosis urbana en Zaragoza», de Rafael de Miguel (*Biblio 3W. Revista bibliográfica de Geografía y Ciencias Sociales*), y «La falta de cooperación institucional entre las distintas escalas territoriales: el caso del Área Metropolitana de Zaragoza», de Vicente Bielza y Ángel Gorría (*Scripta Nova. Revista electrónica de Geografía y Ciencias Sociales*). Este último texto hizo que prestara atención a este factor, clave en la desconexión de los diversos enclaves urbanos. Las citas de la arquitecta Eva Luque sobre el mar de plástico pertenecen a *Atributos Urbanos*, un proyecto del Centro Andaluz de Arte Contemporáneo, donde también se puede encontrar información sobre la conurbación de la Costa del Sol y el caso de Sevilla. Los datos de los costes de la dispersión salen de la tesis doctoral *Costes del Urban Sprawl para la Administración local. El caso valenciano*, de Eric Gielen. No la leí entera; soy un poco farolín, pero no tanto. Hay otros textos sobre la misma cuestión, como «Efectos del urbanismo disperso y consecuencias para la sostenibilidad social. Análisis de la Región Metropolitana de Barcelona», de Gemma Vilà y Jordi Gavaldà (Cadernos Metrópole. Pontifícia Universidade Católica de São Paulo). Espero que haya más investigación sobre este tema porque es probable que la dispersión tenga una pequeña edad dorada.

Sobre las hipótesis de la segunda parte, hay libros donde están muy bien desarrolladas. La ideología del propietarismo aparece en *Tratado de la servidumbre liberal. Análi-*

sis de la sumisión, de Jean-Léon Beauvois (La Oveja Roja). *Ciudad de Cuarzo*, de Mike Davis (Lengua de Trapo), habla sobre la segregación, como *American Apartheid: Segregation and the Making of the Underclass*, de Douglas Massey y Nancy Denton (Harvard University Press). Conozco los tres trabajos indirectamente. Ojalá se reediten los dos primeros —el de Davis se vende de segunda mano por 90 euros— y se traduzca el tercero. Sobre nuestro país, un par de títulos: *Desigualdad social y segregación residencial, una relación compleja*, de Sergio Porcel López (Fundación Foessa), y *Segregación urbana y exclusión social en Sevilla. El paradigma Polígono Sur*, de Francisco José Torres (Universidad de Sevilla). Si alguien cree que las políticas del Polígono Sur no le afectarán nunca porque vive en un sitio mejor de la ciudad, lamento decir que quizá no ha entendido bien este libro. El dato sobre comunidades cerradas sale de «Ciudad segregada en España: urbanizaciones cerradas en Valencia y Sevilla», de Arsenio Villar Lama y Miguel García Martín (*Revista INVI*).

El apartado de la seguridad tiene una enorme deuda con *Estado de vigilancia*, de Michaël Foessel (Lengua de Trapo), y también es recomendable *Ciudad de muros*, de Teresa Caldeira (Gedisa), o *Estados amurallados*, de Wendy Brown (Herder). La cita de Gilles Lipovetsky pertenece a *La era del vacío. Ensayos sobre el individualismo contemporáneo* (Anagrama). Por último, sobre el cochismo, son recomendables *La tiranía del automóvil*, de Roxana Kreimer (Anarres), o, más breve, el artículo «La ideología social del automóvil», de André Gorz (*Le Sauvage*, septiembre-octubre 1973). La cita de María Jesús Buxó aparece en *La ciudad: paraíso y conflicto* (Abada Editores).

Para el cuarto capítulo, consulté *Historia de la forma urbana: Desde sus orígenes hasta la revolución industrial*, de A. E. J. Morris (Gustavo Gili), y *La ciudad: huellas en el espacio habitado*, de Marta Llorente (Acantilado), pero el libro clave fue *Antropología de la ciudad*, de Lluís Duch (Herder), un sabio al que había leído hacía años, cuando tenía tres amigos que estudiaban filosofía. La primera parte tiene una gran deuda con el ciclo de conferencias de la Fundación March titulado precisamente «Fuga mundi»; en especial, «El desierto como elección espiritual en el cristianismo antiguo», de Clelia Martínez Maza, y «La huida del mundo en la antigüedad griega entre filosofía y religión», de David Hernández. La idea de que Don Quijote representa el enfrentamiento entre la autoridad y la experimentación es del maravilloso Doctor Repronto, otra fuente de sabiduría. Igualmente, el recorrido por las utopías es casi un resumen personal de *Historia de las utopías*, de Lewis Mumdford (Pepitas de Calabaza). La visión de Françoise Choay aparece en *La ciudad: paraíso y conflicto* (Abada Editores), donde también aparece el estudio sobre el caso de Houston de Carlos García Vázquez que se recoge en el texto. Las propuestas de Ludwig Hilberseimer me llamaron la atención y encontré el artículo «Hilberseimer: de la Hochhausstadt a la New City. Cambio social, vivienda y metrópoli», de José Antonio Sumay Rey (Cuaderno de Notas). Los datos sobre qué se está construyendo en Madrid salen de Madrid Proyecta.

Por último, el epílogo bebe de varios libros que he leído —no siempre enteros— en los últimos años: *La corrosión del carácter* (Anagrama) y *El declive del hombre público*, (Anagrama), ambos de Richard Sennett; *No society. El fin de la clase media occidental*, de Christophe Guilluy (Taurus); *El fin de la clase media* (Clave Intelectual) y *El tiempo pervertido* (Akal), ambos de Esteban Hernández; *Entre-lugares de la posmodernidad*, de Olalla Castro Hernández (Siglo XXI); y *En los límites de lo posible*, de Alberto Santamaría (Akal).

AGRADECIMIENTOS

Lo razonable es que comience desde el inicio, así que debo dar las gracias a mis padres, que trabajaron durísimo para que pudiera dedicarme a leer cualquier cosa e intentaron que no me enterase de los problemas. Trato de estar a su altura y a la de mis abuelos. Con ellos y mi hermana aprendí, mudanza a mudanza, que mi casa podía estar en cualquier sitio, siempre que estuviéramos juntos. La mía está con Beatriz, Mario y Aitana. Aunque seamos muchos, me acuerdo de los López y los García; en especial de mi madrina.

Este libro no habría existido sin Magda Bandera, que me acogió en *La Marea*, ni sin Antonio Maestre, que habló de los Pauers en un programa de televisión. Pedro Vallín me dijo que tenía que desarrollar la idea y me presentó a Álvaro Palau Arvizu, que confió en mí tras una charla de media hora. Beatriz y Manolo Ligero se leyeron todos los capítulos con entusiasmo, Joaquim Palau ayudó a darle forma al conjunto y Pablo Romero se lo leyó ya terminado. Sabrina Gaudino me ayudó con las primeras lecturas y Helena Goday, Luis Tuñón o José Mansilla también me hicieron buenas recomendaciones. Se habla mal de las redes sociales, pero han sido interesantes para encontrar puntos de vista y comprobar el interés por el tema. Gracias a todo el mundo que ha preguntado alguna vez por el libro. Aquí está.

Si tiro el boomerang, debo dar las gracias a la tertulia de La Pepa, Guillermo, Joaquín, Alberto, Pedro, David, Guillermo, Manolo y Pedro. También, a la del Ajenjo, Magdalena, Alfonso, Juana, Lola, Lorena, Irene, Nacho, Mariana y Javier, donde me hicieron las críticas más duras. Javier y Daniel me acogieron en la Escuela de Escritores en un momento complicado, lo mismo que Carlos en Dobleh. Mario o Elisa tampoco se olvidaron nunca de mí, además de ser buenos amigos. El mejor sigue siendo el de los quince años, Gonzalo, aunque ya no nos veamos tanto. También me acuerdo de Iñaki, José María o José Luis. Y, por supuesto, a mis vecinos.